全国高等职业教育"十三五"现代学徒制规划教材丛书

酒店专业系列

酒店前厅管理
实务教程

HOTEL FRONT OFFICE MANAGEMENT PRACTICE COURSE

主编◎胡欣哲

中国旅游出版社

全国高等职业教育"十三五"现代学徒制规划教材
酒店管理专业系列丛书编辑委员会

序 言

2014年8月，教育部印发《关于开展现代学徒制试点工作的意见》明确提出现代学徒制是一项旨在深化产教融合、校企合作，进一步完善校企合作育人机制，创新技术技能人才培养的现代人才培养模式。

江苏建筑职业技术学院（以下简称江苏建院）作为教育部遴选的第二批现代学徒制试点牵头单位，学校酒店管理专业早在2015年8月就参与到无锡江阴海澜集团有限公司牵头的现代学徒制试点项目中。同时，该专业教研室还主持了2016年教育部高教所重点课题《现代学徒制教学管理体系》研究。

一方面，在现代学徒制研究与实践的过程中，校企双方都积极地参与人才培养全过程中，基本上实现了专业设置与产业需求对接，课程内容与职业标准对接，教学过程与生产过程对接，提高了人才培养质量和针对性。经过近五年的大胆探索实践，按照教育部现代学徒制试点实施方案及教育部课题研究的重点内容要求，江苏建院酒店管理教研室课题组基本完成了现代学徒制试点项目的教学管理体系的构建工作，获得了很多经验，也认识到了高职院校在现代学徒制试点实践中，除了有很多教学管理问题亟待解决外，最为重要的是没有适合现代学徒制教学管理体制下的专业教材。因此，江苏建院酒店管理专业教学研究团队与教育部现代学徒制试点合作单位协商，决定重点是对高职院校酒店管理专业现代学徒制建设中的核心课程撰写一套实用、适用并贴合高职特色的教材，用于现代学徒制体制下的专业教学实践。

另一方面，随着酒店业的迅猛发展，酒店业的竞争越来越激烈。提高企业竞争力的核心是提高酒店人才的竞争力，而酒店人才的培养需要一套紧跟行业发展趋势、紧跟酒店岗位专业需求、贴合现代酒店业管理实际的教学及培训系列教科书。

江苏建院2016年成立了酒店管理专业现代学徒制教材丛书编写委员会，在刘胜勇教授的带领下，筹备酒店管理专业现代学徒制教材丛书的规划编写。经过近三年的构思编撰，目前该套教材中的8门核心课程书稿基本完成。每本书的编者将酒店岗位的工作任务作为学习的目标，将真实的工作场景编入教材，在读者的学习过程里融入了工作职责，工作流程等知识，还加入了现代学徒制的核心内容——资深工作者（师傅）的引领，指导和评价，让教材的使用者既能作为主体参与学习，又可以得到更高的视角对自我的表现进行评估，以此作为有效的激励机制促进学生的学习。由此构成了本套教材的现代学徒制特色，依据工作岗位工作流程设定学习内容的特色，学做结合、讲练互融的特色。本编撰组成员力争将丛书编撰成高职院校相关专业的学生实用、企业员工培训需用，行业企业选用的参考资料。

本套教材由中国旅游出版社出版，由酒店管理专业培养方案中的"酒店心理学理论基础与实践""酒店管理学理论基础与实践""高星级酒店职业形象塑造""酒店实境英语教程""酒店前厅管理实务教程""酒店餐饮管理实务教程""酒店客房管理实务教程"等8门核心课程组成。通过介绍酒店管理涉及的基本理论，结合酒店行业、企业各岗位实际工作中的实践体验，每本书基本都设置了6~8个模块；每个模块含有3~5个学习情境；包含20~26个项目单元学习内容，涵盖了酒店管理的有关服务与管理方面的基本理论及酒店管理岗位的实际操作。学习情境之间是平行关系，各项目单元之间是递进关系；在学习情境内容的设计过程中，重视对学徒生社会能力和方法能力的培养，每个学习情境都分师傅讲授、师傅提示、徒弟记忆、徒弟操作、徒弟拓展等师徒互动环节，贯穿了资讯、决策、计划、实施、检查、评价6个工作步骤；学徒生在完全真实（或模拟）学习任务工作情境中，通过师傅与学徒生间的团队合作，制订计划、工作分配、角色扮演来进行，强调工作的效率和标准化要求的执行；本套书的学习情境采用结构化设计，以目标、内容要求为基础构建学习情境框架，提供多个项目、案例作为载体，教师教学及读者自学时可直接使用这些载体，也允许教师从企业和实际工作中引入新的载体；学生的创新项目也可作为学习情境的载体，并可形成创新成果；培养学生灵活应用专业知识分析和解决工作中遇到的实际问题的能力。

现代学徒制培养模式在中国还是一个新鲜事物，还有很多值得探究的问题。本套教材也是为了满足学徒制试点项目应急编撰的，还没有经过大面积的使用与完善。因为编写时间仓促，试点范围狭窄，编者水平有限等诸多因素导致本套教材疏漏之处、文字不妥之处、结构的争议之处在所难免，敬请同行专家们批评指正。

孙进

2018 年 12 月

前　言

　　酒店管理行业是服务业的一个重要代表，也是当下发展比较迅速的一个行业。我国的酒店管理行业在近些年中取得了巨大的成就。但就当下我国酒店的管理和服务水平来看，和先进的国家还有一定的差距，尤其在前厅服务上差距更是明显。基于此，编者结合当下我国酒店管理的实际情况编写了这本教材。希望能够从理论和实践两个方面促进我国酒店管理和服务水平，提高我国酒店从业人员的素质，努力缩小我国酒店管理水平和服务水平与国际标准之间的差距。

　　本书系统地介绍了酒店前厅服务与管理的专业知识，并通过大量案例来分析和进行相关练习，使读者能在短时间内掌握酒店前厅服务的基本技能、技巧，并具备基层管理能力，读者在学习酒店前厅服务与管理的同时，获得对酒店前厅实际经营情况的真实了解。本书共分为九个模块：模块一前厅部基础知识；模块二客房预订服务；模块三礼宾服务；模块四入住接待服务；模块五商务中心和总机服务；模块六离店结账服务；模块七前厅部销售与收益管理；模块八前厅部信息沟通与宾客关系；模块九前厅部人力资源管理，作为酒店从业人员必备的专业读物，以增加读者对国际和我国酒店管理的基础知识的了解。

　　为便于提高学生对酒店前厅部的兴趣和热爱，本书提供了大量案例，这也是本书的最大特点，基本每个模块都有相对应的案例和练习。同时，本书采用了比较先进的教材编写系统，每个模块都有提要、知识要点和适量习题。

　　本书在编写过程中，参考了一系列的相关文献和资料（已在参考文献中列出），并借鉴了互联网上的一些信息，请恕不能一一列明，在此谨向编著这些著作、资料的专家、学者致以诚挚的感谢！

　　由于时间仓促和编者水平有限，书中的不足在所难免，恳请各位专家和读者不吝指教，以期在日后的修订中及时更正。

胡欣哲

2018 年 12 月

目 录

前厅部基础知识

酒店前厅部又称酒店前台或者酒店大堂，有人曾形象地把前厅部比作酒店的"神经中枢"，前厅部是酒店经营管理的"窗口"，是联系酒店各部门以及客人的"桥梁和纽带"。前厅部是客人抵达酒店、离开酒店的必经之地，是酒店留给客人第一印象和最后印象的地方，是酒店直接对客服务的重要部门。前厅部的管理体系和员工表现，将直接反应酒店的服务质量和管理水平，从而影响酒店的经济效益和酒店声誉。

项目一　前厅部的作用和任务

【企业标准】

通过本节的学习，学生可以了解酒店前厅部的作用，对酒店前厅部的地位有一个明确的理解，同时对前厅的工作任务和基本流程有一个简单的认识。

【师傅要求】

1. 前厅部的地位和作用。
2. 前厅部服务的基本要求。
3. 前厅部的基本职能。
4. 前厅服务的基本流程。

【师徒互动】

前厅部（Front Office）是酒店综合业务部门和首席业务部门，负责接待宾客，销售酒店客房及餐饮娱乐等产品和服务，沟通协调酒店各部门之间，以及沟通协调酒店和客

人之间的要求和服务，在酒店中的地位非常重要。

一、前厅部的地位和作用

师傅讲授：

前厅部是现代酒店的重要组成部分，在酒店经营管理中占有举足轻重的地位，具体主要表现在以下几个方面：

（一）酒店对客服务中心

前厅是酒店对客服务的起点和终点，酒店前厅的服务，贯穿于酒店对客服务的整个过程，客人对酒店是否满意，很大程度上取决于前厅的服务和管理水平。

前厅是客人到达酒店首先接触的部门，客人的第一印象，是礼宾员和接待处的服务。从心理学的角度讲，第一印象特别重要，即首印效应。客人往往带着第一印象来评价一个酒店的服务质量。客人最后离开酒店也是从前厅经过的，酒店前厅员工的结账效率和服务态度直接影响酒店客人的满意度和忠诚度。

（二）前厅部是酒店形象展示中心

酒店形象是公众对酒店的总体评价，是酒店的表现与特征在公众心目中的反映。酒店形象对现代酒店的生存和发展有着直接的影响。一个良好的口碑和形象是酒店的巨大精神财富。酒店大堂的设计布置、装潢装饰、环境氛围和灯光等硬件设施设备的豪华程度，前厅员工的仪容仪表、办事效率、服务技能等方面，直接影响酒店的形象和声誉。因此，前厅部是酒店工作的"窗口"，代表酒店的对外形象。

（三）酒店的信息中心

酒店前厅部直接面对客人和市场，对信息的掌握比较及时和全面，特别是在现代信息社会，大数据时代下市场的发展趋势、房价的变化、客人的需求和服务质量的反馈等各种信息都汇集在前厅的资料库里。通过对市场的调研、预测和对资料进行及时分析统计，可以为酒店的经营和发展、管理和决策提供决定价值的依据。

（四）酒店业务活动的中心枢纽

前厅部是一个综合性服务部门，要求配备各种专业人才。另外，服务项目多，服务时间长，业务涉及面广，是整个酒店承上启下、联系内外的枢纽，对员工和管理人员的综合素质要求也高。酒店的任何一位客人，从抵店前的预订到入住，直至结账离店，都需要前厅部提供服务。所以，前厅部是客人与酒店联系的纽带。同时，前厅部还要及时地处理投诉，共同协调整个酒店的对客服务工作。所以，前厅部通常被视为酒店的"神经中枢"。

（五）建立良好宾客关系的主要部门

前厅部在对客服务中，始终与客人保持密切联系，最易获知宾客的需求。客人遇到问题，通常都是找前厅员工解决。如果客人不满意，也会直接到前厅投诉。而酒店服务质量的好差最终是由宾客做出评价的，评价的标准就是宾客的满意度。建立良好的宾客关系有利于提高宾客的满意度，赢得更多的回头客，从而提高酒店的经济效益。

师傅提示：

前厅部的地位和作用，不仅表现在以上几个方面，还与酒店所处的历史时期密切相关。以前是卖方市场，酒店产品容易销售，前厅部的作用并不显著。现在的社会处于信息化时代，酒店行业的竞争非常激烈，酒店的市场状况已从卖方市场转变为买方市场，因而酒店更加重视前厅部的地位和作用。

二、前厅部服务的特点

师傅讲授：

（一）接触面广，业务复杂，人员素质要求高

酒店前厅部的业务包括预订、接待、问讯、行李寄存、迎宾、机场接送、电话、票务、传真、复印、打字、旅游服务、收银、建档等。现在的社会，酒店的总台实行电脑信息化管理，各岗位员工均需要进行电脑专业培训才能上岗操作。工作中，前厅员工很多时候需要使用外语。因此，前厅部对员工的素质修养、文化程度、外语水平及专业技术水平提出了更高的要求。

（二）直接对客服务，工作时间长，24 小时运转

前厅部是一个提供综合性服务的经营部门，前厅部的管理效果直接关系到酒店的声誉和经营成败，所以要求前厅部在管理上要着重于员工的服务态度、文化素养和业务技能的培训，以求与客人建立起良好的关系，给客人留下良好的印象。它在为酒店开辟市场、保证客源、推销酒店其他产品的过程中，承担着主要的服务与经营责任。由于参与全过程的对客服务，它还是酒店少数几个 24 小时运转的部门之一。

（三）政策性强，关系全局，服务要求高

社会飞速发展，越来越多的国际友人来中国旅游、工作等，涉外酒店在经营管理上必须严格遵守国家的政策和法律，必须执行国家有关法令及涉外条例，因为酒店业是服务窗口型行业，而其前厅部则是具体执行这些政策的部门，其工作有着很强的政策性。此外，前厅部管理的任务是通过各业务部门来实现的。

（四）信息量大、变化快，高效运转

前厅部是酒店对客服务的协调中心，其收集、整理、传递信息的效率决定了对客服务的效果。前厅部每天都与客房部、餐饮部、财务部、工程部等各部门联系，综合来自酒店的各个方面的信息，利用科学的报表制度和信息系统对其他部门进行调度和指挥。另外，它的信息和意见往往作为酒店经营决策的重要依据。客人的要求每时每刻都会有变化，这要求前厅部在信息处理上效率要高。

三、前厅部的主要任务（基本职能）

师傅讲授：

前厅部在酒店运行中起着推销、沟通、协调等重要作用，是酒店的"神经中枢"，具有以下功能。

（一）销售客房

客房是酒店最主要的产品，客房收入是酒店营业收入的主要来源。前厅部的首要功能是销售客房，客房收入是考核前厅部管理及运转好坏的重要依据之一，能否有效地发挥销售客房的功能，将影响酒店的经济效益。我国的许多酒店和世界上相当数量的酒店一样，客房的盈利占整个酒店利润总和的 50% 以上（见图 1-1）。前厅客房销售的任务由以下几个方面的工作组成：

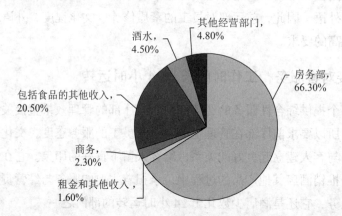

图 1-1 酒店业收入的来源及分布

（二）提供各类综合信息和服务

前厅部作为对客服务的中心，除了发挥销售客房的功能外，前厅部还是对客服务的信息中心。直接向住店客人提供各类相关服务的前台服务部门，如电话、商务、行李、接受投诉、邮件、票务代办、钥匙收发、迎宾接站、物品转交、留言问讯服务等。随时准备向客人提供感兴趣的资料，向客人提供酒店所在地、所在国的有关信息和指南。例

如，向客人介绍游览点的特色，购物中心的地点及营业时间，外贸公司及科研机构的地址、联系人、电话号码，本地区及其他城市主要酒店的情况，各类交通工具的抵离时间等。

（三）联络协调对客服务

为了能使客人更加满意，享受到本酒店区别于其他地方的高水准服务，前厅部应在客人与酒店各有关部门之间牵线搭桥，前厅部应在酒店前、后台之间及管理部门与客人之间的衔接沟通联络工作。使各部门有计划地安排好工作，相互协调配合；应将客人的需求及要求传递给各个部门；客人的投诉意见与处理意见及时反馈给有关部门，以保证酒店的服务质量。

（四）控制客房状况

控制客房状况是前厅部又一重要功能。一方面防止超额预订，另一方面又要防止客房空房太多。因此，前厅部必须正确地向销售部提供准确的客房信息，一方面反映酒店客房的销售状态，避免超额预订和使销售部工作陷入被动；另一方面是前厅部必须向客房部提供准确的销售客情，以使其调整工作部署。

（五）建立、管理客账

前厅部是酒店业务运行过程中的财务处理中心，主要是做好客人账单的管理工作，目前大多数酒店为了方便客人、促进消费，都已经向客人提供了统一结账服务，为住店客人分别建立账户，根据各营业部门转来的客账资料，及时录入客人在住店期间的各项费用，进行每日核计、累加，保持账目的准确，以求客人在离店前顺利办理结账事宜。

（六）建立客史档案

因为客人的预订、入住及离店服务都是在酒店的前台办理，前台自然成为酒店对客服务的调度中心及资料档案中心。住店一次以上的散客，大多数酒店都建立了客史档案。比如按客人姓名的字母顺序来排列，客史档案记录了酒店所需要的主要资料。这些客史信息是酒店给客人提供周到的、具有针对性服务的依据，同时也是酒店寻找客源、研究市场营销的信息来源。因此，客史档案必须规范建档和制度化保存。

（七）参与酒店的经营决策

前厅部直接面对客人，是酒店业务活动的中心地位，每天都能接触到大量的信息，是酒店收集、处理、传递和储存信息的中心。如有关客源市场、产品销售、营业收入、客人意见、市场调研、客情预测、预订接待情况、客史资料等收存建档。因此，前厅部应当充分利用这些信息，充分发挥这些原始资料的作用，及时将有关信息整理后向酒

店的管理机构汇报，与酒店有关部门沟通，以便其采取对策，适应经营管理和决策上的需要。

四、酒店前厅对客服务的基本流程

师傅讲授：

前厅服务的基本流程可以分为以下几个环节。

（一）宾客抵店前

（1）办好客人订房的手续，保存好订房材料。

（2）向有关部门提供信息，促使各部门做好宾客抵店前的准备工作。

（二）宾客抵店时

（1）门卫及门童在车门、店门前迎接客人。

（2）行李员为客人提供行李入店服务。

（3）接待员迎接客人，了解客人有无订房。

（4）如果已预订，查看并核实订房情况；对未预订客人，接待员热情向客人介绍现有的房间和价格。

（5）接待员为客人办理登记入住手续，并分发钥匙及欢迎卡。

（6）行李员带领客人进房，介绍房间和服务。

（7）接待员把客人到达信息通知相关部门。

（8）接待员变更房态，整理入住资料。

（三）宾客住宿期间

（1）总机为客人提供电话转接服务。

（2）问讯处为客人提供问讯、留言服务及邮件服务。

（3）接待员负责处理客人换房、核对房态等日常服务。

（4）前厅收银员为客人提供贵重物品寄存、各项账目入账、账目查询、外币兑换等项服务及完成催收应收款等项工作。

（5）提供委托代办服务，如订票、邮寄等。

（6）接待处负责协调各部门的对客服务过程。

（7）商务中心为客人提供各项商务服务。

（8）大堂副理处理客人的各种投诉。

（四）宾客离店

（1）办理客人退房结账手续，处理客人提前或延期离店的要求。

（2）行李员负责客人的行李。

（3）酒店迎宾到车门前送别客人。

（4）酒店代表在机场、码头、车站等处送别客人。

（5）将客人离店信息通知相关部门。

（6）收银员完成对营业收入的夜间审核等工作。

（7）更改房态并保持房态正确。

（8）各项资料整理存档，填写、整理客史档案卡（或输入电脑），保存有关客人消费爱好的所有资料。

徒弟记忆：

前厅部是酒店的营业中心、协调中心和信息中心，它在酒店经营中起着销售、沟通、控制、协调服务和参与决策的作用。

客房销售是前厅部首要的功能。客房营业收入是考核前厅部管理及运转好坏的重要依据之一。同样，衡量一位总台服务人员的工作是否出色，往往也参考其客房推销的能力和实绩。可见，前厅部的全体管理者及员工应全力以赴按确定的价格政策推销出去尽量多的客房，积极发挥销售客房这一重要功能。

【拓展应用】

1. 前厅部还有哪些作用？

2. 前厅部对酒店的意义是什么？

3. 简单概述前厅部的基本职能（任务）。

4. 对前厅服务的基本流程进行概述。

项目二　前厅的设计和设备

【企业标准】

本节的学习，学生要对酒店前厅的基本设计进行了解，明确酒店前厅中存在的设备，并通过学习了解设备的摆放和要求。

【师傅要求】

1. 前厅设计的基本原则。

2. 前厅设计的基本标准。

3. 前厅的构成及环境。

【师徒互动】

酒店大堂设计越来越注重突出酒店的整体印象，而酒店的形象定位本身已随着市场的竞争出现了巨大的变化。尽管前厅的设置随着酒店业的发展在不断更新，各类酒店在前厅设计上都突出自己的特点，但是前厅的设计都要遵循这些基本的原则，以利于前厅的运转。

一、前厅的设计的基本原则

师傅讲授：

（一）经济性

前厅一般位于酒店的大堂，而大堂是宾客的活动中心，客流量最多，酒店可以充分利用大堂空间，设置相关的营利设施。因此，前厅的设置要尽量少占用大堂空间。

（二）安全性

前厅的设置必须遵循安全性原则。酒店的前台以直线形，半圆形为多，而圆形较少。一方面必须确保"收银处"的安全，防止对酒店现金和账务活动不安全的事情发生；另一方面，必须为客人保密，不能让客人轻易得知其他客人的情况。

（三）明显性

前厅的位置应该是明显的，让客人一进入酒店就能发现前厅，同时，前厅的员工也能够看清酒店大堂出入的过往客人。前厅的明显性还包括前台各业务处的明确中英文标示。

（四）美观性

前厅是客人对酒店的第一印象，不仅要高效、准确完成客人的入住登记手续，而且要能够给客人留下深刻的良好形象。因此，前厅的布局、灯光、色彩以及气氛都是不容忽视的内容。

二、前厅设置的基本标准

前厅规模的大小尽管受到酒店性质、规模、位置等因素影响，但是，一般酒店前厅规模应该符合以下基本标准。

师傅讲授：

（一）前厅的高度与宽度

在西方国家，酒店前厅总服务台的高度通常是 1.01 米，宽是 0.7 米，过高或过低都不利于前厅的接待工作。

（二）前厅的长度

前厅总务服务台的长度通常受到酒店规模和等级影响。酒店规模越大，等级越高，前厅服务台的长度越长，反之，酒店规模小，等级低，前台的长度越短。此外，酒店大堂的面积也和客房的数量有密切的关系。一般情况下，酒店的主前厅或大堂（包括前厅）的面积按每间客房 0.8~1.0m² 计算。

三、前厅的构成及环境

前厅的设置和布局要符合酒店经营与管理的需要。前厅的装饰、灯光、布置，必须体现本酒店的特色，体现出酒店的级别、服务特点及管理风格，对客人有较强的吸引力，并具备宁静的气氛。

师傅讲授：

（一）前厅的构成

通常一家酒店的前厅应由下列部分构成。

1. 酒店大门

酒店的大门由正门和边门构成，大门的外观要醒目、有特色，能对客人有较强的吸引力。酒店大多采用旋转门、自动感应门或推拉门作为正门。正门安装自动感应门的酒店，应同时开设手开边门，以防感应失灵时客人无法进出酒店。正门前台阶旁设立专供残疾客人轮椅出入店的坡道，以方便残疾客人出入酒店。

2. 公众活动区域

前厅的空间必须符合酒店的规模和星级，应有足够的空间供客人活动。

3. 柜台

大厅内有多个服务用柜台，柜台的布置必须与前厅总的风格协调一致，必须符合服务的要求。

4. 公共设施

大厅内应有齐备的公用电话等公用设施，较高档的酒店还应配备供客人查询有关酒店服务设施位置及时间等信息的电脑。

5. 洗手间及衣帽间

大厅内供男女客人使用的洗手间，应设有用中英文文字及图形明显标志，洗手间的空间要宽敞，干净无异味，各种用品（如手纸、面巾纸、香皂、干手器、小毛巾、擦鞋机等）要齐全。

总之，前厅内客人的活动区域，酒店员工的工作区域，要有明显的范围区分，客用电梯、酒店员工电梯及行李专用电梯应分别设立。

（二）前厅的环境

1. 光线

光线是人眼感受物体色彩的基础，对色彩产生直接影响。前厅内要有适宜的光线，要能使客人在良好的光线下活动，员工在适当的光照下工作。前厅内最好通入一定数量的自然光线，同时配备层次、类型各不相同的灯光，以保证良好的光照效果。客人从大门外进入大厅，是从光线明亮处进入到光线昏暗处，如果这个转折过快，客人会很不适应，睁不开眼睛，所以，灯光的强弱变化应逐步进行。

2. 色彩

色彩是创造内部环境的主体要素，是内部设计的重要手段，决定着空间审美、个性、情趣、影响心理和情感，是人类精神追求的一种形式。前厅环境的好坏，还受到前厅内色彩的影响。比如前厅内客人主要活动区域的地面、墙面、吊灯等，应以暖色调为主，以烘托出豪华热烈的气氛。而前厅的服务环境及客人休息区，色彩就应相对略冷些，给宾客一种宁静、平和的心境。

3. 温度、湿度与通风

一年四季，前厅应该温度适宜，一般是 22℃~24℃。前厅内人员集中，密度大，人员来往活动频繁，耗氧量大，保证空气畅通，应使用性能良好的通风设备及空气清新剂等，改善大厅内空气质量，使之适合人体的要求。

4. 声音

前厅客流大，声源多、音量大。前厅员工要尽量提高工作效率，使团队客人或者高峰期客人不致长久滞留于大厅，破坏大厅宁静平和的气氛。另外，酒店员工交谈时，声音应尽量轻些，有时甚至可以使用一些体态语言代替。

四、前厅的空间布局

前厅的空间大致分为五个方面：酒店大门空间、总服务台空间、大堂空间、大堂副理台空间、配套设施空间。

师傅讲授：

（一）酒店大门空间

酒店大门，通常由正门和边门组成，大门的外观应富有吸引力（见图 1-2）。酒店的正门口是客人的主要通道。大门外通常有台阶、回车线和残疾人轮椅出入坡道。边门一般分两种，一是酒店员工通道，一是团体客人及行李的出入口。

图 1-2　酒店大门

（二）前台空间

前台的具体位置，取决于酒店建筑物的正门和电梯的位置。一般前台的位置，既要能看到整个大堂、正门，又要能看到电梯（见图 1-3）。

图 1-3　酒店前台

（三）大堂空间

大堂空间是指前厅内的免费公共活动区域，通常由公共活动区域空间和休息阅览区域空间构成（见图 1-4）。

图 1-4　酒店大堂

（四）大堂副理台的空间

大堂副理台位于酒店大堂一角，设施有大堂副理台、椅、客人座椅（见图 1-5）。酒店通常在大堂副理台、椅下铺上一块地毯，以突出这个大堂副理台空间。

图 1-5　大堂副理台

五、前台的设计

师傅讲授：

（一）前台的分区

（1）接待处（Reception）又称登记处（Registration），应设在前台最醒目的位置。

（2）前厅收银处大多与接待处相邻，较为安静、安全的位置。

（3）问讯处一般与接待处相邻。

（4）订房处通常设在前厅部后台办公室区域。

（5）礼宾处应与前台分开，在酒店正门口另设柜台。

（6）团队接待处通常设置在酒店边门的入口处。

（二）柜台的形状

1. 传统立式柜台

前台立式柜台形状大致可设计为直线型、折线形、圆形、半圆形等。通常，直线型和折线形柜台，可增加客服的面积和柜台的长度，因而使用率较高；圆形、半圆形及椭圆形的柜台，较具有浪漫情调。酒店应根据具体情况进行设计。

2. 坐式柜台

目前，在度假性质的酒店及以接待商务客人为主的酒店，前台通常以坐式柜台为主，形状没有特殊的要求。

徒弟记忆：

前厅是酒店的门面，在进行设计时一定要注意设计的基本原则和技巧，同时要结合顾客的心理。

明确前厅的基本设计和设备。

【拓展应用】

1. 前厅设计对酒店的影响是什么？

2. 酒店前厅设备还有哪些？简单描述。

3. 通过本节的学习，谈谈你对酒店前厅设计的基本看法。

项目三　前厅部的组织机构

【企业标准】

本节的学习，学生要能够掌握前厅的基本组织结构，对前厅各组织中的岗位职责也要有一定的了解。其中包括：

1. 客房预订；

2. 入住登记；

3. 邮件和问讯；

4. 行李服务；

5. 电话转接；

6. 账务处理；

7. 退房及结账。

【师傅要求】

1. 前厅部的组织结构。

2. 前厅各机构的职责。

3. 前厅岗位的职责细化。

【师徒互动】

一、前厅部的组织机构

师傅讲授：

（一）影响前厅部组织机构设置的因素

1. 酒店的规模

划分酒店的规模通常以客房数量为依据。国际上酒店规模常见的分类标准有两种，

一种标准是：300间客房以下的酒店为小型酒店，300~600间客房的酒店为中型酒店，600间以上客房的酒店为大型酒店。另一种标准是：25间客房以下的酒店为小型酒店，25~100间客房的为中型酒店，100~300间客房的酒店为较大型酒店，300间客房以上的酒店为大型酒店。我国通常采用第一种标准将酒店分成大型、中型、小型三个档次。

在规模较大的酒店，前厅部的分工较细，专业化程度较高，人员相对来说较多；相反，在一些规模较小的酒店，员工的职责范围较广，前厅部的分工较为粗放，人员相对来说较少。

2. 酒店的服务水准

档次较高的酒店，相对来说其所提供的服务较多。前厅部为了向顾客提供个性化服务，服务工作的专业化程度越来越高，分工越来越细，组织结构就越来越显复杂。

3. 酒店的客源构成

酒店管理层还应考虑酒店的类型、管理方式、地理位置、管理幅度、管理层次、每个工种应有的营业时间，每个工种及相关工种的职责范围等因素，并遵循一定的组织原则配备前厅部的组织机构。

（二）前厅部组织机构设置原则

1. 任务目标原则

为了保证前厅部任务和目标的实现，要具体分析前厅部的服务项目，然后根据其服务项目来设置前厅部的组织机构。

酒店可根据对客服务项目，在前厅部设置如下相应机构。

（1）订房部（预订组，Room reservation department）。

（2）接待处（开房组，Reception department）。

（3）问讯处（问讯组，Information department）。

（4）礼宾部（Concierge）。

2. 统一指挥原则

整个前厅部组织结构，必须是一个统一的有机体。统一指挥是达到前厅部管理目标的必要条件。

3. 精简高效原则

精简与高效是前厅部机构设置的重要原则。防止机构臃肿、人浮于事的现象，做到"人人有事做""事事有人管"。队伍要精简，效率才能高。

4. 分工协作原则

分工就是规定各部门和各个岗位的工作内容、工作范围。协作就是规定各个部门和各个岗位相互之间的协调关系和配合的方法。

前厅部是一个有机的整体，前厅部的组织机构要做到有利于前厅部内部各岗位之间、前厅部与其他相关部门之间在对客服务方面和管理方面的分工和协作。

5. 管理幅度与层次原则

管理幅度也称管理跨度，是指一个管理者能直接有效地领导下级人员的数目。据专家研究表明，一个管理者的有效管理跨度为4~8人，具体要视管理者自身的能力、下级的情况以及工作内容而定。

前厅部的岗位多，岗位所需要的人数少，从人员配备上讲，前厅经理以下职务一般都是一人一职，原则上不配副职。因此，中小型酒店可考虑不设前厅副经理，并减少主管或领班这一管理层次。

6. 从实际出发

前厅部的机构设置应该从酒店的性质、规模、地理位置、经营特点及管理方式等酒店的实际出发，而不能生搬硬套（见图1-6~图1-8）。比如规模小的酒店以及内部以接待为主的酒店就可以将前厅部并入客房部，而不必独立设置。

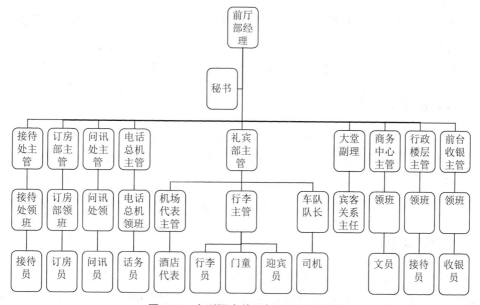

图1-6　大型酒店前厅部组织结构图

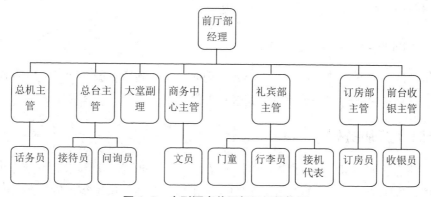

图1-7　中型酒店前厅部组织结构图

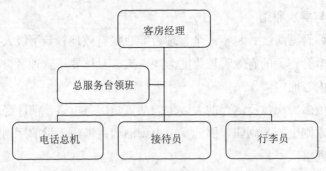

图 1-8　小型酒店前厅部组织结构图

二、前厅各机构的职责

师傅讲授：

前厅部是酒店的营业橱窗，首先迎接宾客的到来，最后送别宾客结账。因此前厅部机构的服务质量代表着酒店的管理水平。一般而言，前厅部的机构包括客房预订处、接待处、问讯处、大厅服务处、总机、商务中心和大堂副理等，这些机构主要的职责包括：

（一）客房预订处

预订处主要掌握酒店的房价政策和预订业务；接收、确认、调整来自各个渠道的客房预订；加强与接待处的沟通，及时向各部门及前厅部经理提供客房预订数据；负责与有关公司、旅行社等客源单位建立良好的业务关系；参与客情预测、对外订房业务的谈判及合同签订；指定预订报表、全年客房预订计划；完善和加强预订记录和客史档案。

（二）接待处

接待处的主要职责包括接待抵达酒店要求住店的旅游者、办理旅游者住店手续、分配客房、与酒店内各部门联络安排接待事宜、掌握并控制客房出租状况、制订客房出租情况报表以及保管有关情报资料。前台登记包括散客、团体入住登记管理、宾客户籍管理、换房管理、留言管理、公安局数据发送等。

（三）问讯处

问讯处的主要职责包括负责回答宾客的询问，比如酒店的服务项目、市内观光、交通情况、铁路和民航时刻表等信息的查询；提供收发、传达、会客等服务。

（四）大厅服务处

大厅服务人员一般由大厅服务主管（又称"金钥匙"）、领班、迎宾员、行李员、委托代办员等组成。其主要职责是：在门厅或机场、车站迎送宾客；负责客人的行李运送、寄存及安全；雨伞的寄存和出租；公共部位找人；陪同散客进房和介绍服务、分送客用报纸、分送客人信件和留言；代客召唤出租车；协助管理和指挥门厅入口处的车辆停靠，确保畅通和安全；回答客人问讯，为客人指引方向；传递有关通知单；负责客人其他委托代办事项。

（五）总机

总机的主要职责包括市内电话、承办国内外长途电话业务、为宾客提供问讯服务、联络服务、叫醒服务、通知紧急和意外事件以及播放背景音乐等。

（六）收银处

收银处的主要职责包括负责宾客在酒店内一切消费的代收业务和酒店内一切有宾客消费的部门的收款员和服务员联系、催收核实账单、夜审核营业收入、制作报表、保管宾客的贵重物品以及为离店宾客办理结账手续方式。具有预付金、订金管理、杂项消费收入账、现金入账等功能。可以随时查询散客、团体欠款情况。结账时可以同步打印正式收据和明细账单，可以用人民币、支票、信用卡等多种方式结算。

（七）商务中心

为客人提供打字、翻译、复印、印名片、传真、订票以及互联网等商务服务，此外，还可根据需要为客人提供秘书服务。

（八）大堂副理

大堂副理又被称作大堂值班经理，其工作岗位在酒店的大厅，直接面对广大的客人，是酒店和宾客之间密切的联系纽带，协调酒店各部门的工作，代表酒店处理日常发生事件，帮助宾客排忧解难，监督各种问题的处理。

三、前厅岗位的职责分析

师傅讲授：

（一）前厅部经理岗位职责

前厅部经理是前厅部营业与管理的最高指挥，是前厅部全体员工甚至是整个酒店的形象代表。其主要工作是通过对前厅部经营的计划、组织、人员配备、指挥与控制，创造出前厅部高效工作的气氛，从而保证酒店的经济效益。

1. 前厅部经理岗位职责

（1）主管前厅业务运转，协调前厅各部门的工作，负责制订前厅的各项业务指标和规划。

（2）每天检查有关的报表，掌握客房的预订销售情况，并负责安排前厅员工班次及工作量。

（3）掌握每天旅客的抵离数量及类别，负责迎送、安排重要客人的住宿。

（4）严格按照前厅各项工作程序，检查接待员、收银员、行李员等工作情况。

（5）配合培训部对前厅员工进行业务培训，提高员工素质，并具体指导员工各项工作。

（6）与财务部密切合作，确保住店客人入账、结账无误。

（7）协调销售、公关、客房、餐饮以及工程维修部门，共同提高服务质量。

（8）负责监督营业报表，并进行营业统计分析。

（9）负责处理和反映跑账、漏账等特殊问题。

（10）收集客人对客房、前厅以及其他部门的意见，处理客人投诉。

（11）与安全部联系，确保住店客人安全，维持大堂的正常秩序。

（12）组织和主持前厅部全体员工会议。

为了确保前厅经营的顺利进行，前厅还设值班经理。这样，前厅每时每刻都由经理主管，任何重要问题都能及时得到解决或反馈。值班经理具有前厅经理的职责与权力，前厅经理缺席时，他可以代理主持前厅工作。

2. 大堂副理的岗位职责

（1）协助前厅部经理做好前厅秩序的维护工作，代表酒店迎送 VIP 客人，处理主要事件及记录特别贵宾、值得注意的客人的有关事项。

（2）迎接及带领 VIP 客人到指定的房间，并介绍房间设施和酒店情况。

（3）做 VIP 客人离店记录，落实贵宾接待的每一细节。

（4）决定是否受理客人支票及处理关于客人结账时的问题及其他询问，并根据酒店有关规定和授权处理。

（5）记录和处理换锁、换钥匙的工作。

（6）处理客房部报房表上与接待处有误差之房间，并亲自锁定房间。

（7）处理客人投诉，针对客人心理正确解决问题。

（8）了解当天及以后房间状态走势，尽量参与接待处工作。

（9）巡查酒店内外部以保证各项功能运行正常，及时排除可防范的弊端。

（10）与客人谈话时可适当介绍酒店设施。

（11）与保安人员及工程部人员一起检查发出警报的房间。

（12）与财务部人员配合，追收仍在酒店住宿客人拖欠的账款。

（13）发生紧急事件时，必须作正确的指示。

（14）遇危险事故而没有领导可请示时，应果断做出决定，视情况需要疏散客人。

（15）为生病或发生意外事故的客人安排送护或送院事宜。

（16）负责贵重物品遗失和被寻获的处理工作。

（17）监管大堂范围内需维修项目，并督促有关部门及时维修。

（18）做好前厅范围内的防火防盗工作。

（19）向领导反映有关员工的表现和客人意见，协助相关部门做好前厅工作人员的考核工作。

（20）每天坚持在值班记录本上记录当天发生的事件及投诉处理情况，并向前厅部经理汇报。

（21）做好领导指派的其他工作。

3. 前台经理岗位职责

前台经理直接管理总台员工，确保其履行岗位职责，保持总台良好运作。

（1）向前厅部经理负责，参加部门的每周部门会议和每日例会。

（2）主持并参加每日前台的班前会，负责开房预订的日常工作，审阅前台的工作交接记录，监督前台员工的工作完成情况。关心员工，以身作则，搞好员工间的团结合作，敢于管理，安排好班次、每月按时制作员工考勤表和考核表。

（3）注意收集并为宾客提供各种信息。

（4）负责做好本岗位的巡查工作，并及时做好书面记录。

（5）负责做好重点客人、团队、会议的准备工作。

（6）检查并督促本班组员工房态差异的处理工作。

（7）负责工作程序和服务标准的制定和落实。

（8）负责协调处理好职权范围内的宾客投诉，超权限的要向上级及时汇报。

（9）提前三天与旅行社核团，确保团体客人信息准确发出，方便其他部门工作。

（10）掌握酒店的房间分类情况，了解酒店的设施设备，根据订房于每周日夜班制作每周客情统计和下周客情预测工作，确保预订客房的客人要求得到落实。

（11）负责检查每日散客、团队、会议电脑输入和客人的预订、进店的电脑输入情况，确保电脑信息准确。

（12）负责核查房租报告和每日营业日报，并根据次日和当日订房数、预算当日和次日及昨日客房实际出租率。

（13）负责并亲自做好进店团队、会议、行政楼层客人和重点客人的接待工作，陪同领队、接待单位确认团队、会议的用房数、人数、用餐情况和其他情况，完成确认书和团队一览表的填写与信息发放工作。

（14）负责并做好次日离店团队表，及时发往有关班组。

（15）收集案例，制订培训计划，负责本班组员工的培训，提高前台员工的业务技能和素质。

（16）定期抽查公司合同、旅行社协议、协查通报、黑名单等电脑输入情况。

（17）保持与收银、市场营销部的联系，确保客人信息正确传递，账单准确无误。

（18）牢记常客姓名，提供落实客人的具体要求。

（19）负责检查督促总台区域的环境整洁，带领员工积极推销，统计员工销售的总数，以确保酒店客房的出租率。

（20）负责对员工的业绩进行评估和考核。负责将工作中超越权限的情况向上一级汇报。

（21）发挥工作主动性，积极配合部门经理完成上级所交的任务。每周一次向部门经理汇报本班组的工作情况。

（二）主管人员岗位职责

在规模较大的酒店里，除前厅经理之外，前厅的管理人员还设有主管人员，如前厅业务主管以及下属的各位领班人员。前厅主管接受前厅经理领导，负责前厅营销的日常工作。

1. 前厅主管

（1）掌握前厅营业的基本情况，如客人到离店人数、客房出租率、客房状况、订房情况等，发现问题及时向前厅经理汇报。

（2）协调前厅与客房、餐饮以及工程维修部门的关系，共同搞好服务工作。

（3）严格按照酒店规定对前厅询问、接待、行李、结账等环节的服务态度、服务方式、服务质量等方面进行督导。

（4）了解员工的思想、学习、工作、生活情况，协助前厅经理做好员工的技术培训。

2. 前台领班

（1）协助前台经理做好日常接待工作，主持前台班次全面工作，创造和谐的工作气氛，减少工作环境中的摩擦。

（2）直接督导迎送服务，确保服务程序贯彻执行，督导问讯应接服务的进行，满足客人需要。

（3）掌握预订情况和当天客情，根据当天到达及离店客人名单，最大限度地销售即时客房。

（4）负责编制员工排班表，合理安排属下的工作，管理、调配本部门使用的各项消耗品，严格控制成本，及时传达前厅经理的指示。

（5）参加主管例会，及时了解员工的思想动态并报部门经理，检查督导本部门员工的仪表仪容、劳动纪律、微笑服务、礼貌用语及工作效率。

（6）负责检查本部门的安全、消防工作，负责安排重点宾客的接待工作和重要留言的落实和检查，负责检查前厅所有报告的准确性。

（7）制订培训计划，组织实施，公平地评估下属工作，做好工作周记。

（8）参与前厅接待工作，有效地解决客人投诉和本部门的有关问题，搞好与有关部门的协调及联系。

（9）与大堂副理和收银处保持密切联系。

3. 宾客关系主任

直接向大堂副理负责，要与客人建立良好的关系，协助大堂副理欢迎贵宾以及安排团体客人的临时特别要求。

（1）了解酒店内每天的餐饮安排。

（2）欢迎和引领贵宾到客房。

（3）处理客人的投诉。

（4）留意酒店公众地方的安全和秩序。

（5）负责带客人参观了解酒店的设备。

（6）与其他部门沟通合作。

（7）大堂副理不在可行使其权力。

4. 礼宾部主管

礼宾部主管直接负责礼宾部所有员工和工作的计划、组织、指挥和控制工作，从而达到客人和酒店的要求，提供高水准的服务。确保日常工作顺利而有效率地进行。编制员工排班表和安排他们的年假，培训所有的员工及定期评估他们的工作表现，确保员工理解和执行酒店所有的规章制度。

礼宾部主管岗位职责如下。

（1）督导下属的日常工作，确保抵、离店客人得到及时的关心和帮助。

（2）检查客人行李的处理、存仓和记录的工作，确保其准确无误。

（3）确保所有邮递工作的正确。

（4）确保所有贵宾的车辆安排准确无误。

（5）迅速、礼貌地回答客人的提问，妥善处理客人有关礼宾部的投诉。

（6）协调、沟通与餐饮部、管家部、保安部等其他各部门的联系。

（7）管理酒店门前的车辆交通，加强对出租车的监督。

（8）检查下属仪容仪表、行为举止、礼节礼貌及在岗情况。

（9）培训属下员工及评估他们的工作表现。

（10）确保所有员工理解和执行酒店的规章制度。

（11）上传下达，下情上报。

（12）每天举行礼宾部例会，总结一天的工作及布置新的工作。

（13）每月对本部门工作进行总结，并递交总结报告给前台经理。

5. 商务中心主管

商务中心主管全面负责商务中心的管理以及员工的培训工作。

商务中心主管岗位职责如下。

（1）负责商务中心各项业务的具体工作，直接向前厅经理负责。

（2）协调与有关部门的关系，与本酒店有关部门保持密切联系，以保证各项业务的

顺利进行。

（3）根据商务中心的具体特点，制订有效的工作计划，报送前厅经理。

（4）负责制作各种报表及工作设备和环境的保养与清洁计划，并组织实施和控制，保证设备的正常运行。

（5）负责商务中心员工的培训工作，包括业务培训、外语学习及操作技巧，并进行制定定期考核和不定期抽查。

（6）负责商务中心员工的班次安排，监督员工的出勤情况，了解员工的工作情况、思想动态，帮助员工解决工作上的难题，并督导员工履行自身的职责，指导他们的工作。

（7）对商务中心的业务进行把关，遇有重要的客人住店，适当地调配上班人员，以便在商务服务方面，最大限度地配合酒店的接待工作。

（8）以身作则，模范地执行酒店的各项规章制度，起到模范带头作用，检查督导下属员工的工作。

6. 订房部主管

订房部主管全面负责订房部的管理工作，督导订房员的日常工作，确保所有预订资料正确输入电脑，并做好预订统计工作。订房部主管岗位职责如下。

（1）全面掌握整个酒店的房型分布情况。

（2）检查所有的预订是否都正确地记录并录入电脑。

（3）负责团队预订的记录和录入电脑。

（4）处理散客、VIP预订，努力提高酒店的住房率。

（5）安排员工排班表并报部门批准。

（6）处理宾客投诉。

（7）制作每月分类报告。

（8）负责培训、督导、检查预订员的工作。

（9）负责和客房、销售、公关、接待和采购等部门的沟通和协调。

（10）完成上级所交代的任务。

7. 总机主管

总机主管岗位职责如下。

（1）负责电话房的管理及员工培训工作，每天上班后查看交接本，接受上级指派的工作负责管区排班。

（2）检查当值员工仪表、仪容。

（3）掌握客人资料，严格遵守保密制度。

（4）熟悉电脑操作。

（5）负责对新员工的培训。

（6）提供转换播放背景音乐。

（7）负责提供电话咨询服务（包括各地时差、天气预报等）。

（8）检查叫醒服务并保证其准确性。

（9）时时刻刻留意机器的运作情况，发现问题立即修复或报告上级处理。

（10）对VIP要特别留意，包括他们的活动范围、电话勿扰功能、紧急信息等都要认真细心的处理。

8. 车队队长

车队队长岗位职责如下。

积极贯彻前厅部经理的指示和要求；负责制定车队的各项规章制度、工作程序等，确保车队工作标准化、程序化、规范化，直接对前厅部经理负责。

（1）督导员工自觉遵守交通规则和各项规章制度。

（2）负责车队的全部经营管理工作。

（3）组织司机学习交通法规，教育司机合理使用原材料，加强车队经营核算，及时、公正并按规定分清责任，处理好交通事故。对重大交通事故，准确及时报告前厅部经理。

（4）组织车队员工业务培训，不断提高安全行车水平和技术。

（三）前厅服务员岗位职责细化

1. 迎宾员

（1）指挥和疏导门前车辆，做好宾客迎送工作。

（2）面带笑容，为客人打开车门，躬身向客人致意，并用右手挡住车门上沿，以免客人碰头。对孩子、老人或行动不便的客人，要主动提供帮助，搀扶下车。

（3）帮助客人装卸行李，并请客人清点、检查有无物品遗失。如果客人是离店，应在车辆开动后向客人挥手致意。注意在开关车门时不要夹住客人的衣裙及物件。

（4）观察出入门厅人员的动向，注意做好防暴、防窃工作，并协助保卫人员做好宾客抵达与离开时的保卫工作。

2. 接待员

（1）细致热情地接受订房和团体开房，在开房时向客人详细介绍房间情况，讲清房价，避免引起误解。

（2）做好开房登记和有关验证客人身份的工作，熟悉当天抵店的VIP客人身份、房号及抵离时间。

（3）熟悉当天散客及旅行团的开房情况，掌握当天的房间状况。

（4）办理加床和换房要向客人讲明情况，并要登记和说明，以便查询。

（5）夜班当班员工，要负责制作当日报表，反映房间情况，并搞好班组卫生。

（6）严格遵守各项制度和服务程序。

3. 预订员

（1）根据客人的要求，为其提供与其需求相对应的客房。

（2）全天 24 小时为客人提供预订服务，及时处理客人的订房要求。

（3）及时记录和存储预订资料。

（4）做好客人抵达前的准备工作。

4. 行李员

（1）按规定位置站立，站姿要端正，并密切注意客人动态，准备随时为客人提供帮助。

（2）时刻注意分房员的召唤，热情为客人带路，敏捷地为客人运送行李，并主动为客人介绍酒店的各项服务设施。

（3）要注意确保客人行李的安全，并及时准确地帮助客人把行李送到指定的地点。

5. 行李寄存员

（1）回答客人关于寄存的问询，向客人说明酒店有关寄存的规定。

（2）寄存领取手续要清楚，登记要准确，力争不出差错，万一出错则应立即向有关领导汇报。

（3）做好交接班工作，各项手续要清楚。

（4）严格遵守有关制度及各项服务操作程序。

6. 收银员

（1）严格遵守各项财务制度和操作程序，准确地收点客人的现金或是支票，准确地填写发票。

（2）做好交接班工作，钱物一定要交接清楚。

（3）按规定及时结清客人或团体的各种费用。

7. 话务员

（1）负责接听一切外来电话，连接酒店各部门及客人的一切电话。

（2）转达客人的投诉，通知有关部门采取补救措施。

（3）负责为客人提供叫醒服务。

（4）负责将客人的一切要求通过电话转达给有关部门或个人。

（5）明确在接到紧急电话时应采取的措施和行动。

8. 问询员

（1）掌握本酒店的一切设施及酒店所在城市的其他大酒店、娱乐场所、游览胜地的一些情况。

（2）管理好客房钥匙，做好保管和收发工作。

（3）熟悉电脑查询、操作。

（4）帮助客人安排会客。将来访者的姓名等情况传达给客人，再根据客人的意见安排会面事宜。

（5）负责办理客人委托的相关事宜。为客人办理订房、购买机票和车（船）票、办签证、取送物品、购物等各项事情。

9. 票务员

（1）满足客人的需要，及时为其购买机票、车（船）票。并做好购票及发票的登记工作，确保无误。

（2）按规定收取购票手续费，并及时结清账目。

（3）严格遵守有关制度和服务操作规定。

10. 商务中心服务员

（1）向当班主管负责，完成主管交给的任务。

（2）当班过程中出现特殊情况时向主管请示汇报。

（3）熟悉当班的工作：如会议服务、接收传真、复印、打字，对各种未完成的工作了如指掌。

（4）负责对客的账务：包括传真、复印、打字的费用。

（5）迎送客人。

（6）接听电话。

（7）报修设备设施。

（8）协助主管进行一些日常性的管理工作。

（9）协助主管对新员工进行培训。

11. 门童

（1）迎送客人。

（2）派送各类报表、通知、留言、传真、电传、快递、留物、信件。

（3）分送各类报纸到有关部门和房间。

（4）运送抵离店行李或有关物品。

（5）指引客人到前台办理入住手续。

（6）引领客人到房间并介绍房间设施。

（7）完成委托代办交来的任务。

（8）负责前厅大门外各处的卫生。

（9）协助本部和其他部门运送有关物品。

（10）为客人提供叫车服务，为客人提供购买物品服务。

徒弟记忆：

1. 了解前厅的基本组织结构

2. 明确前厅岗位和职责分配

【拓展应用】

1. 前厅还有哪些结构？请根据你的理解进行补充。

2.前厅各部门的职责细化对前厅服务的影响及意义是什么?

项目四　前厅部员工的素质要求

【企业标准】

　　本节主要对酒店前厅部员工应该具有的素质进行详细讨论,在实际学习中,学生要能够掌握员工的必要素质,并能够在实践中不断完善自己。

【师傅要求】

　　1.员工职业道德要求。
　　2.员工职业规范要求。
　　3.员工职业能力要求。

【师徒互动】

　　前厅部服务员是酒店形象的代表,是酒店各部门中素质较高的员工。他们身兼酒店的推销员、公关员、调解员、信息资料员以及业务监督员数职。酒店的成功经营与否,客人对酒店的印象甚至是否在本店留宿往往决定于酒店前厅部服务员的素质。前厅部服务员的工作要求前厅部的员工应该具备较高的素质,酒店应该选拔素质最高的员工在前厅部工作。前厅部员工素质要求可以概括为职业道德、职业规范及职业能力三个方面。

一、员工职业道德要求

师傅讲授:

(一)品德素质

　　在旅游职业道德中,政治素质和品德素质是第一位的,而品德素质则是作为一个合格的旅游业工作者的基本要求。
　　前厅部员工必须品行端正,有良好的职业道德,能始终如一地履行自己的岗位职责。

(二)服务意识

　　前厅部员工应具有良好的服务意识,注意观察,随时准备,力求为客人提供微笑服务、有声服务、高效服务、超前服务和个性化服务。

（三）服从意识

服从意识是指员工一进入工作环境，便能自然地产生一种自觉遵守组织纪律和自觉接受任务的想法。这种意识能产生积极的行动，它与服务意识并重。

（四）宾客至上意识

前厅部员工在处理对客关系时，要时时处处地为客人着想，始终把客人的需求放在第一位，做到"宾客至上"，把顾客的满意看作自己工作的最大满足。特别是大堂副理在处理客人投诉时，要始终坚持这一点，真心诚意为客人解决问题，把"对"让给客人。

二、员工职业规范要求

师傅讲授：

（一）仪表要整洁，仪容要大方

前厅部员工的仪容仪表不仅是员工的个人素质象征，更是酒店员工精神风貌、酒店服务水准的体现（见图1-9）。具体要求如下。

1. 仪表要整洁

制服：制服要体现层次感，干净整洁；纽扣扣齐全；衫袖、裤腿不可卷起。

（1）工号牌：统一置于左胸前第二、第三粒纽扣之间。

（2）鞋、袜：上岗着酒店统一规定的鞋袜，男员工着黑色袜子，女员工着肉色的长筒袜或裤袜；鞋子一般为黑色的皮鞋。

（3）饰物：不可戴夸张和显眼的饰物，一般的饰物也应尽量不戴。

图1-9　酒店前厅部员工

2. 仪容要大方

（1）头发：要常洗、常梳理，保持清洁。男员工要留短发（即头发长度前不过眉，侧不过耳，后不过领）；女员工要束起头发，不可用抢眼的头饰。

（2）面部：男员工要经常修面，不可留胡须；女员工要求化淡妆，不可浓妆艳抹。

（3）手部：不可留长指甲；女员工不可涂指甲油。

3. 个人卫生要清洁

要勤洗澡，勤换制服，勤刷牙漱口，上班前不吃带有异味的食物。

（二）礼节礼貌要得当

（1）见到客人要问好并使用适当的称呼语，最好熟记客人的姓名。

（2）与客人讲话时要与客人保持一定的距离。

（3）接待客人要热情，要与客人有目光接触，目光接触要自然。

（4）讲究服务次序，遵循"排队原则"，即先来先服务，后来后服务。

（5）待客一视同仁，做到"接一看二招呼三"。

（6）客人来到柜台前，应马上放下正在处理的文件，礼貌接待客人。

（7）认真倾听客人的问题，不要随意打断客人的叙述。

（8）耐心为客人服务，不得嫌客人啰嗦。

（三）言谈要规范

（1）使用礼貌语言。

（2）多使用敬语和服从性语言。

（3）要注意语言艺术。

（4）声调要柔和。

（5）三人以上讲话要使用大家都能听懂的语言。

（6）不开过分的玩笑。

（7）任何时候不可说"不知道"及"喂"。

（8）谈话内容不可涉及客人的隐私及酒店的商业机密及第三者的隐私。

（9）接听电话，应先报自己的岗位和姓名，然后表达为对方服务的愿望。

（四）仪态要规范

（1）坚持站立服务，站如松（像青松一样挺拔）。

（2）走路要轻而稳，上身正直，抬头，双目平视，行如风（像风一样轻盈）。

（3）手势运用要规范：手指自然并拢，手与前臂呈一条直线，肘关节自然弯曲，手掌倾斜呈 45 度角，上身向前倾，幅度不宜过大，动作不宜过多。切忌用一只手或其他东西指人。

（4）微笑服务。

（5）对客服务不能有不雅动作，如交头接耳、拉拉扯扯、打呵欠、挖耳、掏鼻、修指甲、手胸前交叉、当众整理衣服等。

三、员工职业能力要求

师傅讲授：

（一）语言能力

前台员工应该有良好的语言沟通能力。首先，普通话发音应准确；其次，必须熟练掌握一至三门以上的外语，如英语、法语、日语等，并且在听、说、写方面，尤其在说方面达到一定的水平；最后，还要掌握一些地方方言，如粤语、闽南话、潮州话等，以便与港澳台客人沟通。

（二）推销能力

前厅部的工作重点是销售客房，前厅部的员工必须掌握顾客的消费心理，把握客房产品的特点，并运用一些推销技巧来提高客房出租率。

（三）人际关系能力

前厅部是酒店的信息中心，是酒店服务的神经枢纽，统筹整个酒店的对客服务。为充分发挥以上职能，前厅部员工必须与客人、上级及其他部门搞好关系，做到互相理解、互相配合。

（四）身体素质

酒店从业人员必须身体健康，精力充沛，前厅部员工还应达到一定的身高要求和视力要求。

（五）心理素质

前厅部员工必须要有良好的心理素质，有较强的自我控制能力，善于控制自己的情绪和调节自己的心理，并善于判断和引导客人的心理和情绪。

（六）专业技能

（1）较强的文字处理能力。

（2）娴熟的电脑应用能力，如熟练使用酒店前台操作系统的能力、英汉文字输入能力、网络运用能力。

（3）快速、准确的计算能力等。

（七）诚实度

前厅服务员必须具有较高的诚实度。这一素质在酒店经营中已显得越加重要。特别是在涉及出纳工作及外币兑换工作时，前厅服务员必须能够严格遵守工作纪律；在接待工作中，客人的优惠必须符合酒店的规定，绝对不能以工作之便徇私舞弊。

（八）知识面

前厅服务员在业务中经常能碰到客人各种各样的提问。这些问题有时会涉及政治、经济、旅游、风俗、文化以及有关酒店情况，前厅服务员只有具备较宽的知识面和丰富的专业知识，才能为客人提供准而实的信息。

（九）应变能力

应变能力是前厅服务员所应该具备的特殊服务技能与素质。因为客人来自全国各地或异国他乡，不同的生活习惯、不同的知识与修养都会有不同的表现；酒店在经营中也会出现失窃、火灾以及账目失控等特殊的情况，前厅服务员只有具备应变能力，才能妥善处理好这些特殊问题。在任何情况下，前厅服务员都应沉着冷静，采用灵活多变的方法，处理好每件特殊的事件。

（十）合作精神

前厅部的每一位员工都应该意识到前厅部就是酒店的一个"舞台"，每个人都在扮演一个特定的角色，要想演好这场戏，需要员工的集体合作。当接待员忙于接待时或因特殊情况离开工作岗位时，其他员工必须能够替代其工作，共同使客人满意，个人的意见或恩怨决不能表现到工作中来，否则会破坏整个酒店的形象。

案例分析：

案例一：

三月初的一个夜晚，正值我值夜班，夜里两点钟左右，一名醉醺醺的客人吴先生在一位衣着十分暴露的小姐陪同下乘的士回到酒店。就在客人到达所住楼层，尚未开门之时，值班保安及时赶到。保安："小姐，请问是一起的吗？"小姐："是"。保安立即致电前台查询2712房间客人登记情况，保安："小姐，对不起，您不可以入住！"吴先生十分不高兴，可那位小姐并没吱声，反倒有点紧张。保安十分客气地说："先生，真对不起，您只登记了一人，不可以男女二人同房的，这是公安部门的规定，请谅解。"这时吴先生更恼火了。

这时，大堂副理面带笑容来到他们面前，对那位小姐说："小姐您好！您没有履行登记手续，可否拿您的身份证或其他有效证件登记一下吗？"那位小姐一看难以蒙混过关，便立即说道："对不起，我只是看他喝多了，才送他回来。"说完便把钥匙塞给吴先生，溜之大吉了。可这时的吴先生却着急地大喊道："我的钱！"保安见状立即呵斥道："小姐请留步！"只见那位小姐三步并作两步返回，将一叠百元钞票塞到吴先生手里，急忙离去了。

次日早上9点，吴先生刚一开门，楼层服务员满面笑容地走过来对着他说："早上好！吴先生，请您稍等，我们经理要见您。"酒店经理带着客房部经理捧着一束鲜花笑盈盈地走过来，握着吴先生的手说："请您能够理解，这是我们送给您自助餐厅的免费早餐券，希望您到广州能够常住我们酒店。"这时的吴先生才恍然大悟，笑着对两位经理说："不好意思，不好意思。一定！一定！"

师傅提示：

这个案例是酒店接待过程中经常遇到的现象，处理起来比较棘手，尤其是那些不讲道理的客人，无法理解酒店的善意劝导，有些甚至闹得很不愉快。

作为酒店，既要为客人提供满意的服务，又不能违法经营，更不能使客人在酒店内受到伤害或财产损失。所以处理的方式、方法尤为重要，既要给客人耐心讲清道理、进行劝阻，又不能伤客人自尊心。

本案例中监控中心值班员第一时间发现情况，根据经验判断可能有问题，立即通知值班保安前去了解，处理是及时得当的。保安员及时赶到楼层，在客人和小姐进房之前将其拦住，进行了正常的询问，根据吴先生醉酒情况和那位小姐衣着、形态以及两者年龄差异、方言差异等判断，两者是夫妻的可能性较小，在不好直问的情况下，及时致电前台查询入住登记，得到只有吴先生一人登记的情况下，向客人讲述了公安部门关于入住酒店登记规定，希望能得到客人的谅解和配合，而在客人不但不配合，反而口出脏话的情况下，还是耐心地应客人的要求，请大堂副理到场协调劝导。从大堂副理的处理过程来看，他十分有经验地把重点放在那位小姐身上，要求其履行登记手续。从吴先生追讨钱，到保安帮助他把钱追回，以及大堂副理帮客人开房门，检查开夜床情况，都体现了酒店在为客人着想，说明酒店的服务是到位的。次日早上，酒店经理带客房部经理向客人致意，赠送鲜花和早餐，说明酒店上下以人为本，视客人为上帝，哪怕就是客人有过失，也会得到原谅，同样也会得到尊重。

徒弟总结：

本案例告诉我们，经营酒店要遵纪守法，不可以为了追求经济效益而置法律、法规而不顾，只有守法经营，才能给客人提供一个安全舒适的商务休闲之处，才能赢得市场客源。同样，只有遵纪守法的客人才是酒店最受欢迎的客人。

案例二：

事情发生在英国的辛顿克罗酒店内。

一位住店客人准备离店，行李员接到通知，立刻到该客人房间取走3件行李，推送至前厅行李间，随后扎上行李牌，等待客人前来点收。

客人很快结好账。行李员看到客人已转身朝他走来，便请客人清点行李。客人朝行

李打量时，好像忽然发现了什么。他颇为不悦地指着一只箱子说："这只箱子上的小辊辘被你碰掉了，我要你们酒店负责！"

行李员听罢感到很委屈，辩解道："我到客房取行李时，您为什么不讲清楚？这只箱子原来就是坏的，我在运送时根本没有碰撞过呀。"

客人一听火冒三丈："明明是你弄坏的，自己不承认还反咬我一口，我要向你的上司投诉。"

这时前厅值班经理听到有客人在发脾气，马上走来向客人打招呼，耐心听取客人的指责，同时仔细观察了箱子受损的痕迹，向行李员询问了操作的全过程，然后对客人说："我代表酒店向您表示歉意，这件事自然应该由本店负责，请您提出赔偿的具体要求。"

客人听了这话，正在思索该讲些什么的时候，前厅值班经理接着说："由于您及时让我们发现了服务工作中的差错，我们非常感谢您！"

客人此时感到为了一只小辊辘没有必要小题大做，于是不再吭声。前厅值班经理抓住时机顺水推舟，和行李员一起送客人上车，彼此握别。一桩行李受损的公案便这么轻而易举地解决了。

师傅提示：

本例中前厅值班经理的做法是十分明智的，他在没有搞清楚箱子究竟如何受损的真相之前，就果断地主动向客人表示愿意承担责任的态度，这是由于：

第一，行李员到客房内取行李时没有查看行李是否完好无损，也没有当场绑上行李牌请客人核对行李件数，而是到了行李间才这么做。

第二，在行李员已经和客人争辩起来时，这样做有助于缓和气氛，避免矛盾激化。

第三，前厅值班经理懂得，如果把对让给客人，把错留给自己，在一般情况下，客人不会得寸进尺。相反，如果值班经理也是头脑发热，硬要和客人争个是非曲直的话，那后果是不言而喻的。要清楚的是，上述事件既然已经发生，那么谁是谁非的结论恐怕难以争得明白，或许也不存在谁是谁非的问题。客人越是对了，酒店的服务也就越能使客人满意。从这个意义上来理解，客人和酒店都对了。

课堂互动：

根据上述的学习和理解，对学生进行分组，模拟实际工作中的基本技巧。

徒弟记忆：

1. 了解前厅服务人员应该具备的基本素质和职业规范。

2. 了解前厅员工应该具备的一些小技巧。

3. 了解前厅员工管理的基本目标。

【拓展应用】

1. 你认为员工应该具备哪些基本素质？

2. 前厅员工素质高低对酒店服务的影响分析。

3. 酒店在实际工作中应该怎样对员工素质进行培养？

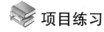 项目练习

案例分析题

根据下面所给案例，结合本章所学知识进行综合分析。

打领带

1月20日早晨5：30左右，一对中年夫妇至总台说他们是1420客人，今天女儿结婚，什么都准备好了，就差领带没打好，找了好几个人都不会，于是想找前台员工都帮忙。

可是当班的女员工小惠也不会打领带，试了好几次都没打好，但是看到客人焦急的样子，小惠想着再到别处找人浪费时间，不如找"度娘"试试。很快在网上找到了相关视频，通过视频学习很快掌握了打领带的步骤和技巧，在为客人试了两次后终于顺利完成，得到了客人的认可，对此，客人表示非常感谢！

少了一瓶红酒

1月6日，礼宾班组管理人员在检查行李房寄存物品时，发现12月31日熟客韩先生转交崔女士的一箱红酒还未拿走。随即致电韩先生，说明情况并请客人尽快前来领取。

当晚，韩先生来取酒水时表示红酒已开箱少了一瓶。经查看寄存台账，1月1日晚间有人来领取过一瓶红酒，但无客人签字确认。后来韩先生经过询问。确认酒水是其朋友领取的。

客人喝醉了

凌晨两点多，一位醉酒客人要求开房。客人刚到总台就情绪不太，嘴里骂骂咧咧。当班接待员小杨保持微笑，与客人确认是否有预订。客人表示有预订，但无法想起预订信息，一时之间无法顺利办理入住，客人的情绪就变得更加不耐烦。

值班经理发现这一情况后，立即过来了解情况。在发现值班经理靠近后，客人不好的情绪进一步升级，对值班经理的到来表现出排斥和不信任。此时值班经理快速反应表明身份，并表示是来送客人进房间的，利用此段时间小杨立即通知客房中心给客人配送解酒的蜂蜜水，客人喝下后情绪缓和了许多。

待客人情绪稳定些后，小杨开始耐心地帮助客人回忆预订信息。这时客人想起接待方发的短信里有预订的房间号，经过确认后，终于顺利地办理了入住。

考虑到客人的状态，值班经理送客进房，并告知客房中心客人醉酒的情况，协同做好客人服务。

项目实训：

实训名称：星级酒店前厅部参观学习。

实训目的：对酒店前厅部大致了解，形成初步印象。

实训内容：老师带领学生到五星级的酒店前厅部参观学习。

实训准备：要求着正装、带学习记录本等。

实训步骤：

1. 根据学生人数分组，由组长统一安排具体任务。

2. 请酒店前厅工作人员进行详细介绍，给学生示范讲解。

3. 回校后，分组讨论，每组选一名同学讲解，老师点评。

实训考核：

序号	考核内容	评分标准	配分	扣分	得分
1	资料准备	全面、具体、有针对性	10分		
2	仪容仪表仪态	着装规范、仪态大方、自然得体	20分		
3	复述前厅的空间布局	准确、合理	20分		
4	列出前厅的岗位及简单职责	准确、合理	40分		
5	前厅员工的素质要求	口齿清晰，条理清楚、准确	10分		
6	合计		100分		

客房预订服务

客房预订（Room Reservation）是指客人在没有抵达酒店之前与酒店客房部预先约定客房的行为。预订在得到酒店方确认的情况下，客人与酒店便建立了一种合同关系。酒店有义务以约定的价格为客人提供符合其要求的客房。客房预订是前厅服务中的一项重要内容。酒店一般会在前厅部（或销售部）专门设立预订部。一个合格的预订服务人员，已不只是传统意义上接受客人订单的人，而是要成为酒店的推销人员。

项目一　受理预订

【企业标准】

本节的学习，学生需要了解客房预订的基本流程，并对其中的受理预订环节进行重点记忆。

【师傅要求】

1.客房预订的意义。

2.客房预订工作的准备。

3.预订服务要求。

4.客房预订的渠道、方式和种类。

5.客房预订操作方式及客房受理。

【师徒互动】

一、客房预订的意义分析

师傅讲授：

随着现代人生活工作节奏的加快，越来越多的外出旅行者，特别是商务、公务旅行者，选择在出行之前向目的地的酒店预订客房。对于客人来说，提前预订客房，可以更有效地计划自己的行程，节约宝贵的时间，避免在酒店旺季时出现客满的风险，以便抵达时能尽快入住。

对于酒店来说，预订是客人与酒店的最初接触，无论选择什么样的预订方式，都会在这一过程中给客人留下第一印象，并且将决定客人以后的多项选择。由此可见，预订工作是其他服务工作的基础，关系到酒店的形象。除此之外，预订工作的开展，对酒店还有重要的意义：

第一，有利于酒店为客人提供全方面服务，通过预订员在预订过程中为客人介绍各项酒店产品，拓宽了对客服务的内容，延长了对客服务的时间；

第二，有利于酒店提前占领客源市场，提高客房出租率，并获得理想的平均房价；

第三，有利于酒店更广泛、更直接地接触客人，了解客人需求，更好地预测未来客源情况，从而针对市场开展宣传和促销等活动；

第四，有利于酒店提前做好各种接待准备工作，在人力，物资等各方面提前做好安排，提高酒店的服务质量。

二、预订工作的准备

师傅讲授：

（一）前期准备

要使预订工作能够顺利地、有条不紊地进行，预订员在为客人提供预订服务的前期，要做好相应的准备工作。具体包括以下几个方面。

（1）掌握酒店已经预订的客房数量，对预订报表和相关的统计表要熟悉，这样在为客人做预订的时候才能准确。

（2）随时关注电脑中的相关记录，掌握酒店可预订客房的数量及具体房间是否有客人入住或离店，防止在预订中出错。

（3）酒店的预订工作采取的是轮班制，认真做好上下班的交接工作，如有特殊情况一定要认真告知下一班次的预订人员。

（4）工作前准备好相关的预订资料表格及其他用品，保证预订渠道畅通，使电脑处于待工作状态，及时查询房间预订的相关信息。

（二）预订核对

除了预订之前的准备工作，在客人抵达之前的预订核对也非常重要。一般酒店要先后进行三次的客房预订核对，以保证预订工作的准确性，为客人到店后能及时准确进房做好准备。具体核对时间和内容包括：

（1）客人抵店前一个月，进行第一次核对；

（2）客人抵店前一周，进行第二次核对；

（3）客人抵店前一天，进行第三次核对，完成相应的表格填写，如"次日抵店客人一览表"（见表 2-1）、"重要客人预报表"（见表 2-2）、"特殊要求通知单"（见表 2-3）、"鲜花、水果通知单"（见表 2-4）、"星期预报住房状况"表（见表 2-5）等。

表 2-1　次日抵店客人一览表

年　　月　　日

预订号	序号	客人姓名	抵达时间	离店时间	房间数	房间类别	备注
01							
02							
03							
04							
05							

表 2-2　重要客人预报表

年　　月　　日

姓名或团名		国　籍	
身　份		人　数	
抵店日期		班　次	
离店日期		班　次	
接待单位			

具体要求：

备注：

　　　　　　　　　　　　　　　　　　　　　　　　经手人：

表 2-3 特殊要求通知单

特殊要求 9 月 8 日

房号	类型	房价	状态
102	超大床，豪华浴室	500	待租
208	超大床，豪华浴室	500	待租
213	双人间，靠近楼梯	500	待租
224	超大床，豪华浴室，可看海景	600	待修
309	超大床，豪华浴室，靠近楼梯	500	待租
327	超大床，豪华浴室	500	待租
402	双人房，靠近楼梯	500	待租
415	超大床，豪华浴室，可看海景	600	待修
510	超大床，高级浴室	550	待租

表 2-4 鲜花、水果通知单

年　月　日

姓名：	房号：
时间：	付款方式：现金□　信用卡□　转账□
抵达日期：	付款人姓名：
备注：	

表 2-5 星期预报住房状况

制表日期：

日期	星期	团队	临时住店	住房率	自用房	免费房	总计房间数	人数	双人房占用率
	一								
	二								
	三								
	四								
	五								
	六								
	日								
上星期结果：预测				%				￥　　元	

续表

日期	星期	团队	临时住店	住房率	自用房	免费房	总计房间数	人数	双人房占用率
实际				%			￥　元		
预测差				%			￥　元		
可出租客房总数			间数×天数=总数						
日平均出租率									
日平均价格									
房费总收入									
本月截止日出租率									
本月截止日预报									
上年同期									
预计本月平均出租率									
今年截止日出租率									
今年截止日预报出租率									

三、预订服务要求

师傅讲授:

是否能为客人提供优质的预订服务关系到客人对酒店第一印象的好坏,并为以后的对客服务奠定了基调。所以对于预订服务必须要达到一定的标准要求,具体包括:

(1)预订员在上岗前要仔细检查自己的仪容仪表,着工装,调整到最佳的工作状态,预订过程中需要使用的各种资料和设备要提前准备好;

(2)预订员要充分熟悉酒店客房及其他产品的特点、价格和相关的销售政策;

(3)对于客人的预订,应尽快详细地了解客人订房的要求,例如抵离时间、房间类型、数量、特殊要求等,根据客人的需要为其做预订;

(4)接受客人电话预订客房时,应使用规范的服务用语,做到语气柔和、音量适中、吐字清晰、礼貌回答客人的问题;

(5)客人通过信函、电报或传真方式预订客房时,应经领班或相应主管的批复,并及时通过同样的方式回复给客人;

(6)对于团队或会议订房,要详细询问订房人有关订房的相关要求;

(7)预订单是客人预订的原始资料,它决定着以后工作的准确性,所以预订员要认真、详细地填写预订单,书写规范;

(8)对于客人想要更改预订,应结合酒店实际情况尽量去满足客人的要求。准确填写"订房更改单",并及时更新电脑信息和存档;

（9）对于客人要求取消预订，预订员应按照酒店要求立即为客人取消；

（10）对于不能满足客人订房要求的情况，预订员要学会用建议代替婉拒，礼貌的说明原因，给客人一些建议或是推荐别的酒店并帮助客人联系；

（11）为客人做预订时，不要轻易给客人确认房号的承诺，以免失信于人，造成不必要的纠纷；

（12）对于 VIP 客人预订的房间应提前加强管制，以保证酒店的声誉；

（13）预订部要随时和前台及销售部门沟通，了解客房销售情况，保证掌握正确的房态，防止在预订过程中出现偏差，给酒店造成损失。

预订服务需要预订人员的细心和认真，使客人在最初与酒店接触时就留下一个好的印象。符合标准要求的预订工作，既能为客人提供满意的订房服务，又能增加酒店客房的销售机会。

四、客房预订的渠道、方式和种类

师傅讲授：

（一）客房预订的渠道

客人要通过一定的联系方式才能向酒店预订客房，这些联系方式就是客房预订的渠道（见图 2-1）。客人预订的渠道也是酒店客源销售的渠道。对于酒店来说，总是希望将自己的产品和服务直接销售给客人，这样所消耗的成本相对较低，收益较大，但由于受人力、财力的限制，酒店无法仅通过直接渠道来吸引客人。因此，酒店常需要借助中间商，利用他们的网络、专业领域及规模等优势，将酒店产品更及时、有效地推销给客人，从而达到扩大客源、增加销售量的目的。

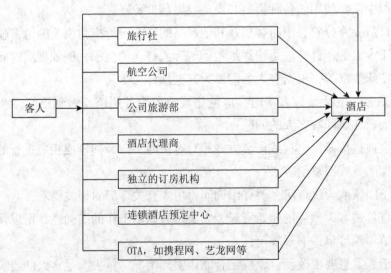

图 2-1　客房预订渠道

（二）客房预订的方式

客房预订的方式有很多种，各有各的特点，客人选择以何种方式预订客房，主要受预订的紧急程度和自身设备条件所决定。

目前，客人所采用主要的预订方式有以下六种。

1. 电话预订

客人通过电话与酒店联系预订客房是比较普遍的一种预订方式。这种预订方式的优点是简便、快捷，而且便于客人与酒店之间进行有效的沟通，清楚地传递双方的信息。客人可以通过电话了解酒店是否有适合自己要求的客房；酒店则可以清楚了解客人的订房要求、付款方式、抵离时间等信息，并可适时进行电话营销。但由于受到语言障碍、电话清晰度和听者听力水平等因素的影响，电话预订也容易出现差错，这就要求预订人员对于客人的预订信息要认真记录，并在记录完毕后，再向客人复述一遍，得到客人的确认。

电话预订还应注意不要让客人等候时间过长，如果遇到暂时不能立即答复的问题，应请客人留下联系方式，待查清后再与客人取得联系。为保证电话预订服务的准确性，应事先明确电话预订的程序和标准（见表2-6）。

近年来，随着受付电话（Collect call）业务和免长途市话业务的迅速发展，电话预订成了国际和国内酒店进行促销、扩大预订业务的重要订房方式之一。如800免费预订热线、400市话预订热线，都为客人提供了更省时、快捷并减少费用的预订渠道。

表2-6 电话预订程序及标准

程　序	标　准
整体要求	服装整洁得体、面容修饰自然
	目光和蔼，具有亲和力
	语音标准、语速适当、语调柔和、音量适中
	使用行业专业用语
	服务程序正确
接听电话	铃响三声以内接起电话
问候客人	主动通报部门
	使用礼貌用语问候客人
聆听客人预订要求并推销客房	主动向客人推介酒店客房产品
	确认客人抵店日期、客房种类、用房数量、住店夜次
	查看计算机及客房预订显示架
	询问预订代理情况
询问客人姓名	礼貌询问客人姓名
	复述确认

续表

程 序	标 准
询问客人抵达情况	询问抵达航班及时间
	询问客人特殊要求，是否需要接机服务等
询问付款方式	询问客人付款方式，在预订单上注明
	询问客人是否担保客房预订
	向客人说明，无明确抵达时间和航班，酒店将保留房间到入住当天18：00
询问联系方式	礼貌询问客人联系方式
核对订房细节	房间种类、用房数量、房间价格
	抵离日期
	付款方式
	特殊要求
	联络方式
完成预订	使用礼貌服务用语与客人道别
	向客人发出抵店邀请

2. 传真预订

传真预订是一种国际国内比较先进的订房方式，它的特点是传递迅速，即收即发、内容详尽，可以使酒店和客人交换资料，同时酒店可以将客人的相关预订信息原封不动地保存下来，包括客人的真迹，如签名、印章等，不容易出现订房纠纷。所以，传真是当前酒店与客人进行订房比较理想的方式。传真预订服务程序与标准如下（见表2-7）。

表2-7 传真预订服务程序与标准

程序	标准
收预订传真	仔细阅读函电内容
	准确掌握客房状况及市场信息
标记	确定符合预订要求的房间，做出标记
核查	查看可行性表，确定当日订房状况
判断	确定是否可以接收预订
回复	在收到电传、传真预订当日回复
	立即回复加急的函电
	回复电传、传真，使用标准格式和通用的缩写方式
	给客人提供有效的预订号或者取消号
存档	将电传、传真的回电与来电附在一起，按日期、姓氏字母顺序存档

3. 信函预订

信函预订是客人以明信片或信函的方式预订客房，这是一种传统而正式的预订方式。目前，在我国使用信函预订的客人越来越少，但在某些国家仍然是非常流行的一种预订方式。一般是客人在距离抵店日期尚有较长一段时间的情况下采取的一种订房方式。信函预订比较正规，如同酒店和客人之间签订的一份合同，对双方都有一定的约束力。

对待信函预订，受理信函预订时应注意以下几点。

（1）及时回信。大多数酒店要求在收到客人预订信函的 24 小时之内必须给客人回信。因为客人在预订时，往往是同时向几家酒店发出预订信函，最先回信必定会赢得客人的好感，增加客人入住的机会。及时回信能够有利于将潜在的客人变成现实的客人。

（2）回信要亲切。酒店的回复信件要让客人觉得是专门为其写的，避免采用公函式信件的用语。比如称呼客人不要泛泛地使用"Dear Sir"，而应该使用客人的姓名，姓名拼写要准确。

（3）回信的内容要清楚、简洁，用词恰当。对于客人所提出的问题，在信中要给予明确的答复。

（4）回信格式规范，预订员一定要区分中、英文信函格式（见表 2-8）上的不同，以免发生错误。要注明回信人的姓名、身份和亲笔的签名。

（5）完整、准确地写清楚地址与日期。

（6）注意回信使用的信纸和信封的质量。信纸和信封的质量可以反映一家酒店的档次。一般酒店会有专门印有酒店名称标识的信纸、信封，其纸张质量一般较好，以便给客人留下一个好的印象。

表 2-8　英文信函格式

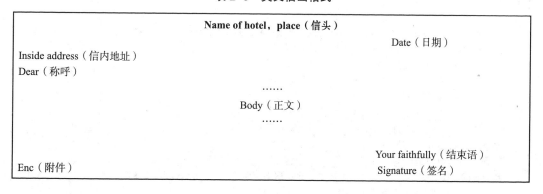

4. 口头预订

口头预订是指客人来到酒店与预订人员面对面洽谈订房事宜。这种订房方式有利于预订员更详尽地了解客人的预订需求，并且有机会当面解答客人提出的问题。预订员有机会运用销售技巧，必要的时候可以通过给客人现场展示不同类型客房的方式来促使客人做出选择。

在做口头预订时，应该注意以下几点。

（1）注意仪容仪表，举止大方得体，讲究礼貌礼仪，态度热情，语音、语调、音量适中。

（2）及时、准确填写预订单，书写清楚，对于外国客人的姓名要大写，不能拼错，必要时可请客人亲自拼写。

（3）在旺季，对于不能确定抵达时间的客人，可以明确告诉客人预订保留到什么时间（通常是当天的 18：00）。

（4）如果客人不能确定逗留的确切天数，也要设法请客人说出逗留最多和最少的天数。

5. 合同预订

合同预订是指酒店与旅行社、订房机构或其他团体之间通过签订订房合同，以达到长期出租客房目的的一种订房方式。这种订房方式比较适合长期住户。在签订订房合同（见表 2-9）时，注意合同的样式与内容要依据酒店的不同有所变化。

表 2-9　订房合同（参考样式）

订房合同

　　　　年　　　月　　　日，由＿＿＿＿＿＿酒店（以下简称甲方），与＿＿＿＿＿＿（以下简称乙方），经好友协商，达成如下协议：

一、推销

1. 乙方同意利用其销售网络推销甲方，并向来到本市的所有客户和即将成为乙方客户的人士推荐甲方的服务设施。

2. 乙方保证在任何可能的情况下，在本市接待旅客时，将选择甲方作为其客人的下榻处。特别是以下项目：

（1）系列团队

（2）旅游团队

3. 乙方同意把甲方编入其宣传项目及宣传册之中，并在合适之处采用甲方的彩色照片。这些宣传品及小册子一经出版应立即送甲方一些样本。

二、价格

考虑到乙方可能提供的客源量，甲方同意按下列条件和价格（不含佣金）接待乙方的客源。

团队预订＿＿＿＿＿＿单人间 / 双人间（10 人及 10 人以上）：

淡季（12 月，1 月，2 月，3 月）＝＿＿＿＿＿＿元人民币

平季（4 月，6 月，7 月，8 月）＝＿＿＿＿＿＿元人民币

旺季（5 月，9 月，10 月，11 月）＝＿＿＿＿＿＿元人民币

散客预订＿＿＿＿＿＿单人间 / 双人间（10 人以下）

淡季（12 月，1 月，2 月，3 月）＝＿＿＿＿＿＿元人民币

平季（4 月，6 月，7 月，8 月）＝＿＿＿＿＿＿元人民币

旺季（5 月，9 月，10 月，11 月）＝＿＿＿＿＿＿元人民币

所有套间一律享受＿＿＿＿＿＿% 的优惠；所有客用房加床为＿＿＿＿＿＿元人民币，陪同床为＿＿＿＿＿＿元人民币。

注：所有价格不含任何早餐及城市建设费。

三、餐费

中式早餐＝＿＿＿＿＿＿元人民币

美式早餐＝＿＿＿＿＿＿元人民币

午餐套餐（西餐）＝＿＿＿＿＿＿元人民币

晚餐套餐（西餐）＝＿＿＿＿＿＿元人民币

注：餐费不包含酒水。

四、价格保护

在任何情况下，乙方不得以比柜台价更高的价格将甲方的客房出让给第三者，当甲方柜台价随季节改变时，甲方将通知乙方。

五、预订

团队入住前，乙方应向甲方销售部办理团队预订手续。甲方将根据订房情况和接待能力于接到预订通知的三天内，决定是否接受此预订并以书面形式通知乙方。未经甲方接受并确认的预订，甲方概不负任何责任。

六、客房占用期限

按预订经确认的客房在入住日下午2∶00之后方可入住。离店时间为正午12∶00。

七、客房分配单

乙方同意在客人到前30天，向甲方提供将入住甲方的团队所有成员名单及住房分配方案，包括航班消息，用餐标准。如果乙方未能按上述要求提供这些信息（除非另有协议），甲方有权取消已预订的客房及设施并转售给其他客户。

八、免费房

甲方同意为每16位付费客人提供半个双人间免费房，但每团的免费房不超过4个双人间。

九、取消预订

乙方如果需要取消或减少预订房，应按下列条件书面通知甲方。

房间数最少要求期限＿＿＿＿＿：

10间以下到客前10天。

10~25间到客前15天。

26~50间到客前20天。

51间以上到客前30天。

在最少期限之后，如果团队要求取消或减少10%以上的预订房间数，甲方将收取每间取消房一天的房租作为未及时取消预订费用。

十、确认未到预订

如果整个团队在入住日未到，乙方同意支付甲方当日所损失的房费，同时支付整个实际居住期应付的房费。

十一、押金/付款

乙方同意在做系列团队预订时付给甲方押金＿＿＿＿＿元人民币。如果乙方没能履约，甲方可以从押金中抽取全部或部分作为甲方应得的押金。如果乙方完成合约，全部押金（不包括利息）将如数退还乙方或作为乙方应付甲方费用的一部分。

除了上述押金外，乙方承诺在团队离店后30天内支付团队下榻在甲方期间所产生的一切费用。否则甲方有权利向乙方收取其超出天数的相应租息，利率按银行公布的同期活期存款利率计。

十二、保密

此文件中的全部内容为绝密性的，不管是出于何种原因或目的，乙方都不能透露给第三者。乙方对此表示理解并遵照执行。

十三、合同期

本合同条款期限为从年月日开始至年月日截止。合同一式两份，由乙方签字后在年月日之前交给甲方，由甲方监督执行。

十四、违约责任

双方在执行合同过程中有违约行为时，本着友好协商的办法处理。确实不能达成一致意见时，双方同意交由当地仲裁机构仲裁或交当地法院裁判。

甲方代表同意接受　　　　　　　　　乙方代表同意接受

授权签名：　　　　　　　　　　　　授权签名：

姓名：　　　　　　　　　　　　　　姓名：

职务：　　　　　　　　　　　　　　职务：

6. 互联网预订

互联网预订是目前国际上最先进的预订方式，随着计算机和国际互联网的普及使

用，越来越多的人选择网上预订的方式。

不同的客房预订方式有不同的特点（见表2-10），客人可以结合自己的实际情况
选择。

表 2-10　酒店客人订房方式比较

主要方式	预订方法	主要特点
电话订房	客人直接给酒店打电话预订客房，酒店公布和向客户通报电话号码	1.联系方便快捷，可直接对话，落实客人具体要求 2.通话语言要准确礼貌、规范、简洁 3.预订处有电话记录，信誉要求较高
传真订房	客人通过电传、传真或电报向酒店订房，酒店用同样方式回复确认	1.联系方便、快捷，信息准确 2.电传、传真、电报均有文字可查，可以立即确认，操作方便 3.需要配相应设备，有一定费用消耗
信函预订	客人用信件提出订房要求，酒店回复确认	1.信息准确要求清楚，处理方便 2.联系回收时间长，现已较少被采用
口头预订	客人或托人到酒店直接提出订房要求，酒店预订处酌情处理其预订	1.当面交流、询问沟通方便，有情感交流 2.多为亲朋好友为他人预订、信息准确性较低 3.大多需经多次询问核实
合同预订	客人与酒店通过签订合同的方式预订客房	1.大多是和旅行社、专门的订房机构以及团体等组织签订订房合同 2.一般是长期使用客房 3.对双方预订行为有所约束，利益有所保障
互联网预订	加入国内外集团预订网，设立网站、设计网页。客人直接在网上订房或订餐	1.订房联系方便、快捷，处理及时 2.可在网上做宣传广告，图文并茂，形象具体，也可网上交流，确认、核对 3.电子邮件收发准确、及时

五、客房预订操作方式及客房受理

师傅讲授：

（一）客房预订的操作方式

客房预订服务的具体操作方式要根据酒店的规模、设施设备条件来决定，目前酒店
中常见的客房预订操作方式主要有传统手工操作方式、半自动操作预订方式和计算机操
作预订方式三种。

1. 传统手工操作方式

传统手工操作的客房预订方式适合于规模不是很大，预订量不是特别多的酒店。预
订人员在接受客人预订时，借助手工来制作完成各种"客房预订单"（见表2-11）。相
关的预订资料还要抄送给前厅部、销售部、客房部、餐饮部等。

表 2-11　客房预订单

客房预订单 HOTEL BOOKING FORM			
客户姓名 GUEST NAME 先生/太太/小姐 Mr./Mrs./Ms.＿＿＿＿＿＿ Mr./Mrs./Ms.＿＿＿＿＿＿ Mr./Mrs./Ms.＿＿＿＿＿＿ Mr./Mrs./Ms.＿＿＿＿＿＿ Mr./Mrs./Ms.＿＿＿＿＿＿ Mr./Mrs./Ms.＿＿＿＿＿＿		确认号码： CFM.NO.：	
		确认书：是□　否□ CONFIRMATION：YES□　NO□	
		新订NEW BOOKING　　　　　□ 修改AMENDMENT　　　　　□ 取消CANCELLATION　　　　□	
		房间数目： NO.OF ROOM：	人数： NO.OF PERSONS：
房间类型： ROOM TYPE：	价目： TARIFF：	折扣： DISCOUNT%：	人数： RATE：
到达日期： ARRIVAL DATE： MM/DD/YY	到达航班： ARR./ FLIGHT TIME：	交通安排： TRANSPORTATION REQUEST：	
离开日期： DEPARTURE DATE： MM/DD/YY	离开/航班时间： DEP./FLIGHT TIME：	备注： REMARKS：	
订房者BOOKED BY：	电话TEL： 传真FAX：		
公司COMPANY：			
申请日期： APPLIED DATE： MM/DD/YY	经办者： HANDLED BY：	输入者： INPUT BY：	批准者： APPROVED BY：

2. 半自动操作预订方式

半自动操作预订方式是指酒店能根据客人的预订要求来自动建立预订记录和预订卡。在这种操作方式系统中，预订登记表既可以由预订中心制作，也可以根据收到的预订资料来制作，然后再将相关资料表格传递给相关部门。

3. 计算机操作预订方式

计算机操作的预订方式主要是依靠计算机系统和互联网，将酒店、旅行社、航空公司等机构联系起来，这种预订方式方便、快捷、覆盖范围广，并且可以有效地保存客人的相关预订资料。

这 3 种预订操作方式的特点各不相同（见表 2-12），酒店可结合自己实际情况选择适合的预订方式。

表2-12　预订操作形式比较

操作方式		传统手工操作	半自动操作	计算机操作
功能	形成预订	手工录入登记本或预订单	打印预订记录或预订单	通过终端输入信息，建立计算机记录
	预订更改	手工检索档案，修改后重新归档	手工检索档案，修改后重新归档	计算机检索档案，计算机修改后重新存档
	记录保存	3个月预订期	半年预订期	两年预订期
	确认预订	手写确认函	打印确认函	计算机打印确认函
	信息传递	手工转录	预订部将预订记录和资料送总台	计算机输送至前台
	预测	根据簿记和索引卡	根据预订记录	根据计算机数据

（二）客房预订的程序

客房预订工作的开展不但关系到酒店的形象，也是酒店重要的销售渠道。预订工作的专业性较强，所以必须要建立一套行之有效的预订程序以保证预订工作有序高效的进行。客房预订的大致程序如下（见图2-2）。

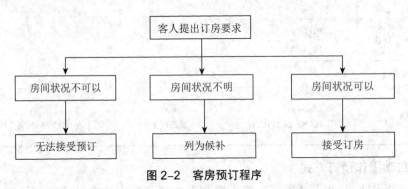

图2-2　客房预订程序

1. 通信联系

客人通过电话、传真、信函、口头或网络等方式与酒店取得联系，提出订房的要求。

2. 明确订房要求

接到客人订房的要求后，预订员先了解客人订房的具体要求，然后再根据客人的要求查找看有没有符合条件的客房。要明确的内容包括：客人订房的类型、订房的数量、客人抵离的时间、住店的天数等。

3. 受理预订

在明确了客人的订房要求后，结合酒店的实际情况，对预订进行受理，一般分为两种情况。

（1）接受预订。

通过查询，如果酒店现有的条件能够满足客人的订房要求，预订员就可以接受客人的预订。为客人详细填写好客房预订单（见表2-11），并复述，请客人核对。

预订单一般包括以下内容：①客人的姓名、联系电话、预订人数；②预订客房的数量、类型和房价；③客人抵店的具体日期、时间和离店日期；④付款方式；⑤交通方式；⑥特殊要求；⑦订房人姓名、联系电话；⑧预订员姓名及制表日期。

（2）婉拒预订。

如果因酒店原因没办法满足客人的订房要求时，不要就此终止服务，应主动提出一些建议来供客人选择，比如：建议客人重新选择入住酒店的时间；建议客人更改房间类型；询问客人是否需要为其联系其他酒店等。也可以征得客人的同意，将其列入"等候名单（Waiting List）"上，一旦有了符合客人订房要求的房间立即通知客人。最后要向客人表示感谢。按规范拟写一封致歉信（见表2-13、表2-14）并寄出。如果客人是书面订房而酒店无法满足客人的订房需求时，应立即礼貌复函。

表 2-13 中文婉拒致歉信

尊敬的小姐/女士/先生：

感谢您对本酒店的关照与支持。非常遗憾的向您解释，本酒店 × 年 × 月 × 日的客房已经订满，无法接受您的订房要求，我店深表歉意。衷心希望今后能有机会为您服务。如需要我们协助预订其他酒店的客房，我们将非常乐意为您提供帮助。

顺致崇高敬礼!

×××酒店预订处
_____年___月___日

表 2-14 英文婉拒致歉信

An Declination Letter

Dear × ×,

Thank you for your letter of May 2th. We are terribly sorry for the full of the hotel. However，we appreciate your interests and thank you for the contacts. We hope we will have any future opportunity to oblige our service for you.

Yours sincerely.

× × ×
Front Office Manager

4. 确认预订

根据国际订房惯例，不管订房人以什么方式订房，只要客人订房与抵店日期之间有足够的时间，酒店都应对客人的预订进行确认。预订确认主要有两种方式，即口头确认（Verbal Form）和书面确认（Written Form）。口头确认一般是通过电话的方式与客人联系，对于预订的内容予以认可和承诺。如果条件允许，酒店一般要向客人寄发书面的预订确认书（见表2-15、表2-16）。书面确认不仅仅是复述客人的预订要求，还会向客人确定价格、订金、日期、取消预订及付款方式等方面的相关规定和政策。书面确认比较正式，是酒店与客人之间达成协议的书面凭证，对双方有约束力。对于酒店的 VIP 客人、大型团体和一些知名人士、政府官员等订房的确认书，要由前厅经理或酒店总经理签发，以示其身份的重要性。

表 2-15　散客订房确认书

先生/小姐
　　您于＿＿＿＿年＿＿＿＿月＿＿＿＿日在＿＿＿＿酒店所订客房＿＿＿＿间，我店已经确认，并已为您做好准备，确认情况如下：
　　订房数：单人房＿＿＿＿间，双人房＿＿＿＿间，标准房＿＿＿＿间。
　　日租金：单人房＿＿＿＿间，双人房＿＿＿＿间，标准房＿＿＿＿间。
　　您所订房间预订金共＿＿＿＿元，请于＿＿＿＿年＿＿＿＿月＿＿＿＿日前汇来我店。
　　我们竭诚欢迎您届时光临，十分感谢。附我店银行、账号如下：
　　酒店地址＿＿＿＿开户行＿＿＿＿账号＿＿＿＿

签发人＿＿＿＿
日期＿＿＿＿

表 2-16　团体订房确认书

先生/小姐
　　贵公司 / 旅行社于＿＿＿＿年＿＿＿＿月＿＿＿＿日在我店预订＿＿＿＿团队客房＿＿＿＿间，已经确认，分别如下：
　　双人房＿＿＿＿间，日租金＿＿＿＿元；标准房＿＿＿＿间，日租金＿＿＿＿元；
　　套房＿＿＿＿间，日租金＿＿＿＿元；客人总数＿＿＿＿人。
　　迁入＿＿＿＿航班号＿＿＿＿迁出＿＿＿＿航班号＿＿＿＿
　　贵公司 / 旅行社所订客房共＿＿＿＿间天，预订金＿＿＿＿元，请于＿＿＿＿年＿＿＿＿月＿＿＿＿日前汇到我店，我们竭诚欢迎贵团客人届时准时光临，十分感谢。附我店银行账号如下：
　　酒店地址＿＿＿＿开户行＿＿＿＿账号＿＿＿＿

签发人＿＿＿＿
日期＿＿＿＿

5. 预订记录的储存

在办理完客人的订房工作后，预订员要及时将相关的预订信息输入电脑，以便对订房情况进行统计、存档和制作相关报表。订房资料一般由预订单、确认书、预订金收据、预订变更单、预订取消单、客史档案卡和客人的书面预订凭证等构成。

订房资料的储存可以采用以下两种方式：

（1）按照客人预订的到达日期顺序。

按时间顺序就是按客人抵店日期的先后顺序排列，这样有利于随时掌握每天有哪些客人预订了房间，以保证预订工作的准确性。

（2）按照客人姓氏首字母顺序。

按客人姓氏首字母的顺序将客人的订房资料排列存档，这种方式能迅速查找到客人的有关资料，了解客人的预订信息，为问讯处和总机的工作也提供了方便。

预订资料储存归档比较理想的方式是将以上两种方法结合使用，即把预订资料按照抵店日期归档，在同一天抵店的预订客人再按照姓氏首字母的顺序排列，这样更有利于提高工作效率。

课堂互动：

通过上面对客房预订的学习，组织学生进行客房预订的课堂操作模拟。

徒弟记忆：

1. 了解客房预订的作用和一般操作流程。

2. 了解客房预订的种类的方式。

3. 掌握客房受理的理论和技巧。

【拓展应用】

1. 从个人经验出发，谈谈你对酒店客房预订的了解？

2. 客房预订还有哪些方式？

项目二 预订的变更

【企业标准】

本节是对上一节的补充和延展，重点对客房预订过程中取消环节进行描述，在实际的学习中这点学生应该特别记忆。

【师傅要求】

1. 客房取消的基本流程。

2. 客房取消的注意事项。

【师徒互动】

从客人订房到客人抵店入住这段时间，有可能会出现客人对于原来的预订要求有所变更甚至取消的情况。预订变更是指客人由于某种原因对于原来预订的日期、房间类型、房间数量等一些要求产生变化。预订取消对酒店来讲是损失了这部分的收益，所以要求预订员在为客人取消预订时要更加注意自己的服务态度，更热情礼貌地对待客人。据有关资料显示，在取消预订的客人中有90%会在今后选择酒店时考虑在原酒店预订客房。

在为客人提供变更或取消预订时，要严格按照服务程序操作（见表2-17、表2-18），并要注意以下几方面的问题。

师傅讲授：

（1）预订员在接受客人预订变更要求时，要问清客人或联系人的姓名、单位、联系电话等。

（2）迅速查看电脑或相关预订资料，看是否能够满足客人的变更要求。

（3）填写"预订变更通知单"或"预订取消通知单"，不要在原预订单上直接涂抹。

（4）从存档资料中找出原始预订单，并作相应的更改或注明"取消（Canceled）"后存档；对于电脑中的信息也要做出相应的修改。

（5）立即向其他有关部门发送"变更"（见表2-19）或"取消通知单"。

（6）尽量简化手续，不要让客人等候时间过长。对于取消预订的客人，向客人表示抱歉和惋惜，并希望今后有机会为客人服务。

表2-17　预订更改服务程序和标准

程　序	标　准
1.接收客人更改预订信息	（1）询问要更改预订客人的姓名及原始到达日期和离店日期 （2）询问客人需要更改的内容
2.确认更改预订	（1）在确认新的预订情况前，先要查询客房出租和预订情况 （2）在有空房的情况下，可以为客人确认更改预订
3.存档	（1）将原始预订单找出 （2）将更改的预订单放置在原预订单上订在一起 （3）按新的预订单的抵店日期、客人姓名存档
4.未确认预订的处理	（1）如果客人需要更改的内容，酒店无法满足，应及时向客人解释 （2）告知客人预订暂放在候补名单上 （3）如果酒店有空房时，及时与客人联系
5.更改预订完成	（1）感谢客人及时通知 （2）感谢客人的理解与支持（未确认时）

表 2-18　预订取消服务程序和标准

程　序	标　准
1.接到取消预订信息	询问要求取消预订客人的姓名、到达日期及离店日期
2.确认取消预订	（1）记录取消预订代理人的姓名及联系电话 （2）提供取消预订号
3.处理取消预订	（1）感谢订房人将取消预订要求及时通知酒店 （2）询问客人是否要做下一阶段的预订 （3）将预订取消信息输入计算机
4.分析原因	（1）尽量问清客人取消预订原因 （2）如果同一时期内取消预订较多，预订部要从价格因素、竞争对手因素等多方面进行综合分析 （3）将分析结果上报部门经理，以便及时调整营销策略
5.存档	（1）查询原始预订单 （2）将取消预订单放置在原始预订单之上，订在一起 （3）按日期将取消预订单放在档案夹最后一页

表 2-19　预订变更通知单

姓名：＿＿＿＿＿＿＿＿＿＿＿　　　　预订编号：＿＿＿＿＿＿＿＿＿＿＿

地址：＿＿＿＿＿＿＿＿＿＿＿　　　　电话：＿＿＿＿＿＿＿＿＿＿＿

公司：＿＿＿＿＿＿＿＿＿＿＿　　　　联系人：＿＿＿＿＿＿＿＿＿＿＿

更改日期：＿＿＿＿＿＿＿＿＿＿＿

到达日期：＿＿＿＿＿＿＿＿＿＿＿　　离店日期：＿＿＿＿＿＿＿＿＿＿＿

过夜数：＿＿＿＿＿＿＿＿＿＿＿　　　人数：＿＿＿＿＿＿＿＿＿＿＿

预订房间类型及数量：＿＿＿＿＿＿＿　每夜房费：＿＿＿＿＿＿＿＿＿＿＿

需付订金：＿＿＿＿＿＿＿＿＿＿＿

应付日期：＿＿＿＿＿＿＿＿＿＿＿　　收到日期：＿＿＿＿＿＿＿＿＿＿＿

结账方式：＿＿＿＿＿＿＿＿＿＿＿

备注：

原预订编号：＿＿＿＿＿＿＿　原抵达日期：＿＿＿＿＿＿＿　原房价：＿＿＿＿＿＿＿

课堂互动：

模拟客房取消的环节，加深记忆。

【拓展应用】

1.客房取消的原因有哪些？

2.如何减少客房取消量？

项目三　处理订房纠纷

【企业标准】

　　本节主要对客房预订过程中出现的问题进行分析，对处理预订纠纷的方法进行详细分析，学生需要对此有一定的掌握。

【师傅要求】

　　1.客房预订中常出现的问题。
　　2.预防措施。
　　3.订房纠纷的处理方法。

【师徒互动】

　　在为客人提供预订服务的过程中，酒店都力争满足客人的合理要求，把服务做到尽善尽美。但在日常工作中，由于各种原因也会或多或少地出现一些问题。其中常见的问题如下。

一、客房预订中常出现的问题

　　师傅讲授：

（一）订房信息记录出现错误

　　（1）在做预订记录和做预订确认时，对于客人抵离的日期时间、预订天数、客房类型、客房数量、房价、客人人数和姓名等记录不正确，造成排房失误或客人抵达酒店时对酒店所提供的客房产生异议。
　　（2）由于酒店没有设立客史档案或以往的客史档案记录不准确、不完整，使酒店的一些常客或重要客人没有得到应有的待遇，从而让客人觉得未被重视。
　　（3）对于客人的其他要求，如用车、订餐、订票、订会议室或其他酒店设施项目等没有记录或记录错误。

（二）预订信息没有及时、准确地传递

　　（1）客人订房信息没有及时、准确地传递到前台接待处，造成前台接待处没能及时安排客房或分房不当。
　　（2）客人的其他预订要求，例如订餐要求、用车要求、订票要求等未能及时、准确

的传递给酒店的相应部门，造成这些部门没能为客人及时准备或准备失误。

（3）客人的客史档案信息没能及时、准确地传递给相关部门，造成这些部门不能为客人提供有针对性的服务。

（三）旺季时酒店涨价，涨价幅度过大或不能为客人保留客房

（1）在旺季时，酒店未事先通知预订客人而提高房价；或者已经预先告知客人，但因涨幅过大，客人无法接受。

（2）在旺季时，因为客房紧张，未能为客人如约留房，特别是对于保证类预订的客人没办法给客人提供房间。

（四）将某些房价泄露给客人或给客人承诺房号

（1）酒店与旅行社、会议组织或其他一些订房代理商之间通过合同所定的房价，由于某种原因让客人知道，引起客人异议，从而影响各订房代理商的客源，也间接影响了酒店的客源。

（2）酒店在为客人预订时，为客人承诺房间号，使酒店在排房过程中受到限制，缺乏灵活性，难以作调整和更改，或者因为无法为客人提供事先承诺的房间号，失信于人，影响了酒店的声誉和形象。

（五）酒店未能将预订的有关规定细则以书面形式告知客人

（1）酒店对预订客房的留房截止时限没能事先告知客人，造成客人过了时间来到酒店却没有房可住的情况，引起不满和纠纷。

（2）对于预订订金收取的相关规定，酒店未能事先以书面形式告知客人，得到客人认可，造成没收客人订金时，引起客人的不满和投诉。

（六）其他情况

（1）预订员对房价变更以及有关的销售政策缺乏了解，从而产生在预订中为客人提供的承诺和酒店的销售政策不一致甚至相悖的情况。

（2）预订部门因与前台接待处、销售部沟通不良，客房状态显示不正确，造成预订客房出现差错。

（3）酒店其他部门的服务人员在与客人的接触过程中，留给客人的印象不佳，从而使客人不愿意订房或取消预订。

（4）预订人员因工作疏忽而忘记客人在预订时提到的某些特殊的要求，造成客人抵店时不能兑现，从而引起客人的不满。

（5）预订人员对客人的更改或取消预订没有及时进行处理而出现的纠纷。

（6）未能准确预测未来一段时间可销售客房的数量，造成超额预订的数量过多或

过少。

二、预防措施

无论什么原因，在预订过程中出现失误或问题都会影响酒店的整体形象和声誉，从而影响酒店的经济效益。所以，酒店必须要采取一定的措施，来尽量避免在预订工作中出现这些问题。

师傅讲授：

常见的预防措施有：

（1）接受预订时要复述；

（2）变更或取消要及时更新；

（3）记录时要仔细、慎重；

（4）与营销部、前台接待处密切联系；

（5）预订存档要反复核对，保证存档、记录单与电脑信息一致。

总之，订房纠纷的处理是一件复杂、细致的工作，有时甚至很棘手，前台服务人员要多积累经验和技巧，善于把握客人心理，既要分清责任，维护自身合法权益，又要有耐心，设身处地为客人着想，帮助客人解决问题。此外，情、理、法三者兼顾，以消除客人的不满，维护酒店的声誉。

三、订房纠纷的处理方法

师傅讲授：

在酒店日常的经营过程中，常常会出现一些订房纠纷。针对不同的原因，酒店应该采取不同的处理方法，妥善解决，挽回酒店的形象，将酒店的损失降到最低。

（1）酒店收到客人的预订文件，但由于客人信息不全，没有留下订房人的通讯地址，酒店无法及时告知客人客房预订已满的情况。

（2）客人以信函方式预订，但酒店已经客满的情况。

（3）客人由于航班或车次变化等原因，抵店时间已经超过规定的留房截止时限，而事先又未和酒店进行联系，造成抵店时酒店无法为其提供客房的情况。

（4）酒店接受了客人的电话预订，但并未给客人邮寄预订确认书，客人抵店后，无法为其提供客房的情况。

（5）客人抵店后称自己已经做了客房预订，但前台接待处却找不到该客人的订房资料的情况。

（6）客人因为不了解酒店的有关政策或行业惯例而产生不满和抱怨的情况。

（7）与客户面谈订房事宜时应注意：仪表端庄，举止大方，讲究礼节礼貌，态度热情，语音、语调适当，婉转。把握客户心理，运用销售技巧，灵活地推销客房和酒店其他产品。必要时，还可向客人展示房间及酒店其他设施与服务，以供客人选择。受理此方式时，应注意避免向宾客做具体房号的承诺。

受理信函订房时应注意：及时复信。越早让宾客收到回信，越能赢得宾客好感。回信要亲切，避免给宾客留下公函式信件的印象。复信的格式必须正确，注意中英文书信格式的差异。复信的内容明确，简洁且有条理。复信的地址，日期要书写完整、准确。注意信纸，信封的质量，邮票的选择及复信者的亲笔签名。

总之，客房预订工作所涉及的环节较多，并且过程较复杂。为了能使客房预订有效开展，这就要求预订人员在工作中认真细致。严格按照服务程序和标准完成工作，处理好每一个环节的问题，尽量减少订房失误和纠纷的出现。

预订人员在工作中认真细致，严格按照服务程序和标准完成工作，处理好每一个环节的问题，尽量减少订房失误和纠纷的出现。

师傅提示：

发生订房纠纷的原因有很多种，要求服务人员根据不同的原因找到最合适的解决方法。这就需要服务人员有丰富的经验，良好的服务意识，并能够掌握服务技巧，把握客人的心理。并且，在每次处理完订房纠纷后，应做好详细的记录，存入档案中，也可以作为员工的培训资料，避免此类事件再次发生。

徒弟记忆：

客房预订工作涉及的环节较多，并且过程较复杂。为了能使客房预订有效开展，这就要求预订人员在工作中认真细致，严格按照服务程序和标准完成工作，处理好每一个环节的问题，尽量减少订房失误和纠纷的出现。

 项目练习

1. 案例分析题

小周是杭州某酒店的前厅接待员。国庆节期间，杭州城几乎所有酒店客房都已经爆满，而且节日期间各酒店房价飙生，10月1日晚11：00左右，小周在工作繁忙之时接到一位潘先生预订客房的电话。当时还剩下一间标准间，刚好留给潘先生，并与他约好到达酒店时间是晚11：30。潘先生是该酒店某已签订协议单位的老总，也是常住客，所以小周格外小心。在等待潘先生的半小时期间，有许多电话，也有许多客人亲自来到酒店询问是否还有客房，他都一一婉言谢绝了。但一直等到晚11：40，潘总还未抵店，小周想：也许潘先生不会来了，因为经常有客人订了房间后不来住，如果再不卖掉，凌晨12：00以后就很难卖了，为了酒店的利益，不能白白空一间房过夜。于是，到了晚11：45时，小周将最后一间标准间卖给了一位正急需客房的另外一位熟客，凌晨12：00左右潘总出现在总台，并说因车子抛锚、手机无电之故未能事先来电说明。当听说房间已卖掉后，他顿时恼羞成怒，立即要求酒店赔偿损失，并声称将取消协议，以后不再安排客人来住这家酒店了。

问题：如果你是小周，你将如何处理这起事件？给你四个备选方案，请选择你认为的最优方案并说明理由。

备选方案:

（1）向客人解释，指出是潘总未按约定时间抵达酒店，我们没有责任，无论潘总如何气愤，只表示爱莫能助。

（2）向值班经理或大堂副理汇报，将矛盾上交领导处理。

（3）害怕事情闹大，酒店老总知道后被炒鱿鱼，干脆自己掏钱赔偿损失。

（4）向客人致歉，尽量在酒店内部挖掘潜力解决问题，酒店内部解决不了则立即打电话联系其他酒店，为潘总重新预订一间同档次的客房，实在不行，则向客人表示无能为力，并立即向大堂副理汇报，建议日后写一封致歉信给潘总。

2. 案例分析综合题

根据下面所给案例，结合本章所学知识进行综合分析。

如沐春风

2月7日，值台员小毕在楼层清洁公区卫生时，遇到1426客人外出用餐，听见客人打电话反映上火不舒服的信息，小毕立即为房间准备了一份橙子并配置了加湿器，同时留条关心客人注意身体。

次日，1426客人退房时，留下了一份感谢信：下榻贵酒店，宾至如归，特别是管家部小毕的细心、贴心的服务，让人如沐春风，下次来连贵酒店是我的不二选择，请转达我对小毕的诚挚谢意，祝贵酒店生意兴隆。

我们随时都在准备着

2月10日晚，1515客人入住，到达房间后电话通知请服务员到房间给予帮助，值台员小吴立即前往，进入房间后得知1515唐先生的皮鞋被雨水浸湿了，小吴将皮鞋拿至工作间细心地清洁处理，将鞋垫刷洗干净，并用吹风机慢慢吹干，半个小时后送入房间，同时配置了一个便携式晾衣架，唐先生非常感激也很惊讶，小吴微笑地说："刚刚看您带了好多衣服，便给您拿了一个晾衣架，方便悬挂，如果有皱折，我可以帮您简单的熨烫一下。"唐先生听后再次表示感谢，并在次日留下了一份感谢留言：第一次来到连云港，非常幸运住进咱们云台酒店，你们管家部的细心、贴心、用心服务让我非常感动。我也是做客服工作的，对你们的服务意识和能力表示由衷敬佩。

宝宝开心地笑了

大年初五，1326客房入住一家三口，宝宝大概3岁左右，服务员韩将其引领进房后，发现宝宝一直不开心，她的爸妈怎么哄也没用，小韩离开房间后立即到工作间拿来了玩具小马、皮球、故事书等送给小宝宝玩耍，宝宝看到这些意外的玩具后开心的笑了，同时服务员小韩又为其房间配备了儿童玩具、拖鞋、马桶坐垫，得到了该家长的好评与表扬。

次日，1326客人退房时留下了封表扬信：感谢管家部小韩的热情接待，我们非常开心，宝宝也很喜欢这里，下次国信云台酒店是我们不二选择。

贴心服务

2月16日，部门收到一封来自1704房间的表扬信，大致内容为：尊敬的酒店领导，非常感谢你们培养出的优秀员工，当我在外工作一天回到房间后，看见写字台上有一张粉红色的心形卡片，是客房服务员小吴给我留的言，因为我这几天嗓子有些发炎，在吃消炎药，小吴看见后提醒我吃头孢不要喝酒，要注意休息等。这些话就像女儿叮嘱父亲一样，我感到内心很温暖，再次感谢小吴，感谢云台酒店。

云台服务树丰碑

3月5日，宾馆收到一封来自新疆客人的表场信，客人以诗句的形式表达了感激之意：羊年春节住云台，朋友热情酒多了；回馆恰遇田银环，端茶到水送蜜茶；次日袁媛更热心，面带笑容洁吐物；有感而发编七言，衷心感谢两员工；云台服务树丰碑，美名远播达西域。

让服务感动客人

3月5日，1126客人送来一封表扬信：近期陆续在贵酒店入住，深深感受到贵酒店员工的热情服务，无微不至的关怀，在此着重感谢客房部服务员小毕和小韩两位同志。

此次出差恰遇春节，每天都有朋友拜访，小毕和小韩看到我们都有吸烟习惯，每天都送来润喉糖和烟嘴，小韩更是不厌其烦为我们提供清洁、整理房间工作，小毕每天都用卡片温馨提醒，嘘寒问暖，这么多年在外过春节，今年是最温暖的春节。在此，向贵酒店的宾至如归、如沐春风的服务表示由衷的感谢，向小毕、小韩的精心、细心、用心、热心的服务表示感谢。祝贵酒店生意兴隆。

项目实训：

实训名称：前厅预订服务

实训目的：通过预订项目的实训，掌握预订业务的基本知识，掌握预订的操作程序和方法。

实训内容：教师先讲解示范，两个同学为一组，进行角色扮演，学生观察并相互点评，设计模拟情景，按照预订的服务程序和标准进行。学生间进行相互点评，教师给予指导纠正。

实训准备：电话、客房预订单、电话记录本、笔等。

实训考核：

序号	考核内容	评分标准	配分	扣分	得分
1	接听电话	响铃三声内，接通电话，礼貌问候	10分		
2	询问客人的预定要求	询问客人的预订日期及要求	20分		
3	受理预订	确认预订的类型、价格、数量、抵达时间等	20分		
4	复述预订	向客人复述预订内容	40分		
5	完成预订	向客人致谢，填写预订单	10分		
6	合计		100分		

礼宾服务

礼宾部（Concierge）概况

礼宾部主要是门童迎送宾客，行李员为宾客上下行李、寄存行李、提取行李，并为宾客送传真、信件、包裹及其他物品，提供"金钥匙"服务，做好宾客委托代办工作的部门。作为前厅最重要的服务部门之一，其管辖范围和所提供的同。有的酒店礼宾部管辖范围很大，提供的项目也非常多。礼宾部的负责人被客人称为"Get Everything Done Person"，是名副其实的"万能钥匙"，他们有着良好的沟通协调能力，没有问题能难倒他们，能提供全方位"一条龙服务"。他们是客人的知心朋友，凡是客人需要的，他们都努力去完成，随时准备为每一位客人服务，他们是连接客人与酒店以及外部世界的桥和纽带。他们中有些人身着领口镶有金钥匙的燕尾服，是国际金钥匙组织的成员。

项目一　迎送客人服务

【企业标准】

通过本节的学习，学生要了解酒店前厅服务中迎送客人的基本服务，对实际中迎送客人的技巧进行把握和理解。

【师傅要求】

1. 店内迎送服务。
2. 店外迎送服务。

【师徒互动】

迎送宾客服务主要由门童、行李员和酒店代表等提供,一般可分为店内和店外迎送两种。

一、店内迎送服务

师傅讲授:

店内迎送服务主要由门童负责,是代表酒店在大门口迎送客人的专门人员,是酒店形象的具体表现。

门童一般安排身材高大、英俊、目光敏锐、经验丰富的青年男性担任,但也有用气质好的女性或稳重、讲究礼节的老年男子担任的情况。做一个优秀的门童并不容易,世界著名的日本新大谷饭店的负责人曾说过:培养一个出色的门童往往需要花上十多年的时间。

门童通常要穿着高级华丽、有醒目标志的制服,上岗时要精神饱满、动作迅速、热情礼貌。

在工作时,门童通常站在大门一侧或台阶下、车道边,站立时微挺胸、眼睛平视、表情自然、双手自然下垂或前交叉相握,两脚与肩同宽。

(一)迎宾服务

(1)客人到达酒店时,门童应主动、热情、面带微笑地向客人点头致意,并致问候或欢迎语,同时用手势示意方向,为客人拉开大门。若行李员距离较远,应使用手势示意,切忌大声喊叫,以免扰乱前厅安静的气氛。若客人乘车,门童应使用规范手势,示意司机停在指定地点或客人容易下车的地点:车停稳后,为客人拉开车门,主动向客人热情问候,对常客和贵宾应能礼貌、准确地称呼客人姓名。拉门时要站在前、后门中间,用左手拉开车门,右手则挡在车门框上沿,防止客人碰伤头部,此为“护顶”。但要注意对佛教徒和伊斯兰教徒不能护其头顶。若无法判断客人的身份,可以将手抬起而不护顶,注意保护客人,防止发生磕碰现象。

(2)开门时原则上要先女宾后男宾、先外宾后内宾、先老人后小孩,若无法判断,则先开靠近台阶的后门。

(3)客人行动不便或遇到残疾客人时,立即上前搀扶,并提示行李员为残疾客人准备轮椅。

(4)及时为客人拉开酒店的正门,如果客人行李物品较多,应主动帮助提拿,并提醒客人清点件数,带好个人物品,进入大厅时立即交给行李员。

(5)团体客人到店时,待客车停稳后,门童站立在车门一侧,迎接客人下车,主动点头致意、问候,接过行李物品。对行动不便的客人、老人或儿童要搀扶他们上下车,

最后示意司机将车开走或停放在指定地点。

（6）如果遇到下雨天，应主动打伞接应客人下车进店，并提醒客人可以将雨伞锁在门口的伞架上。

（7）住店客人进出酒店时，应同样热情地招呼致意。

（二）送别服务

送别散客程序与标准如下。

1. 叫车服务

客人离店时，主动热情地为客人叫车，并把车引导到合适的位置。

2. 送车服务

（1）等车停稳后拉开车门，请客人上车、护顶、并向客人道别，感谢客人的光临，预祝客人旅途愉快。然后，等客人坐稳后再关上车门。

（2）客人如果有行李，应协助行李员将行李装好，并请客人核实。

（3）当客人的汽车启动时，挥手向客人告别，目送客人，以示礼貌和诚意。

（4）如果是出租车，记录车号，以防客人有物品遗留在车上。

送别团队客人的程序与标准如下。

1. 叫车服务

团队客人离店时，主动热情地为客人引车，并把车引导到合适的位置。

2. 送车服务

（1）等车停稳后，应站在车门一侧，向客人点头致意，并注意客人的上车过程。

（2）向客人道别，感谢客人的光临，预祝客人旅途愉快。

（3）客人如果有行李，应协助行李员提前将行李装好，并请客人核实。

（4）当客人的汽车启动时，挥手向客人告别，目送客人，以示礼貌和诚意。

（三）其他日常服务

（1）保持大门环境清洁：大门是酒店门面，虽然迎宾员不负责清扫，但有责任保持门口及大厅的清洁，发现有杂物时，立即通知保洁员予以清除，发现纸屑、烟蒂时，马上捡起投进垃圾桶内。另外，还应随时检查大门的完好程度，发现问题，及时报修。

（2）做好门前安全工作：协助保卫人员做好门前保安工作，注意门前来往客人，确保酒店安全。

（3）回答客人问讯：礼貌地回答客人问讯，对不能确定的问题可以请客人到问讯处询问。

（4）指挥疏导门前交通：及时疏导车辆，保持门口、车道通畅，维护门口良好秩序。在用车高峰或雨雪天时，主动为客人调度、联系出租车。

（5）填写服务指南卡：迎宾员对不熟悉酒店周围环境的客人，应热情耐心地问清客人所去目的地，然后告诉司机，并填写"服务指南卡"记下车号、日期、时间及目的地，然后将卡片交给客人留存。

（四）VIP 客人迎送服务

门厅 VIP 客人迎送是饭店给下榻的 VIP 客人的一种礼遇。门童应根据预订处发出的接待通知，做好充分准备。

（1）根据需要，负责升降某国国旗、店旗或其他彩旗等。

（2）负责维持大门口秩序，协助做好安全保卫工作。

（3）正确引导、疏通车辆，确保大门前交通畅通。

（4）讲究服务规格，并准确使用 VIP 客人姓名或头衔向其问候致意。

二、店外迎送服务

师傅讲授：

店外迎宾服务主要由酒店代表负责。酒店代表，顾名思义，就是为方便客人，代表酒店在机场、车站、码头等主要出入境口岸为客人提供高效的迎接和送行服务，是酒店给予客人的"第一印象"，更是酒店对外宣传的窗口。很多星级酒店都在火车站和机场内设有专门的接待处，迎接预订了房间的客人。同时酒店代表更承担了开展"魅力营销"的任务，以优质的服务招徕非住店客人购买酒店的客房产品。酒店代表的失误可能使酒店永远地失去一位 VIP 客人，酒店代表的成功又可能使酒店赢得更多客人的信赖。酒店代表是酒店 CI 形象策略和公共关系中至关重要的一员。因此，店外迎送实际上是前厅礼宾服务的延伸，酒店代表是客人所见到的第一位服务人员。酒店代表的仪表仪容、行为举止、服务效率将给客人留下深刻印象。

（一）酒店代表的职责

（1）保证各车次、航班的信息准确无误，及时地传达到酒店。

（2）做好 VIP 客人的接待工作。

（3）熟悉酒店各项服务设施，主动、热情地推销酒店，积极招揽客源。

（4）努力搞好机场、车站、码头、海关等各单位的关系，不做有损人格、有损酒店利益的事。

（5）遵守酒店及协作单位各项规章制度。

（6）服从主管安排，积极配合主管搞好工作。

（7）搞好同协作部门的工作关系，有问题及时向主管、领班汇报，以便提高服务质量。

（8）所有上车的行李都要拴上酒店行李挂牌。

（9）对暂不回店的客人行李要开具行李寄存牌，并告诉客人取件的方法。

（10）严格执行岗位文明规范。

（二）酒店代表迎接客人服务规程

1. 客人抵达前

（1）熟知客情。在预订客人抵达前一天，核对客人姓名、人数、所乘航班号等信息。

（2）安排好交通工具。根据接机预测报告，安排好机场与饭店间运行的穿梭巴士或向车队下达出车指令。

（3）备好饭店接机牌。牌子的正面通常刻有酒店中、英文名称，反面则是客人的姓名。

（4）及时了解航班变更、取消或延误的最新消息，并通知酒店前厅接待处。

（5）提前 15 分钟站立在显眼位置举牌等候。

2. 客人到达时

（1）代表酒店向客人表示欢迎和问候。

（2）根据预抵店客人名单予以确认。

（3）搬运并确认行李件数，挂好行李牌。

（4）引领客人上车。

3. 在路途中

（1）提醒客人注意安全，简要介绍城市风貌和酒店概况。

（2）始终与总台保持联系，及时通知变化情况。

4. 客人抵店后

（1）引领客人到总台办理入住手续。

（2）将行李物品交付行李员运至房间。

（3）协助大堂副理做好 VIP 贵宾接待。

如果客人漏接，应及时与酒店接待处联系，核查客人是否已经到达酒店，并向有关部门反映情况，以便采取弥补措施。

（三）酒店代表送别客人服务程序

（1）准确掌握客人姓名、具体离店时间、所乘航班号、行李件数或其他要求。

（2）主动安排好车辆，提前 10 分钟在酒店门口恭候客人。

（3）协助客人托运行李和办理相关报关手续。

（4）与客人道别，感谢客人下榻本酒店并祝客人一路平安，欢迎客人再次光临。

在机场（车站）设点的酒店，一般都有固定的办公地点，都有酒店的明显标志，如店名、店徽及星级等。酒店代表还应积极向未订房客人推销本酒店，主动介绍酒店设施、设备情况，争取客人入住。

【拓展应用】

    1. 在实际工作中容易出现的问题是什么？

    2. 怎样才能提高顾客的满意度？

项目二　行李服务

【企业标准】

    行李服务是酒店礼宾服务的重要组成部分，由行李员负责提供服务，其工作岗位位于酒店大堂一侧的礼宾部。本节就是要向大家讲述行李服务中的一些规范和要求。

【师傅要求】

    1. 行李服务员素质要求。

    2. 客人入住行李服务。

    3. 客人离店的行李服务。

    4. 换房时行李服务。

    5. 行李寄存服务。

【师徒互动】

一、行李服务员素质要求

师傅讲授：

    为了能做好行李服务（搬运、寄存等）工作，要求行李组领班及行李员必须具备以下素质：

    （1）掌握饭店服务与管理基础知识；

    （2）了解店内、外诸多服务信息；

    （3）具备良好的职业道德，诚实，责任心极强；

    （4）性格活泼开朗，思维敏捷；

    （5）熟知礼宾部、行李员的工作程序及操作规则、标准；

    （6）熟悉饭店内各条路径及有关部门位置；

    （7）能吃苦耐劳，做到眼勤、嘴勤、手勤、腿勤；

    （8）善于与人交往，和蔼可亲；

    （9）掌握饭店内餐饮、客房、娱乐等各项服务内容、服务时间、服务场所及其他相

关信息；

（10）掌握饭店所在地的名胜古迹、旅游景点及购物场所的信息。

二、客人入住行李服务

师傅讲授：

（一）散客行李服务

1. 在客人乘车抵达酒店时，行李员应主动上前迎接

客人下车后，迅速将行李卸下来，请客人清点行李件数并检查行李有无破损。然后根据行李的多少，决定是否需要使用行李车。装行李车时，注意把大件行李和重的行李放在下面，小的、轻的行李放在上面。对于客人的贵重物品和易碎物品，行李员不必主动提拿，如果客人要求帮助，行李员应该特别小心，防止丢失和破损。

2. 引领客人到总台接待处

在引领过程中礼貌地询问客人是否已办理了预订。引领客人时，要走在客人的左前方，距离两三步远，步伐节奏与客人保持一致。遇到拐弯处或人多时，要注意回头招呼客人。

3. 等候客人

客人办理入住登记手续时，行李员应站在总台一侧客人身后 1.5 米处，看管行李，听候召唤。

4. 引领客人进房间

客人办理完入住登记手续后，行李员应主动从接待员手中领取房间钥匙，引领客人去客房并提拿行李。在去客房途中，利用合适的机会，主动向首次抵店客人介绍酒店服务设施。

5. 主动为客人叫电梯

请客人先上电梯，然后站立在电梯控制板旁边。电梯到达楼层停稳后，请客人先行，并用正确的手势示意方向及转弯处。

6. 敲门进房

到达客房门口时，先按门铃或敲门，然后再打开房门。客房设有节电钥匙控制开关，迅速将钥匙牌（卡）插入槽内（晚间进房间应开灯），退到房门一侧，示意客人先进房间，并将行李物品放在行李架上或按客人吩咐放好。

7. 向客人详细介绍客房设施设备及使用方法

（1）介绍该房间楼层紧急疏散图示。

（2）介绍床头柜上控制板的电器、照明、温度控制等开关的使用方法。

（3）重点介绍酒店有特色的服务。

（4）扼要说明电视节目内容。

（5）打开冰箱，介绍小酒吧服务。

（6）提示客人洗衣袋、洗衣单摆放位置并介绍洗熨衣服务。

（7）介绍卫生间冷热水、晾衣绳及电源的使用方法。在介绍过程中，始终关注客人的表情及神态，并回答客人提问。如果客人曾经住过本酒店，则可不必介绍。

（8）离开客房。房间介绍完毕，行李员应再次征求客人意见，表示随时愿意提供服务，并祝愿客人住店期间生活愉快，然后与客人道别。退出房间时，要面向客人，将房门轻轻关上。

（9）返回行李处，填写散客入住行李进店搬运记录（见表3-1）。

表 3-1　散客入住行李搬运记录

日期：
Date：

房号 Room.N0.	上楼时间 Up Time	行李件数 Pieces	行李员 Bell	预计离店时间 Departure.Time	备注 Remarks

（二）团队行李服务

1.团队客人到店时的行李服务

（1）团队行李到店时，行李员与行李押运员进行交接，清点行李件数，检查行李有无破损，并请对方签字，然后迅速卸下行李，码放在规定地点。将团队行李到店时间、数量等信息填写在"团体行李进店登记表"上。

（2）行李如有破损，须请客人亲自证实，并通知陪同和领队。

（3）在每一件行李上系好行李牌，码放整齐，用行李网把该团行李罩好，妥善保管。

（4）根据分房表，在行李牌上准确标注房号和件数。

（5）迅速将行李送往客房，保证不出现差错。运送行李时，应遵循"同团同车、同层同车、同侧同车"的原则。

（6）到达客房时，行李员应将行李放在房门一侧，先按门铃或敲门。客人开门后，主动问候，将行李放进房间，请客人当面确认；如果客人不在房间，应请楼层服务员开门，将行李放入房间。

（7）将暂时无人认领或破损的行李存放在前厅，盖上网罩，妥善保管，然后立即向团队领队和陪同反映，以便及时解决。

（8）返回行李处，填写团队行李进、出店登记表（见表3-2）。

表3-2　团队行李进、出店登记表

团体名称					人数	
抵达日期			离店日期			
进店	卸车行李员		饭店行李员		领队签字	
离店	装车行李员		饭店行李员		领队签字	
行李进店时间		车号	行李收取时间		行李出店时间	车号
房号	行李箱		行李包		其他		备注
	入店	出店	入店	出店	入店	出店	
总计							

入店
行李主管：_____
日期/时间：_____

出店
行李主管：_____
日期/时间：_____

三、客人离店的行李服务

师傅讲授：

（一）散客行李服务

散客离店行李服务的程序与标准如下。

（1）站立于大门附近，注意大厅内客人动态。客人携行李离店，则应主动上前提供服务。

（2）当接到客人要求运送行李的通知后，应礼貌地问清房号、姓名、行李件数和搬运时间等，做好记录。

（3）按门铃，通报自己的身份，得到客人允许后，进入客房。

（4）帮助客人清点行李，检查行李是否有破损情况，如有易碎物品，则贴上易碎物品标志。给行李系上填好的行李卡（注明"OUT"字样、房号、件数等）。

（5）若客人不在房内，应请楼层服务员开启房门，并取出行李，核对件数。注意检查房内有无客人遗忘的物品等。

（6）来到大厅后，应先到前台收银处确认客人是否已结账。若客人仍未结账，应礼貌地告诉客人收银处的位置。

（7）再次请客人清点行李件数。确认无误后，将行李装上车，并提醒客人交回客房钥匙。向客人道别，祝客人旅途愉快。

（8）返回大厅，填写"散客离店行李搬运记录"（见表3-3）。

表 3-3　散客离店行李搬运记录

日期：
Date：

房号 Room N0.	离店时间 Departure Time	行李件数 Pieces	行李员 Be	车号 N0.	备注 Remarks

（二）团队行李服务

（1）仔细审阅前台送来的团队离店名单；与团队入店时填写的"团队行李接送登记表"核对，并重建新表。

（2）依照团号、团名及房间号码到楼层收取行李；与宾客确认行李件数，如宾客不在房间，则检查行李牌号及姓名；如宾客不在房间，又未将行李放在房间外，应及时报告领班解决。

（3）根据领班指定位置摆放行李，并罩好，以免丢失。

（4）统计行李件数的实数是否与登记数吻合；由领班与陪同或领队一起确认件数，若无误，请其在团队行李进出店登记表上签字。

（5）由领班问清团队行李员所取行李的团号和团名；待团队行李员确认完行李件数后，请其在离店登记表上签上姓名及车牌号。

（6）当从前台得到该团行李放行卡后，方可让该团队离开。

（7）领班将团队行李离店登记表存档。

四、换房时行李服务

师傅讲授：

（1）接到前台换房通知后，问清客人姓名、原房和换房后房间号码，并确认客人是否在房间。

（2）到客人房间时，要先敲门，经过客人允许方可进入。

（3）请客人清点要搬运的行李及其他物品，将它们小心地装上行李车。

（4）引领客人进入新房间后，帮助客人把行李重新放好，必要时向客人介绍房内设备设施。

（5）收回客人的原房间钥匙和住房卡，将新的房间钥匙和住房卡交给客人，向客人道别后再离开房间。

（6）将原房间钥匙和住房卡交回接待处。

（7）做好换房行李记录，并填写"换房行李登记表"（见表3-4）。

表 3-4　换房行李登记表

日期	时间	由（房号）	到（房号）	行李件数	行李员签名	楼层服务员签名	备注

五、行李寄存服务

师傅讲授：

行李员除了在客人抵、离店以及换房时提供行李运送服务外，还要负责住店客人的行李物品寄存服务。礼宾部为方便住客存取，应开辟专门的行李房和建立相应的制度，并规定必要的手续。

（一）对寄存行李的要求

（1）行李房不寄存现金、金银首饰、珠宝、玉器以及护照等身份证件。应礼貌请客人自己保管，或放到前厅收款处的保险箱内免费保管。已办理退房手续的客人如想使用保险箱，须经大堂副理批准。

（2）酒店及行李房不得寄存易燃、易爆、易腐烂或有腐蚀性的物品。

（3）不得存放易变质食品、易蛀仪器及易碎物品。如客人坚持要寄存，则应向客人说明饭店不承担赔偿责任，并做好记录，同时在易碎物品上挂上"小心轻放"的标牌。

（4）如发现枪支、弹药、毒品等危险物品，要及时报告保安部和大堂副理，并保护好现场，防止发生意外。

（5）不接受宠物寄存，一般酒店不接受带宠物的客人入住。

（6）提示客人行李上锁。对未上锁的小件行李须在客人面前用封条将行李封好。

（二）行李寄存及领取的类别

（1）住客自己寄存，自己领取。

（2）住客自己寄存，让他人领取。

（3）非住客寄存，但让住客领取。

（三）建立行李房管理制度

（1）行李房是为客人寄存行李的重地，严禁非行李员进入。

（2）行李房钥匙由专人看管。

（3）做好"人在门开，人离门锁"。

（4）行李房内严禁吸烟、睡觉、堆放杂物。

（5）行李房要保持清洁。

（6）寄存行李要摆放整齐。

（7）寄存行李上必须系有"行李寄存卡"。

（四）行李寄存服务

（1）客人寄存行李时，行李员应主动问候客人，热情接待，礼貌服务。

（2）确认客人身份。请客人出示房卡，确认客人为住店客人；外来客人的行李原则上不予寄存。

（3）礼貌地询问，在客人所寄存的行李中，是否有贵重物品或易燃易爆、易损易腐烂的物品，以及提取行李的时间。

（4）填写寄存行李卡（见表3–5）。请客人确认行李物品件数后，在双联行李寄存卡上签名。

（5）将寄存卡的上联（提取联）交给客人，提醒客人注意保存，下联（寄存联）系在客人行李上，并向客人简要说明注意事项及酒店的有关规定。

（6）将寄存的行李有秩序地码放在行李架上，同一客人的行李要集中存放，并用绳子系在一起，以区别于其他客人的行李物品，避免客人领取时拿错。

（五）行李提取服务

（1）主动问候客人，请客人出示提取联，并与寄存联核对。

（2）核对无误后，将行李物品从行李架上取下交给客人，请客人当面清点并签字。

（3）将寄存卡的上联和下联装订在一起存档。

（4）如果他人代领行李，客人则应事先将代领人的姓名等情况写明，使用提取联和有效证件领取行李。

（5）如果客人遗失了"行李寄存单"，应请客人出示有效身份证件，核查签名，并请客人报出寄存行李的件数、形状特征、原房号等。确定是该客人的行李后，请客人写一张；领取寄存行李的说明并签名（或复印其证件）。将客人所填写的证明、证件复印件、"行李寄存单"上联订在一起存档。

来访客人留存物品让住店客人提取的寄存服务，可采取留言的方式通知住客，并参照寄存、领取服务的有关条款进行。

表 3-5　双联行李寄存卡（寄存联、提取联）

姓名 NAME＿＿＿＿＿＿＿＿ 行李数目 LUGGAGE＿＿＿＿＿＿ 日期＿＿＿＿＿＿　时间＿＿＿＿ DATE＿＿＿＿＿　TIME＿＿＿＿ 房号＿＿＿＿＿＿ ROOM NO.＿＿＿＿＿ 客人签名 GUEST'S SIGNATURE＿＿＿＿＿ 行李员签名＿＿＿＿＿＿ BELLBOY'S SIGNATURE＿＿＿＿＿

【拓展应用】

1. 在实际操作中，哪些细节能够提高顾客满意度？

2. 通过本节的学习，谈谈你对行李服务的理解。

项目三　"金钥匙"服务

【企业标准】

现在很多高星级酒店的礼宾部都设置了"金钥匙"部门，而在一些中小规模的低星级酒店中，则称为行李部。本节则是重点介绍了这一部门，学生需要对其进行理解和记忆。

【师傅要求】

1. 金钥匙的简介。

2. 我国金钥匙的服务项目。

3. "金钥匙"的岗位职责。

4. "金钥匙"的素质要求。

【师徒互动】

一、金钥匙简介

师傅讲授：

"金钥匙"一词来源于拉丁文"Concierge"，原意为"保管""管理"或是仆人，通常被译为酒店里的"礼宾司"。当"金钥匙"发展到今天，它已不仅仅是某一个人、一个称呼、一种职业、一个服务品牌，更重要的是它是一种服务理念，一种崭新的、先进的酒店文化。

（一）"金钥匙"

"金钥匙"是指全球饭店业中专门为客人提供专业化服务并以个人身份加入国际饭店金钥匙组织的职员。

他们通常身着燕尾服，上面别着十字形金钥匙，这是委托代办的国际组织——"国际饭店金钥匙组织联合会"会员的标志（见图3-1、图3-2），它象征着"Concierge"就如同万能的"金钥匙"一般，可以为客人解决一切难题。这两把金光闪闪的交叉钥匙代表着"金钥匙"的职能（见图3-3）。其中一把代表开启饭店综合服务的大门；另一把代表开启该城市综合服务的大门。也就是说，"金钥匙"是现代酒店个性化服务的标志，是饭店内外综合服务的总代理。

图3-1 国际饭店金钥匙组织标志

图3-2 中国饭店金钥匙组织标志

图 3-3　金钥匙组织标志

（二）"国际饭店金钥匙组织"（UICH）

国际饭店金钥匙组织成立于 1952 年 4 月，属于国际化的专业服务民间组织，创始人是法国的费迪南德·吉列特先生，总部设在法国。目前，全球会员国 39 个，国际会员 4500 名（少数为女性）。其中，中国的金钥匙已发展到 155 个城市、785 家高星级饭店的 1348 名会员，在国际金钥匙成员国中名列第三（法国、美国为前两名）。

饭店金钥匙服务在中国的出现，最早是由著名爱国人士霍英东先生倡导引入白天鹅饭店的。1995 年 11 月，我国首届饭店委托代办研讨会的召开，标志着我国饭店金钥匙的诞生，也形成了我国饭店金钥匙组织的雏形。1997 年中国申请加入国际饭店金钥匙组织，成为第 31 个组织成员。2001 年 1 月，在国家旅游局、中国旅游业饭店协会和广州市政府的高度重视下和精心组织下，在广州市成功举办了第 47 届国际饭店金钥匙组织年会。

（三）"金钥匙服务"

"金钥匙服务"是指饭店金钥匙为满足客人正当、合理、合法、人所能及的特殊需要，按照国际金钥匙组织特有的金钥匙服务理念和服务方式，为客人提供"一条龙"个性化服务。这种服务通常以"委托代办"的形式出现，即客人委托，职员代表饭店代办。它具有鲜明的个性化特点，被饭店业的专家称为饭店服务的极致，因此被称为"金钥匙服务"。

（1）饭店金钥匙组织的工作口号：友谊、协作、服务。

（2）饭店金钥匙的服务宗旨：在不违反当地法律和道德观的前提下，为客人解决一切困难。

（3）饭店金钥匙的服务理念：为客人提供满意加惊喜的服务。

（4）"金钥匙"服务哲学：尽管不能无所不能，但一定要竭尽所能。

（5）饭店金钥匙的人生哲学：在客人的惊喜中找到富有乐趣的人生。

（6）国际金钥匙组织中国区的服务精髓：先利人，后利己；用心极致，满意加惊喜，在客人的惊喜中找到富有的人生。这种富有，首先是精神上的富有，拥有不断的追求；其次是知识和技能的富有，不断地丰富自己；再次是朋友的富有，友缘的不断扩大；最后是物质的富有。

（四）首席礼宾司

首席礼宾司是指全球每一个提供金钥匙服务的饭店中的"首席金钥匙"，通俗来讲就是饭店"金钥匙"的负责人。

（五）国际金钥匙学院

国际金钥匙学院是指国际金钥匙组织为统一其成员的服务思想理念和规范服务技巧而成立的、培训国际金钥匙成员并定期审定资格的专业学院。

（六）国际金钥匙组织年会

国际金钥匙组织年会是国际金钥匙组织每年召开一次的全球性会员大会。

二、我国金钥匙的服务项目

师傅讲授：

金钥匙就应该无所不能，在合法的基础上，客人的任何要求都能满足。

（1）行李及通信服务：运送行李、电报、传真、电子邮件及跑腿。

（2）问讯服务：指路等。

（3）快递服务：国际托运、国际邮政托运、空运、紧急包裹、国内包裹托运等。

（4）接送服务：汽车服务、租车服务、接机服务。

（5）旅游：个性化旅游服务线路介绍。

（6）订房服务：房价、房类、折扣、取消预订。

（7）订餐服务：推荐餐馆。

（8）订车服务：汽车及轿车等租赁代理。

（9）订票服务：飞机票、火车票、戏票。

（10）订花服务：鲜花预订、异地送花。

（11）其他：美容、按摩、跑腿、看孩子、邮寄等。

三、"金钥匙"的岗位职责

师傅讲授：

（1）全方位满足住店客人提出的特殊要求，并提供多种服务，如行李服务、安排钟

点医务服务、托婴服务、沙龙约会、推荐特色餐馆、导游、导购等，对客人有求必应。

（2）协助大堂副理处理饭店各类投诉。

（3）保持个人的职业形象，以大方得体的仪表和亲切自然的言谈举止迎送抵、离饭店的每一位客人。

（4）检查大厅及其他公共活动区域。

（5）协同保安部对行为不轨的客人进行调查。

（6）对行李员工作活动进行管理和控制，并做好有关记录。

（7）对进、离店客人给予及时关心。

（8）将上级命令、所有重要事件或事情记在行李员、门童交接班本上，每日早晨呈交前厅经理，以便查询。

（9）控制饭店门前车辆活动。

（10）对受前厅部经理委派进行培训的行李员进行指导和训练。

（11）在客人登记注册时，指导每个行李员帮助客人。

（12）与团队协调关系，使团队行李顺利运送。

（13）确保行李房和饭店前厅的卫生清洁。

（14）保证大门外、门内、大厅三个岗位有人值班。

（15）保证行李服务设备运转正常；随时检查行李车、秤、行李存放架、轮椅。

四、"金钥匙"的素质要求

师傅讲授：

"金钥匙"主要是以其先进的服务理念，真诚的服务思想，通过其广泛的社会联系和高超的服务技巧，为客人解决各种各样的问题，创造饭店服务的奇迹。因此，"金钥匙"必须具备很高的素质，包括思想素质、能力素质和业务知识素质，具体如下：

（1）彬彬有礼、善解人意，乐于和善于与人沟通。

（2）表达清晰、准确。

（3）身体健康，精力充沛，能适应长时间站立工作和户外工作。

（4）有耐性，有应变能力和协调能力。

（5）熟练掌握本职工作的操作流程。

（6）通晓多种语言。

（7）掌握中英文打字、电脑文字处理等技能。

（8）掌握所在饭店的详细信息，包括饭店历史、服务设施、服务价格等。

（9）熟悉本地区三星级以上饭店的基本情况，包括地点、主要服务设施、特色和价格水平。

（10）熟悉本市主要旅游景点，包括地点、特色、服务时间、业务范围和联系人。

（11）掌握一定数量的本市高、中、低档的餐厅、娱乐场所、酒吧的信息资料，包括地点、特色、服务时间、价格水平、联系人。按照中国饭店金钥匙组织会员入会考核标准，申请者必须掌握本市高、中、低档的餐厅各 5 个，娱乐场所、酒吧 5 个（小城市 3 个）。

（12）能帮助客人购买各种交通票证，了解售票处的服务时间、业务范围和联系人。

（13）能帮助客人安排市内旅游，掌握其线路、花费时间、价格、联系人。

（14）能帮助客人修补物品，包括手表、眼镜、小电器、行李箱、鞋等，掌握这些维修处的地点和服务时间。

（15）能帮助客人邮寄信件、包裹、快车，懂得邮寄事项的要求和手续。

（16）熟悉本市的交通情况，掌握从本饭店到车站、机场、码头、旅游点、主要商业街的路线、路程和出租车价格（大约数）。

（17）能帮助外籍客人解决办理签证延期等问题，掌握有关单位的地点、工作时间、联系电话和手续。

（18）能帮助客人查找航班托运行李的去向，掌握相关部门的联系电话和领取行李的手续等。

五、国际金钥匙组织中国区申请入会条件和程序

师傅讲授：

（一）申请基本条件

（1）21 岁以上，人品优良，相貌端庄。

（2）在饭店大堂柜台前工作的前台或礼宾部高级职员才能被考虑接纳为金钥匙组织的会员。

（3）从事饭店业 5 年以上，其中 3 年必须在饭店大堂工作，为饭店客人提供中国饭店金钥匙服务。

（4）至少掌握一门以上的外语。

（5）参加过中国饭店金钥匙组织组织的服务培训。

（二）必备文件

申请人须把申请书（申请表格）连同 7 份证明和文件递呈国际金钥匙组织中国区总部。

（1）申请人标准一寸彩色照片两张。

（2）申请人工作场所照片。

（3）两位会员（具备资格 3 年以上的正式会员）的推荐信，在一个月内答复申请。如该地区没有符合资格的推荐人，则应把申请表格直接寄至总部。

（4）申请人所在饭店总经理的推荐信。

（5）参加金钥匙学习的资格证书复印件。

（6）申请人在前厅部工作期间的案例（3篇）（以书面形式呈送同时再以电子文档形式 E-mail 至总部电子信箱 anli@lesclefsdorchina.com）。

（三）批准程序

如果申请人被审核符合入会资格，总部行政秘书会把"金钥匙"组织的相关资料交送申请人（包括交会员费通知）。申请人完成以上程序并被审核符合所有申请资格后，将收到由总部行政秘书发出的授徽通知。经总部授权专人授徽后，该会员及其饭店才正式成为国际"金钥匙"组织成员。

相关文件按照程序分别会递呈国际"金钥匙"组织中国区主席、国际"金钥匙"组织中国区首席代表、秘书长和申请人所在城市地方的"金钥匙"分会备案。

案例分析：

案例一：

九月的一天，宾馆接待了某舰队苏总司令。接到任务后，酒店起动了客户关系主任服务流程，为苏司令提供了高规格的全程贴身管家服务。在酒店的两天中，我们的金钥匙以周到细致的服务，使苏司令感受到了如家人般的亲切和温暖。回到部队后，苏司令多次提及酒店的优秀服务，说他走遍了世界各地，曾多次随同国家领导人出访，多次享受过国宾待遇，但云台给他的感受尤为特别。我们的体贴、亲切、温暖，是他在其他地方没有过的体验。为此，司令也特别要求司令部接待部门向云台学习。

一个月后，韩国某海军司令出访中国，来到苏司令所在部队。面对如此高规格的接待，苏司令第一时间想到了云台的金钥匙，指示下属专门与云台联系，希望由我们承接这次接待任务。面对如此的信任，我们既感到自豪，又深深地感到了压力。经研究，我们派出了以连云港地区首席金钥匙小孙为首的接待团队奔赴部队，进行了紧张而全面的接待准备工作。由于时间紧、任务重，小孙利用金钥匙国际酒店联盟资源，克服了部队接待硬件上的不足，多次在第一时间解决了人、财、物的调用与协调，得到了当地五星级酒店的大力帮助。短短半个月的时间，我们的金钥匙团队充分发挥了云台人的职业素养和奉献精神，以强大的团队凝聚力和高度的专业技能，对每一个接待环节进行仔细研究、推敲，力求做到尽善尽美。接待工作圆满结束后，司令部上下军官无不对我们细致严谨的工作作风和高度专业的服务技能赞叹不已。

师傅提示：

为客人提供满意加惊喜的服务，在客人的满意中找到自己的人生价值，这是金钥匙的从业理念。我们付出的每一次精心服务，都会在客人心中留下或深或浅的印象。赠人玫瑰，手有余香，我们的服务有时看似成就了客人，其实更是成就了自己。通过这次的接待，原来许多部队官兵不知道金钥匙是什么，现在他们知道了：金钥匙，就是云台人！这，就是我们服务的价值。

案例二：

金钥匙的服务真的很棒

8月9日，宾馆常客——某房产公司谢总经理到店开房，并告知今日所开房间是为公司董事长准备的。前厅经理立即到总台安排房间，当董事长的姓名录入电脑查找客史时，发现入住当天正好是他的生日。为了让叶董事长在宾馆度过一个难忘的生日，前厅经理立即将此信息告知谢总，在得到谢总认可后，前厅经理立即通知餐饮金钥匙，并请其协助安排、布置宴会厅，准备生日蛋糕，前厅则协同客房为客人的房间精心准备了鲜花、水果和生日贺卡，所有的安排都在有序的进行中。当叶董事长到店时，金钥匙热情地接待了他，并礼貌地告知："宾馆的电脑中有叶董事长的客史，我们已经为您准备好了登记单，请您签字确认。"客人确认后，金钥匙拿上事先准备好的房卡，引领叶董事长一行进房，在途中，金钥匙对董事长一行表示热烈的欢迎并告知晚餐用餐地点。

接近晚餐时间，金钥匙提前恭候在叶董事长的房间外，将其引领至预定的宴会厅。门被轻轻打开的时候，厅房里飘出了熟悉的旋律——"祝你生日快乐……"，餐桌的中央摆着精美的蛋糕，笑盈盈的金钥匙手捧鲜花送上了生日的祝福。面对此情此景，叶董事长非常感动，激动地说："太不可思议了！你们怎么知道我的生日，而且还安排得这么好，真是太感谢了。"金钥匙们神秘地一笑道："只要用心了解，就一定会知道的！"

生日晚宴在金钥匙们的通力合作下，宴会氛围被不断推向高潮，令在场的嘉宾都非常高兴和满意。宴会席间谢总作为酒店的常客说："到了云台就像到家一样，我们作为成功的商人，到酒店饭店吃饭已不再一味地追求高档、豪华，而是想要享受一种如家般的舒适感觉，在云台我体会到了！"

师傅提示：

在日常工作中金钥匙要发扬团队协作精神，就是要通过各岗位金钥匙的通力合作来共同完成"用心极致，满意加惊喜"的对客服务理念。通过这起案例，再次印证了金钥匙的服务虽然不是无所不能，但总会竭尽所能。金钥匙作为客人旅途中最可信赖的人，要想做到让客人感受到放心、愉悦和满意，就必须建立、健全宾馆的客史资料。在上述案例中，金钥匙能够提供"满意加惊喜"的服务，信息就来自于酒店的客史资料，如果我们没有详细的客史资料，就没有上述的服务，也不会有让客人难忘的惊喜。通过此案例各岗位员工都应积极、主动地积累、收集宾客的信息，使岗位的客史资料越来越全面，为服务客人打好基础。

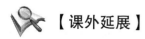 **【课外延展】**

开展金钥匙服务应具备的条件

一、执行者——饭店的前厅礼宾部

酒店要进行这一服务，也要成立像总台、商务中心、客房部、中餐部等类似具有服

务功能的部门，大多数饭店把这一部门就称为"礼宾部"，那么，有了这一部门之后，这个部门所承担的就是金钥匙服务。

二、服务的内容——饭店的委托代办服务

众所周知，总台是负责接待住宿的、餐饮部是负责客人用餐的、工程部是负责维修的，那么礼宾部具体是做些什么呢？那就是客人的委托代办服务，这些服务小到去帮客人送行李、帮客人修补鞋子，大到可以帮客人筹备宴会、预订直升机，等等。可以说，只要是客人让你去办的事，只要它不违反法律、法规，你都要去为他服务。

三、负责人——饭店的首席礼宾司

进行委托代办服务的牵动者，通俗地说，就是饭店金钥匙的领头人。

四、标志——制服与金钥匙的标志

在酒店里，各部门、各职位所身着的服装是不一样的，目的是为了便于区分职能。金钥匙也不例外，通常都是身着深色的西装，在国外很多都是身着燕尾服，在两边领口都分别系着的金钥匙的标志，男的打领带，女的系领花。

五、工作区域——饭店的金钥匙柜台

饭店的金钥匙柜台指的是金钥匙工作的场所。金钥匙是服务于饭店内所有需要帮忙的客人，所以它的柜台一般应置于大堂，而且是客人容易找到的地方，有可能，还应尽量靠近总台，便于更好地服务于客人。否则，就不能实现金钥匙服务的真正宗旨。

六、金钥匙的资源——即各方面的信息

金钥匙的资源囊括众多日常生活所涉及的事物。如列车时刻表、航班时刻表、北京有哪些好玩的地方、坐什么车该怎么去，等等。

有了这些条件，金钥匙就可以开展服务了。但如何将这一服务更好地进行下去，达到一个良好的效果，还需要作为金钥匙的员工心态平和，永远不怕困难地走下去。

徒弟记忆：

1. 了解"金钥匙"服务。
2. 明确金钥匙服务的基本方法和理念。
3. 掌握开启金钥匙的小技巧。

【拓展应用】

1. 谈谈你对"金钥匙"的了解。
2. 金钥匙对提升酒店服务有什么影响？
3. 实际工作中如何提高员工的"金钥匙"服务？

项目四　委托代办服务

【企业标准】

　　在酒店管理中，服务意识时刻存在，委托代办是当下提高服务质量的一个重要方法，通过本节的学习，学生可对委托代办有所了解。

【师傅要求】

　　1.现代服务的理念。
　　2.委托代办的服务项目。
　　3.员工心态的调整。

【师徒互动】

一、现代酒店服务的基本理念分析

师傅讲授：

（1）快乐服务是现今世界旅游饭店的一个综合型的服务理念。
（2）快乐服务是内在与外在相结合的真情服务。
（3）快乐服务来自爱岗敬业的精神，来自职业的责任感和自豪感。
（4）快乐服务以为他人提供"热情、周到、耐心、细致"的服务，展示了自身的人生价值。

二、心态调整

师傅讲授：

（1）了解员工的从业心理。
（2）了解酒店行业的特点。
（3）树立服务意识。
（4）酒店是与人近距离打交道的行业。

三、委托代办服务

师傅讲授：

　　委托代办服务是酒店为了方便和满足客人的需求所提供的服务。酒店礼宾部在做好日常服务工作的同时，在力所能及的前提下，应尽量帮助并完成客人提交的各项委托代

办业务。

　　酒店为客人提供委托代办服务，一方面要设置专门的表单，如"委托代办登记单"（见表3–6）"订票委托单"等；另一方面要制订委托代办收费制度，一般酒店内的正常服务项目和在饭店内能代办的项目不收取服务费。

表 3–6　委托代办登记单

姓名		房号		日期	
委托事宜					
备注：					
委托人联系电话			经手人签名		

四、委托代办的服务项目

师傅讲授：

前厅礼宾部的委托代办服务范围较广，视酒店而异，常见的服务项目如下。

（一）呼叫寻人服务

　　当访客来到酒店想找寻某一位住店客人，而这位客人恰好不在房间时，可请求前厅礼宾服务相关服务人员帮助。服务员应先问清住客的姓名，经与总台核准后，由行李员在前厅等公共区域举着写有这位客人姓名的"寻人牌"寻找客人。行李员边举牌行走，边敲出牌上安置的铜铃或其他发声装置，以便发现或提醒客人。在店内寻找非住店客人或在其他营业场所、娱乐区域寻人时，还可通过电话与各营业点值班服务员联系查找。

（二）替客人泊车服务

　　泊车服务是酒店设专职泊车员，负责客人车辆的停放服务。客人驾车到店时，泊车员将车辆钥匙寄存牌交给客人，礼貌地提醒客人保管好随身携带的物品，然后将客人车辆开往停车场。泊车员应注意车内有无遗留的贵重物品及其他物品，车辆有无损坏之处，并将停车地点、车位号、车牌号和车型等内容填入工作记录。客人离店需用车时，出示车辆寄存牌，泊车员迅速将客人车辆开到酒店大门口，交给客人，同时填写好具体的交车时间。泊车服务对泊车员素质要求较高，除受严格的专业训练，并具有优秀的驾车技术和很强的安全意识以外，更应具有高度的责任心。

（三）递送转交服务

　　（1）了解物品种类、重量及目的地。

（2）向客人说明有关违禁物品邮件的限制。

（3）如为国际快递，要向客人说明海关限制和空运限制。

（4）提供打包和托运一条龙服务。

（5）为快递公司上门收货。

（6）记录托运单号码。

（7）将托运单交给客人，并收取费用。

（8）贵重或易碎物品交专业运输公司托运。

（四）预订出租车服务

客人外出要预约出租车时，行李员应将客人的订车要求准确地记录，替客人联系预订出租车。出租车可以是酒店本身所拥有的，也可以是出租车公司在酒店设点服务的，或是用电话从店外出租车公司叫车。根据客人要求，也可提前预订包车。

当被叫的出租车到达酒店门口时，行李员应向司机讲清客人的姓名、目的地等。必要时充当客人的翻译，向司机解释客人的要求。也可填写一张向导卡给客人，卡上用中文写上客人要去的目的地及酒店的名称和地址等。

（五）外修服务

为方便住客，礼宾员也提供简单的店外修理服务。当客人的行李箱、旅行袋、照相机、眼镜、鞋等随身用品意外损坏时，可由行李员帮忙修理。对店内无法修理的物品需送往店外修理时，应注意如下：

（1）弄清客人期望的修复要求、时间及费用。将物品包放好，及时送店外修理；

（2）在接受及交还修理物品时，均需做记录，并请客人签名；

（3）酒店往往只收取实际发生的维修费用及必要的交通费用。

（六）出租服务

为增加酒店服务项目，满足客人需要，酒店大多提供出租雨伞、自行车和酒店专用车服务。租用手续简单方便，填好租用单、预交定金、说明有关规定后即可提供。需要注意的是，对于租用车辆的客人，应提醒其注意安全。

（七）雨具提供及保管服务

（1）一些高星级酒店在客房内备有雨伞，供住客免费使用，但不能带走。

（2）下雨天，客人上下车时，门童提供撑雨伞服务。

（3）下雨天，来宾的湿雨伞、雨衣若不采取任何措施便带进酒店，容易将大堂地面及走廊地毯弄湿。为了避免此类事情发生，酒店在大门口设有伞架，并可上锁，供客人存放雨具；或者配置雨伞、雨衣打包机，给雨伞、雨衣裹上塑料装，方便客人携带。

（八）订餐服务

（1）了解客人的订餐要求，如菜式种类、餐厅要求、用餐人数和用餐时间等。

（2）尽量与客人面谈后再推荐餐厅。

（3）向有关餐厅预订并告知订餐要求。

（4）记录对方餐厅的名号、地址、订餐电话，并转告住客。

徒弟记忆：

酒店礼宾服务是前厅服务的重要组成部分，它是以客人心目中的"酒店代表"的特殊身份进行的，其服务态度、服务质量、服务效率如何，将给酒店的声誉与效益带来直接的影响。酒店前厅是客人进入酒店的第一个接触点，客人一下榻酒店首先享受到的就是酒店的礼宾服务，更为重要的是酒店礼宾服务带给客人的是其对酒店服务的第一印象。同时又是离开酒店的最后接触点，它直接关系到客人的住宿满意程度和对酒店的印象，所以酒店前厅部应通力合作做好酒店的礼宾服务。

（1）了解酒店服务的基本理念。

（2）掌握委托代办服务类型及常见的委托代办服务。

【拓展应用】

1. 委托代办的服务还包括哪些项目？

2. 你是怎样看待酒店的委托代办服务的？

3. 常见的委托代办应该包括哪些流程？

📚 项目练习

案例一：

5月5日，总台收银员发现总台台面有一只客人遗留的黑夹包，立即通知当班大堂经理，大堂经理拿到黑夹包，直接打开对包内物品进行清点，清点时发现包内有客人的身份证和名片，并通过客人包内名片联系到失主龚先生，当龚先生回馆看见自己失而复得的黑夹包时，对宾馆员工拾金不昧的高尚品质给予赞扬和感谢。

案例二：

5月6日22点左右，大堂经理发现前台台面上有一只客人遗留的背包，当班大堂经理立即将包挪至监控下打开，并对包内物品进行清点，经过清点发现包内有电脑和现金，经前台当班员工回忆，此包应该是1225房间的郑先生遗留的，正巧此时失主郑先生的母亲到前台寻找背包，经过确认后，将背包归还给郑先生的母亲。

师傅提示：发现客人遗留物品时，能够在第一时间汇报这一做法是值得肯定的，"急客人之所急"，想及时归还客人遗留物品是可以理解的，但未按程序打开包确认现金数量和办理遗留物品手续，存在安全隐患。通过这个案例我们也要从中吸取经验教训：

（1）客人办理结账后，服务人员应适时的提醒客人携带好物品；

（2）大堂经理在清点客人的物品时应及时通知保安部人员共同清点。

项目实训：

实训名称：礼宾综合服务

实训目的：通过对行李服务、礼宾服务、物品寄存提取及问讯服务的训练，使学生了解礼宾服务的相关知识，掌握礼宾服务的步骤和方法。

实训内容：

1. 规范站立

2. 宾客到达

3. 引领客人

4. 等候

5. 引领客人至房间

6. 房间服务

实训准备：寄存行李牌、寄存物品的单据、笔、胸牌等。

实训考核：

序号	考核内容	评分标准	配分	扣分	得分
1	资料准备	全面、具体、有针对性	10分		
2	仪容仪表仪态	着装规范、仪态大方、自然得体	10分		
3	欢迎宾客抵达	开启车门、护顶服务、帮客人取行李	20分		
4	引领客人	引领客人办理入住	40分		
5	房间服务	引领客人到房间，并介绍服务	10分		
6	操作完毕	操作完毕，举手示意	10分		
7	合计		100分		

入住接待服务

在前台办理入住登记是客人与酒店员工的第一次面对面的接触，是酒店给予客人的"第一印象"。对于酒店来说，前厅部是酒店的门面，入住登记是对客服务过程中的一个关键的阶段，它直接影响到酒店客房的销售和酒店未来发展中获得客人认可的程度。

项目一　办理入住接待

【企业标准】

本节的学习，学生要能够完成对未预订散客、团队客和VIP等各类客人的入住接待工作，能够正确识别客人的不同证件。

【师傅要求】

1. 掌握各类客人的入住接待程序。

2. 了解入住登记相关证件知识。

3. 熟悉客人入住登记相关表格。

4. 掌握客房分派技巧。

【师徒互动】

一、前厅接待的概述

师傅讲授：

接待服务是前厅部一项非常重要的工作部分，通过接待抵店客人、办理入住登记手续、分派房间来满足客人的需求，达到酒店接待服务的目的。

前厅接待就是入住登记，英文为 Check-in 或 Registration，译为登记、注册，是按照酒店规定的程序和要求为有住宿需求的顾客办理相关手续，并为顾客提供信息、协调对客服务、建立客史档案，与顾客建立约定时间的住宿合同的事实。

二、办理入住登记的作用

师傅讲授：

住宿登记的主要目的有以下几个方面。

（1）住宿登记是公安部门和警方的要求。出于国家及公众安全的需要，各国警方及公共安全部门都要求酒店在有客人住宿时，履行住宿登记手续。

（2）住宿登记可以有效地保障酒店的利益，防止客人逃账。

（3）住宿登记是酒店取得客源市场信息的重要渠道。住宿登记表中有关客人的国籍、性别、年龄以及停留事由（商务、旅行、会议等）和房价等都是酒店客源市场的重要信息。

（4）住宿登记是酒店为客人提供服务的依据。客人的姓名、房间号码、家庭住址、出生日期、民族等都是酒店为客人提供优质服务的依据。

（5）住宿登记可以保障酒店及客人生命、财产的安全。通过住宿登记，查验客人的有关身份证件，可以有效地防止或减少酒店不安全事故的发生。

三、接待服务的准备工作

客人在抵店之前，接待员应做好以下准备工作。
师傅讲授：

（一）获得最新的房态报告

在客人抵店之前，接待员必须获得较为准确、具体的房态报告，尤其是可租客房的情况，并根据报告进行排房，不可将脏房、维修房等问题房间排给客人，避免给客人造成不便。

（二）预抵店重要客人名单

预抵店重要客人名单为接待员提供入住酒店客人的一些基本信息，如客人的姓名、性别、客房类型、抵店日期等，接待员要特别注意名单中对酒店服务有特殊要求的客人，牢记于心，以防止在接待过程中碰触客人忌讳之处，引起客人投诉。

（三）查找宾客历史档案

宾客历史档案简称"客史档案"。星级酒店中都有宾客历史档案，有些星级酒店通

过计算网络建立连锁酒店联网，只要客人入住连锁酒店的任意一家，就可以在全国任何连锁酒店中查找到客人的详细信息，在办理入住登记时，可减少宾客因录入信息所消耗的时间。此外，接待员通过对客史档案的查询，可提前了解入住客人的个人喜好和服务要求，并可根据实际情况，采取措施，确保客人住得开心。

（四）黑名单

黑名单（Black List）即不受酒店欢迎的人员名单，主要来自以下几个方面：公安部门的通缉犯，当地酒店协会会员酒店有不良记录人员，酒店大堂副理处有不良记录人员，财务部门通报的走单（逃账）客人和信用卡黑名单。

（五）其他准备工作

除以上资料的整理之外，接待员还应做好登记表格、钥匙以及是否有客人提前到达的邮件、留言等材料的准备工作。

四、入住登记的表格和房卡

师傅讲授：

（一）入住登记的常见表格

在我国，各个酒店住宿登记表的形式比较多样，但是都带有本酒店明显的标识和酒店特色。内容上大体相同，主要可分为四种：国内旅客住宿登记表、团体住宿登记表、境外旅客临时住宿登记表和外国人临时住宿登记表（见表4-1~表4-4）。

表4-1　国内旅客住宿登记表

编号：　　　　　　　房号：　　　　　　　　　　房租：

姓名	性别	年龄	籍贯	工作单位		职业	
户口地址					从何处来		
身份证或其他有效证件				证件号码			
抵店日期			离店日期				
同宿人	姓名	性别	年龄	关系	备注		

续表

请注意： 1.退房时间是中午12：00 2.贵重物品请存放在前台保险箱内，阁下一切物品之遗失酒店概不负责 3.来访客人请在23：00前离开房间 4.退房请交回钥匙 5.房租不包括房间里的饮料	结账方式： 现金： 信用卡： 支票： 客人签名： 接待员：

填表人

表4-2 团体入住登记表

GROUP REGISTRATION

RESV.NO.：_____

MKT.：_____

GROUP NAME：   TOUR LEADER NO.：

团名_____   领队房号_____

ARRIVE：   DEPART.：   CARRIER：   ETD：

抵馆日期：   离馆日期：   交通工具：   离馆时间：

DATE 日期					
MORNING CALL 叫醒时间	—	—	—	—	—
BAGGAGE DOWN 出行李时间					专车送行李 行李跟人
BREAKFAST 早餐					

ROOM#

房号_____

CHECKED IN BY：   CHECKED BY：

开房职员：   复核职员：

AGENCY 客人报账单位	NO. OF PAX 外宾人数		NO. OF ROOMS 外宾房数		SIGNATURE 签名
	ADULT 成人		TWN 双人房		
VHR# 计划号	2~5AG 2~5岁		SGL 单人房		
	6~11AG 6~11岁		EXB 加床		

GUIDE AGENCY 陪同报账单位	NO OF GUIDE 陪同人数		GUIDE RM NO. 陪同房号	SIGNATURE 签名
	NG 全陪			
	LG 地陪			
	DRIVER 司机			

表 4-3 境外人员临时住宿登记表

REGISTRATION FORM OF TEMPORARY RESIDENCE FOR VISITORS

请用正楷字填写（IN BLOCK LETTERS）

姓名：（SURNAME：）（FIRSTNAME：） （MIDDLENAME：）		国籍或地区：（NATIONALITY OR AREA：）		
性别： （SEX：）	出生日期： （DATE OF BIRTH：）	停留事由： （OBJECT OF STAY：）	入住日期：（DATE OF ARRIVAL：）	退房日期：（DATE OF DEPARTURE：）
国（境）外住址：（HOME ADDRESS：）			公司名称或职业：（COMPANY NAME OR OCCUPATION：）	

请注意： （1）退房时间是中午12：00 （2）收款处设有免费贵重物品保险箱 （3）访客请在晚上11：00前离开客房 （4）结账后请交回钥匙 （5）房租不包括房间里的饮料	PLEASE NOTE： Check out time is 12：00 noon. Safe deposit boxes are available at cashier counter at no charge. Visitors are requested to leave guest rooms by 11：00 pm. Please return your room key to the cashier counter after check out. Room rate not includes beverage in your room.	ON CHECKING OUT MY ACCOUNT WILL BE SETTLED BY： 离店时我的账目结算人： □现金 □旅行社凭单 CASH TA VOVCHER □信用卡 CREDIT CARD 客人签名： GUEST SIGNATURE：

以下由服务员填写 FOR CLERK USE

护照或 证件名称	号码：	签证 种类：	签证 号码：	签证 有效期：
签证签 发机关：	入境 日期	口岸：	接待 单位：	

日租：　　　　　　　　房号：　　　　　　　　　值班职员签名：

DAILY RATE：　　　　　ROOM NO.：　　　　　　CLERK SIGNATURE：

表 4-4 外国人临时住宿登记表

REGISTRATION FORM OF TEMPERA RESIDENCE FOR FOREIGNER
（IN BLOCK LETTERS）

姓名 Name/surname/first name/middle name			
国籍 NATIONALITY	性别 SEX	出生日期 DATE OF BIRTH	职业 OCCUPATION
签证或旅行证号码 VISA OR TRAVEL DOCUMENT NO.	有效限期 DATE OF VALIDITY		
停留事由 OBJECT OF STAY		入境日期 DATE OF ENTRY	
何处来何处去 WHERE FROM & TO		到达日期 ARRIVAL DATE	
接待单位 RECEIVED BY		退房日期 DEPARTURE DATE	
住址 ADDRESS		住客签名 GUEST SIGNATURE	
ON CHECKING OUT MY ACCOUNT WILL BE SETTLED BY： 结算方式： □CASH现金□COMPANY公司账 □CREDIT CARD信用卡 □AGENTS RATE旅行社租率		PLEASE NOTE： Check out time is 12：00 noon. Safe deposit boxes are available at cashier counter at no charge. Room rate not including beverage in your room. Please return your room key to the cashier counter after check out.	

值班职员签名   房号
CLERK SIGNATURE：   ROOM NO.：

入住登记表格主要包括如下几方面内容。

1. 宾客的姓名和性别及身份证件号码

这是酒店识别客人的首要标志，接待员要记住客人的姓名，并要以姓氏称呼客人表示尊重，如"张先生""李女士"等。此外，根据国家公安部门的相关规定，登记项目中必须有入住客人的身份证件的相关内容。

2. 房号

房号是确定房价和房间规格的主要依据，注明房号便于接待员查找客人同时也节省客人在前台停留的时间。客人入住酒店后，在酒店内产生的所有费用，都是用客人的房号作为入账名称的，简明、清晰的房号节省了酒店操作的时间。

3. 房租

由于酒店拥有不同的客户类型，所以给予宾客的客房优惠价格是不一样的。如旅行社团队的价格、VIP 客人的价格、家庭旅游者的价格以及商务会议型旅游者的价格等，所以在入住登记中，必须注明酒店的房租，它是酒店与宾客建立客账的重要凭证，是酒店预测客房收入的重要依据，同时也便于酒店账务的管理。

4. 抵离店日期

准确地掌握客人抵店的日期、时间，有助于计算房租、邮寄等系列服务的进行；掌握客人预计离店的日期、时间，有助于前厅的预订客房的预测及接待安排。可使酒店占有主动性，安排合理的人员接送宾客。

5. 付款方式

注明付款方式包括现金结账、信用卡结账、旅行社支票结账、公司结账等。付款方式表明宾客在酒店能够使用的信用限额，同时也有助于提高宾客离店的效率。

6. 账单编号

填写账单编号是为了能够根据客人姓名顺序查找出账单的存根，以便处理有关账务问题。

7. 酒店声明

酒店声明又叫作住客须知，主要内容包括客人入住的注意事项，如退房的时间，贵重物品的保管、责任分担、离店超时的房费收取标准等。

8. 客人签名

客人签名是酒店与客人之间协商达成入住共识的依据。表明客人对酒店的相关规定和酒店的客房标准、价格的认可。

（二）房卡

接待员在完成入住登记手续之后，要给客人填发印有"欢迎光临"封面的房卡，所以房卡又叫作欢迎卡。由于房卡是客人入住酒店身份的凭证同时也有起到开启房门的作用，所以房卡又叫作酒店护照和钥匙卡。房卡的设计形式、内容各有不同，但极具酒店的特色。有的房卡上面有中国的山水画、有的酒店在房卡的后面还有总经理的欢迎词、有的房卡后面有酒店的其他服务的介绍、有的则在后面标注了酒店所在的位置和以酒店为中心的主要交通示意图等。因此房卡不仅是酒店给客人准备的促销广告，也是为客人提供便利的服务指南和文化享受（见图 4-1）。

图 4-1 宾馆房卡

五、客房钥匙的管理

师傅讲授：

（一）钥匙的保管部门与控制程序

1. 在酒店体系比较完整的大型酒店，可根据钥匙保管的部门将其分类

（1）客用钥匙，每个房间一把，提供给客人使用。

（2）前厅备用钥匙，每个房间两把，置于前厅的办公室中，在客人钥匙丢失或者在公安机关需要的时候使用。

（3）楼层总钥匙，提供给楼层的领班和服务员使用，可以打开该楼层的所有房间。由于楼层总钥匙的特殊功能，对于这类钥匙的取用要相当的严格，领取时候，必须到客房服务中心签字，下班或者交接班的时候必须交回。

（4）公共区域钥匙，提供给公共区域的清洁组领班使用，可以打开公共区域的所有房间。

（5）酒店总钥匙，只提供给副总经理、驻店经理使用。只有在紧急情况下才使用，使用时要有安全部门的人员陪同，并在登记表上写明时间、原因、交回的时间。除个别房间（行李房、档案室等）以外，酒店总钥匙可以打开酒店的所有客房。

2. 客房钥匙的控制程序

（1）住店客人在领取客房钥匙时，必须出示住宿凭证或者有效证件，对答接待员电脑资料中记载的个人资料信息，证明自己的真实身份。

（2）住客退房结账时，必须退还酒店的钥匙和住宿凭证。如果客人的钥匙丢失，必须填写遗失报告并支付钥匙丢失的赔偿金。

（3）服务员应立即通知工程部更换门锁并制作新的房卡，设置新密码，保证酒店的客房安全。

（4）酒店服务员因工作需要使用客房钥匙时，应履行相应的手续，填写客房钥匙领用登记表格（见表4-5）。表格填写必须实名，说明使用原因，使用完毕后应立即归还。

表4-5　客房钥匙领用登记表

年　　月　　日

房号	申领人	申领原因	领取时间	经手人	交换时间	经手人

（5）定时检查客房钥匙，确保客房钥匙同钥匙架上的房号一一对应，注意钥匙有无遗失，空房的钥匙应归前厅接待处保管。若发现钥匙不在，应立即寻找确认钥匙的去

向。发生遗失时，一方面要通知安全部和工程部更换门锁，另一方面要查找遗失原因，寻找责任人。

（二）钥匙卡的发放与注意事项

1. 钥匙卡的发放形式

钥匙卡的发放一般可分为四种形式。

（1）由问讯处发放，客人自己保管钥匙卡。

（2）由行李员为客人开门再交与客人，客人外出时把钥匙卡交回问讯处。

（3）楼层服务员分钥匙给客人。

（4）不分发钥匙卡，由楼层服务员给客人开门。

2. 钥匙卡控制的注意事项

（1）客人取钥匙卡时，服务员应核对客人的住宿凭证，并注意客人的离店时间。

（2）若客人没带或者丢失了住宿凭证，应问清客人的姓名、房号，必要时要求客人出示有效证件，再核对相关资料，确认无误后才可以分发钥匙。

（3）钥匙卡摆放应规范化、标准化。

（4）客人资料核对无误后，问讯员应认真核对房门钥匙卡号码，防止在分发时发生错误。

（5）问讯员要具备能够记住客人相貌、姓名、房号的专业技能，使客人有被尊重的感觉，同时也提高的酒店的形象和服务效率。

3. 客房钥匙卡丢失的处理事项

（1）通知值班经理，由值班经理负责处理。

（2）出于安全考虑，尽可能地为客人更换房间，同时通知工程部，对丢失钥匙卡的房间进行房锁的更换。

（3）说明酒店的规定，向客人收取或者在押金中扣除钥匙卡的赔偿费。

（4）不可将丢失钥匙卡的房间再次出售。防止住客房间发生失窃事件，房锁更换完毕后，方可出售。

（5）填写一式两份的客房钥匙丢失报告单（见表4-6），由值班经理签字，一份交与安全部备案，一份留前厅办公室存档。

表4-6　客房钥匙卡遗失登记表

年　　月　　日

房号	时间	丢失原因	经手人	值班经理

（三）IC 卡锁

目前，IC 卡锁在酒店中应用的范围最广，因此本节中对 IC 卡锁进行详细的介绍。

1. IC 卡锁系统的构成

（1）接待处的计算机。

接待处的计算机装入门锁管理软件系统，该软件系统对整个酒店的门锁进行控制，如密码的生成、清除旧密码、控制客人及员工进出客房的次数等。

（2）客房的电子门锁。

锁内有读卡器和微电脑，能识别智能卡，确认客人手中的磁卡是否属于"合法磁卡"。

（3）刷卡器。

刷卡器配置在接待处，与接待处的电脑连接，在电脑的控制下，将智能卡刷过刷卡器的卡槽，即可写入或读入卡中信息，实现刷卡器的查询与录入功能。

（4）多功能控制器。

多功能控制器一方面与客房门锁联系，读取开门记录及相关信息，校准锁内时针，作为智能卡开门；一方面与接待处电脑连接，将开门记录及其他信息传给数据库。

2. IC 卡的种类

（1）设置卡。

设置卡可分为房号设置卡，用于设置客房门锁的房号；时间设置卡用来设置门锁在当即的时间，包括年、月、日、时、分等；公共区域设置卡用于设置公共区域门锁的房号；会议室设置卡用来把某客房设置为会议室。该卡开锁后，门锁不会锁上，与会者可以随意进入会议室，只有当门被合法卡开过后，门锁才能锁上。

（2）宾客卡。

宾客卡提供宾客在使用期限内进入某一特定的客房，在客人登记时，有接待人员制作和分发给客人；输入相关信息后，可以作为客人在酒店的信用卡在酒店消费。

（3）员工卡。

员工卡的种类比较多，主要有总管卡、大厦卡、区域卡、部分卡等。通常由于员工接管的区域不同，由经理、主管、领班、员工分级使用；此外还有复位卡，当员工卡亮红灯不能开门时，用来重新设置成有效卡，可正常使用；一次性卡，供楼层修理人员使用，仅对客房锁有效，使用完毕后自动失效。大堂副理或公关人员带领客人参观时也用此卡；时段卡不是一次性有效，而是在一定时间内有效，可在限定的时间范围内方便使用。

（4）特殊卡。

特殊卡分为备用安全卡、终止卡和反终止卡三类。顾名思义，备用安全卡，一定保存在安全的地方，当系统无线电出现意外事故时，提供给客人使用；终止卡是使当前正

在使用的宾客卡或者备用安全卡失效，也叫作退房卡；反终止卡能使一张失效的宾客卡或者备用安全卡恢复功效。

3. IC 卡的制作和注意事项

（1）宾客卡通常在客人入住后才制作，每位磁卡钥匙制作员工都有独立的密码进入制作系统。

（2）钥匙的制作者及密码应有高层管理人员负责管理和控制，随时查对制作钥匙的情况。

（3）不同的管理层次应该逐次地规定制作员的权限。

（4）开门时应持有效卡，按照卡片的箭头方向插入门锁的插口内，插到底后平稳拔出，不可突然性拔出，中间不能停顿。磁卡拔出后，指示灯绿灯亮起，大约 10 秒下压门把手即可开门进入房间。若超过 10 秒未开门，门锁会自动锁上，指示灯红灯亮起，说明此卡不可以开门。

（5）宾客卡在住宿的有效时间内可以开启相应的客房，如住客卡丢失或者住客提前退房，可以用新的宾客卡或终止卡把门打开，原住客卡失效。

（6）客人结账时，把磁卡或者 IC 卡归还给前厅的收银员，收银员应及时交给接待员。接待员在交班时，应清点未制作的磁卡数量，检查是否又被客人带走磁卡情况发生。

（7）当电脑制作钥匙的刷卡器出现故障，应使用备用钥匙。备用钥匙一般备 3 套以上，有前厅部经理或者其他指定的专人管理、使用、保存。

徒弟记忆：

1. 了解办理入住的目的。

2. 掌握办理入住的一般程序。

3. 掌握办理入住时的细节问题。

【拓展应用】

1. 酒店办理入住需要注意哪些细节？

2. 如何提高酒店办理入住的效率？

3. 酒店前厅办理入住常见的问题分析。

项目二　入住接待服务

【企业标准】

本节的学习，学生需要掌握酒店入住的基本流程和服务流程，其中普通 VIP 和高级 VIP（商务楼层）是酒店重点服务对象，对 VIP 客户的入住要能够重点掌握。

【师傅要求】

1. 基本的入住流程。

2. 散客入住的基本程序。

3. 团队入住的基本程序。

4. VIP 客人的接待程序。

5. 商务楼层的接待服务。

【师徒互动】

入住登记是前厅服务中烦琐而重要的工作，一方面接待员要做好对客接待的服务工作；另一方面也要站在宾客的立场上为宾客着想，建立良好的信赖关系。为酒店赢得好的口碑。一般来说，宾客在办理入住登记时花费的时间较长，因此一个规范的、标准的操作程序显得尤为重要。

师傅讲授：

首先，我们先要了解一下办理客人入住登记手续的 6 个步骤（见图 4-2）。

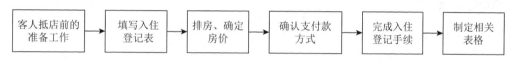

图 4-2　入住登记流程图

由于酒店入住宾客类型的不同，办理入住登记手续的次序也会有所改变。例如有预订的 VIP 客人就必须享有优先排房的特权，有时候还常常请贵宾先入住房间，然后再由前台经理亲自接待办理入住客房的手续。如今，随着酒店服务个性化的不断发展，为了凸显 VIP 客人的尊贵，酒店为这类宾客提供专用电梯，客人可直接乘坐专用电梯到酒店中的行政酒廊（行政酒廊也叫行政楼层，是高星级酒店为了接待高档商务客人、VIP 等高消费客人，向他们提供特殊的优质服务而专门设立的楼层。客人不需要排队等候就可以办理入住手续）办理入住登记手续，酒店的长期客户还可由接待员代办客房入住手续，最后由客人签字即可。

目前，酒店入住的客人可分为三大类：一类是散客客人，另一类为团队客人，还有一类为 VIP（贵宾）客人。一般来说，团体客人大多为预订团队，散客的情况则多种多样，VIP 客人一般为酒店的长期顾客或者与酒店有着长期业务关系的贵宾。所以在酒店的入住登记步骤中，我们也要加以区别对待。

一、散客入住登记的程序

师傅讲授：

（一）识别客人有无预订

为客人办理住宿登记时，接待员应首先弄清客人是否订房。

（1）对于已经订房的客人，接待员应核对当日抵店客人名单，在计算机中迅速查到客人姓名，调出订房资料，复述订房要求，特别是房间类型与住宿天数。

（2）若客人持有订房凭证，接待员应将副本留下，作为向代理机构结算的凭据，向客人复述凭证所列各项内容，如订房凭证发放单位的印章、客人姓名、酒店名称、居住天数、房间类型、抵离店日期等，并回答客人询问。

（3）对于已付订金的客人，应向客人确认已收到的订金数额。

（4）对于未预订而直接抵店的客人，问清其用房要求，同时查看当日可出租客房的情况。然后根据酒店客房状况，并针对客人的需求，向客人推荐客房。如果酒店不能满足客人的要求，也应设法为客人联系其他酒店，尽量帮助客人，以在客人心目中塑造酒店的美好形象。

（二）填写入住登记

1. 入住登记表的填写

填写入住登记是前厅操作中较为烦琐、花费时间较长的工作。在保证信息准确、清楚的前提下，接待员应尽量减少重复资料的填写。对于已预订过的散客，接待员可事先代为填写客人预订中相关的资料，剩余部分待客人抵店后再填补，然后确认签字。同时请客人出示有效证件，与登记表的内容进行核对；对于没有预订而直接抵店的客人，则由客人自己填写并从旁予以帮助，以缩短入住登记的时间。在办理入住登记手续的过程中，接待员要耐心解答客人提出的问题，语气要和蔼，不可大声呵斥。登记表填写完毕后，应请客人出示有效证件，核对无误后，归还证件，向客人表示感谢。

2. 酒店常见的登记证件

（1）国内旅客持用证件。

国内旅客持用证件主要包括中华人民共和国居民身份证、身份证回执、临时身份证、中国护照、军官证、警官证、士兵证、文职干部证、军警老干部离休荣誉证、军警老干部退休证明书、一次性住宿有效凭证、港澳居民来往内地通行证、台湾居民来往大陆通行证。这里重点介绍港澳居民来往内地通行证和台湾居民来往大陆通行证。

①港澳居民来往内地通行证也称"回乡证"，是港澳居民来往内地时使用的一种旅行证件。

②台湾居民来往大陆通行证是台湾居民来往大陆的旅行证件，由公安部出入境管理

局授权的公安机关签发或委托在香港和澳门特别行政区的有关机构代为办理。该证有 5 年有效和一次有效两种；实行逐次签证，签证分一次往返有效和多次往返有效。

（2）境外旅客持用证件。

①中华人民共和国旅行证。它是护照的代用证件，是我国驻外使、领馆颁发给不便于发给护照的境外中国公民回国使用的一种证件；包括一年一次出入境有效和两年多次出入境有效两种。

②中华人民共和国人出境通行证。它分为两种：一是为未持有我国有效护照、证件的华侨出入我国国境而颁发；二是为回国探亲旅游的华侨因证照过期或遗失而补发，分一次有效和多次有效两种。该证件由我国公安机关出入境管理部门签发。

除以上两种外，还包括外国人持有的证件，即护照。

（三）确认支付方式

决定付款方式的目的就是为了方便客人，节省客人的时间，提高酒店的服务效率。在入住登记表中，客人通常选择如下几种支付方式：

1. 现金支付

现金支付就是客人最早的用于支付酒店客房费用和服务的货币支付手段。用现金支付的客人，在入店之初就要交付一定的预付金。一般是客人房费的 1.5~2 倍，结账时多退少补。

2. 信用卡支付

客人用信用卡结账时，接待员应辨明客人所用的信用卡是否属于中国银行规定的、可在我国使用且本酒店接受的信用卡；其次核实持卡人身份；然后检查信用卡是否完好，有无破损，是否在有效期内；接着用压印机将信用卡资料影印到签购单上；最后将信用卡交还给客人并致谢，结卡账单交前厅收款处。

3. 转账方式支付

转账方式支付是客人在酒店中的信誉较高时方可使用的支付方式。因此要进行转账支付的客人，在预订时就会向酒店提出，经酒店主要负责人批准同意后方可实行转账支付。对于办理入住手续时突然要转账支付的客人，酒店一般不予以受理。

（四）完成入住登记

排房、定价、确定付款方式后，接待员应请宾客在准备好的房卡上签名，即可将客房钥匙交给宾客。有些酒店还会向宾客提供用餐券、免费饮料券、各种促销宣传品等，并询问宾客喜欢阅读的报纸，以便准备提供。同时，酒店为宾客事先保存的邮件、留言单等也应在此时交给宾客，并提醒宾客将贵重物品寄存在酒店免费提供的保管箱内。在宾客离开前厅时，接待员应安排行李员引领宾客进房并主动与宾客道别，然后将宾客入住信息输入计算机并通知客房中心。也有些酒店在宾客进房 7~10 分钟后，再通过电话与宾客联系，询问其对客房是否满意，并对其光临再次表示感谢。

（五）完成入住登记

入住登记程序最后阶段的工作，是建立健全相关表格资料，完善客史档案。具体做法如下：

（1）使用打时机，在入住登记表的一端打上客人入住的具体时间（年、月、日、时、分）。

（2）将客人入住信息输入计算机内，并将与结账相关事项的详细内容输入计算机客人账单内。

（3）标注"预期到店一览表"中相关信息，以示宾客已经入住。

（4）若以手工操作为主的酒店，则应立即填写五联客房状况卡条，将宾客入住信息传递给相关部门。

二、团队入住登记的程序

师傅讲授：

在接待团队过程中，接待员既要保持与接待散客一样的服务标准，又要注意维护好前厅正常的服务秩序。

（一）团队抵店之前

（1）根据团队接待任务通知单中的用房、用餐、用车及其他要求，在客人抵店前与计算机核准，进行预排房并确认。

（2）提前准备好团队钥匙、欢迎卡、餐券、宣传品等，并装入信封内。

（3）制作团队客房状况卡条，插入显示架，控制已预排好的客房。

（4）将团队用餐安排提前通知餐饮部或有关餐厅。

（5）酒店机场代表按预订处所作的计划安排，逐项落实有关车辆、行李员与团队领队、陪同联系接洽等事宜，并与酒店随时保持联系，通报团队抵达或延迟等信息，使前，接待及相关部门随时做好各种准备。

（6）大堂副理、团队联络员应在大厅等候团队客人的到来，并通知房务中心，以便做好团队接待准备。

（二）团队抵店后

（1）客人抵店后，要礼貌地向客人问好，大堂副理出面迎接，向团队客人介绍酒店的情况并致欢迎词。

（2）接待员与领队或者地陪协商（在整个团队中领队或者地陪对团队成员的情况较为了解，在房间的分配上会较为合理，不会引起矛盾），分配客人房间。由领队或者地陪分发房卡，填写入住登记表格。

（3）接待员应告知领队团队客人注意的有关事宜，其中包括早、中、晚餐地点，酒店拥有的设施设备，能为宾客提供的其他服务项目等。接待员与领队确认房间数、人数及早晨唤醒时间、团队行李离店时间经确认后，请领队或者地陪在明细单上签字。

（4）一般酒店与旅行社的账务结算是以传单方式进行结算的。旅行社一般在团队结束之后或者一段时间以后对以往账目与酒店进行整体结算。所以接待员只需要地陪导游在旅行社传单上签字认可就可以了，要注意的是这一部分的内容不可让其他客户团队看到，以保证酒店客户群稳定。

（三）信息的储存

团队办理完入住手续后，总台接待员应将准确的房间号名单转交行李部，以便行李的发送。对于修正后所有更改的事项，应及时通知各相关部门，特别要注明领队、地陪的房间和联系方式，以便出现问题及时沟通，最后将信息准确地输入计算机中存档。

三、VIP 客人的接待程序

师傅讲授：

VIP 客人可分为政府方面的 VIP、酒店方面的 VIP、商业性 VIP 以及总经理的 VIP 四类。VIP 是英文"Very Important Person"的缩写，直译就是"非常重要的人"，即重要的人物、"大人物"通称为贵宾或高级会员。因为 VIP 客人对于酒店具有十分重要的意义，所以对待 VIP 客人的入住登记工作都应认真细致、反复检查，不能出现差错。

VIP 客人入住登记的程序主要分为以下三个方面。

（一）VIP 客人接待的准备工作

（1）前台主管应从重点宾客通知单上了解当天抵店的 VIP 客人的详细情况，熟记客人的姓名、国籍、人数、客人对服务的特殊要求、抵离店日期、订房的种类和接待规格等。

（2）优先安排 VIP 客人的房间，根据客人对房间的要求，进行房间环境的布置、对房间内物品的摆设进行增减。

（3）客人的入住登记表和贵宾卡应提前填好，交与客务部经理。准备好房卡和欢迎信，查看是否有客人的信件和其他代收物品，及时收取并认真记录。当客人抵店时，应及时交给客人。

（4）客务部经理在客人抵达之前，一定要对 VIP 客人的房间进行细致地检查。包括对房间的清洁卫生、鲜花果篮、礼品的摆放等方面的检查，及时将检查的结果反馈给前厅部经理。

（二）VIP 客人抵店时的接待工作

（1）客人抵店时，大堂副理应出面迎接，并向客人表示欢迎。要以客人的姓氏对其称呼。

（2）大堂副理要引领客人乘坐专用电梯到达客人入住的房间。请客人在房间里登记、签字。确认无误后，收回客房入住登记表。

（3）大堂副理要向客人介绍酒店的设施和服务项目，并将酒店事前准备好的礼物送与 VIP 客人。

（4）大堂副理离开后，行李员应将行李马上送入房间。

（三）VIP 客人住店后资料的整理工作

（1）待客人入住后，接待员应复核有关 VIP 客人资料的正确性，并准确输入计算机。

（2）在计算机中注明哪些客人是 VIP 客人，通知有关部门知晓，以提示其他部门的人注意。

（3）为 VIP 客人建立档案，并注明身份，以便作为预订和日后查询的参考资料。

四、商务楼层的接待服务

师傅讲授：

"商务楼层"是高级星级酒店为接待高档商务客人等高消费客人，向其提供特殊的优质服务而专门设立的楼层。

入住商务楼层的客人可以不必在酒店的前台办理入住登记手续。酒店往往配有商务客人专用电梯，客人可以直接乘坐商务电梯直达酒店的商务楼层，有商务楼层专人负责办理，以方便客人。此外，商务楼层还往往设有客人休息室、会客室、咖啡厅、报刊资料室、商务中心等配套设施，是集酒店中的前厅登记、结账、餐饮、商务中心于一体的特殊楼层，因此商务楼层又被称为"店中之店"或者"行政酒廊"。

（一）客人入住前的准备工作程序

（1）查阅订单。

（2）根据客人的历史档案或订单的特别要求安排房间并输入计算机。

（3）检查订车情况。

（4）准备好登记卡。

（5）准备好住房卡、钥匙。

（6）准备好欢迎信并交客房台班放进房间。

（7）预送鲜花、水果。

（二）入住登记程序

（1）接到客人抵店信息后，迅速找出其订房资料及登记卡。

（2）通知所在楼层台班准备欢迎茶。

（3）迎接及引导客人到休息室。

（4）询问客人喜爱什么饮料，并迅速送上饮品。

（5）请客人出示有效证件，并代客填写。

（6）确认客人的入住天数、房间种类及房价。

（7）请客人在登记卡上签名。

（8）如方便，请客人留下名片。

（9）询问客人的付账方式，刷信用卡或收保证金。

（10）发放住房卡和房间钥匙。

（11）在登记卡上打上时间，输入计算机。

（12）在送客人进房间之前应介绍商务楼层设施与服务，包括早餐时间、下午茶时间、鸡尾酒时间、图书报刊赠阅、会议服务、免费熨衣服务、委托代办服务等。

（13）在客人左前一步引领客人进房间，与客人交谈，看是否能给客人更多的帮助。

（14）示范客人如何使用钥匙卡，连同欢迎卡一同给客人，介绍房间设施，并祝客人住宿愉快。

（15）通知前厅行李员根据行李卡号和房间号在10分钟之内将行李送到客人房间。

（16）在早餐、下午茶、鸡尾酒服务时间，接待员应主动邀请新入住的客人参加。

（17）做好客人的计算机档案。

【拓展应用】

1.在了解入住基本程序的前提下，分组模拟入住环节。

2.你对酒店VIP住房的实际感受是什么？谈谈VIP的优势。

项目三　换房服务

【企业标准】

换房服务是酒店前厅服务中常见的服务问题，是决定酒店服务质量的重要因素。本节的学习，学生需掌握换房服务的基本流程和操作。

【师傅要求】

    1. 换房服务的原因。

    2. 换房服务的基本程序。

【师徒互动】

一、换房服务

师傅讲授：

    换房有两种可能，一种是由住客提出，另一种是酒店自身要求。例如，住客未按时离店，也可能由于需集中排房而向客人提出换房。因此，必须慎重处理，并按换房服务操作手续进行换房。

    （1）在搬运客人物品时，应安排两人以上的服务人员在场，注意事先征得客人同意。

    （2）问清（或解释）换房原因。

    （3）填写客房、房租变更单，送达相关部门或岗位。

    （4）更改房卡相关内容。

    （5）填写客房状况调整表。

    （6）将换房原因记入客史档案。

二、换房的原因

    宾客在酒店调换房间很正常，调换房间一般是两种情况。

（一）宾客主动提出

    宾客要求换房的原因主要有以下几方面。

    （1）对客房所处的位置、房间的大小、房间的朝向、房间内的噪声、房间号码、楼层不理想等方面提出异议。

    （2）房间内的设施设备发生损坏无法正常使用，宾客提出调换客房。

    （3）宾客认为房间的价格不理想而提出换房。

    （4）住店期间，因某些原因住房人数发生变化而提出换房。

（二）酒店的要求

    酒店要求换房的主要原因有以下几方面。

    （1）酒店为团队、大型会议的客人集中排房。

    （2）客人突然延期离店，而该客房预订给其他客人的时间已经到了。

    （3）客房需要维修或保养。

三、换房的程序

师傅讲授：

换房的服务程序如下。

（1）了解换房原因，问清客人要什么类型的客房。若是酒店要求换房，应向客人做好解释工作。

（2）查看客房状态资料，与客人确定换房的具体事宜。

（3）填写房间／房租变更单（见表4-7）。

（4）通知行李员为客人提供换房时的行李服务。

（5）发放新的房卡与钥匙，由行李员收回原房卡与钥匙。

（6）接待员更改计算机资料，更改房态。

表4-7　房间／房价变更单

客人姓名：

变更内容	由	到
房间种类		
房间号码		
房间价格		
日期		
备注：		

课堂互动：

分组讨论换房的原因还有哪些？对换房常见的问题进行讨论。

徒弟记忆：

1. 了解换房的一般原因。

2. 掌握换房的简单流程。

【拓展应用】

1. 换房服务中如果没有可以换的房间，应该如何与客人协商？

2. 换房服务中容易导致的矛盾和处理方法分析。

项目四　续住服务

【企业标准】

在酒店前厅服务中，除换房服务外，学生还应该对续住服务进行重点分析，这也是酒店中常见的一个问题。

【师傅要求】

1. 续住服务的原因。

2. 续住服务的流程。

3. 前厅住房中常见的问题分析。

【师徒互动】

宾客在住店过程中，因情况变化可能会要求提前离店或推迟离店。这里对"提前"不做描述，重点对续住进行分析。

一、续住的原因分析

师傅讲授：

续租的原因主要来自客户，因一些事情推迟，或者想更多地享受酒店服务等都是顾客推迟离店的主要原因。

二、推迟离店的处理方法

师傅讲授：

宾客推迟离店，应通知客房预订处修改预订记录，前台应将此信息通知客房部尽快清扫、整理客房，为顾客提供更优质的服务。宾客推迟离店，也要与客房预订处联系，检查能否满足其要求。若可以，接待员应开出"推迟离店通知单"（见表4-8），通知结账处、客房部等；若用房紧张，无法满足宾客逾期离店要求，则应主动耐心地向宾客解释并设法为其联系其他住处，征得宾客的谅解。如果客人不肯离开，前厅人员应立即通知预订部，为即将到店的客人另寻房间。如实在无房，只能为即将来店的临时预订客人联系其他酒店。处理这类问题的原则是：宁可让即将到店的客人住到别的酒店，也不能赶走已住店客人。同时，从管理的角度来看，旺季时，前厅部应采取相应的有效措施，尽早发现宾客推迟离店信息，以争取主动，如在开房率高峰时期，提前一天让接待员用电话与计划离店的住客联系，确认其具体的离店日期和时间，以获所需信息，尽早采取措施。

表4-8　推迟离店通知单

姓名（NAME）_____
房间（ROOM）_____
可停留至（IT ALLOWED TO STAY UNTIL）_____AM_____PM
日期（DATE）_____
前厅部经理签字（FRONT OFFICE MANAGER SIGNED）_____

三、常见的住房问题（案例分析）

案例一：

6月2日早9：38，宁联一行客人到店，老员工带着一名实习生帮客人办理入住。实习生由于紧张，将1026房间的房卡袋上写成了1206，一行客人拿房卡后未进入房间，直至下午14：30点左右才回店。1026房间的客人拿着写着1206的房卡至12楼却打不开房门，于是电话联系前台，接待员小王询问姓名及协议单位，告知客人他们一行没有1206房，应该是1026房，请客人稍等，并立即安排行李员给客人送去正确的房卡。当行李员将1026的房卡给客人时，客人觉得这是宾馆的问题，拿着卡又到前台要求给个说法，最后经部门经理协调致歉，将客人送回1026房间休息。

师傅提示：

此案例是典型的新员工工作经验不足，还不具备对客服务的能力，老员工责任心不强，对其监管不力导致客人不满。如当班老员工对新员工的工作质量进行复查，可以避免工作失误和被动的服务。在调查了解开房记录时，发现当班员工未按部门规定使用自己的工号为客人办理入住，因而增加了部门调查的环节和难度。班组将此案例作为典型案例加以分析学习，避免此类事件再次发生。

案例二：

6月7日，浙江商会客人预订了两间单间和一间豪华标间。当日20：48，客人到店先开了805及816两个房间，21：56又到店开了另外一间预订房806，因客人身份证未带齐，同行驾驶员返回车场拿取证件，并将饮酒较多的黄先生留在大堂等他。此时黄先生要求增开一间标间给驾驶员，接待员按客人要求随即增开了623房间。次日客人退房时，前来结账的郑先生反映他们一行只开了3间房，未用623房间，当班员工立即通知客房中心查房，确认623为外宿房，房卡一直放在805房间。

经过了解得知黄先生由于前一天饮酒较多，让前台增开房间后没有及时通知驾驶员，致使驾驶员一直当自己拿的房卡是805房间的钥匙卡，且留宿在805房。此批客人认为虽然他们拿了623房间，但客人认为当时开房时，前台人员告知标间入住需要两位住店客人的证件才可以赠送两份早餐，他们才让驾驶员过来补登记，并非要增开房间。同时，当班员工开房时也未按程序让客人签字确认，导致结账时出现上述的麻烦。

师傅提示：

此案例中当班员工的失误有三点：一，开房时未写入住登记单，请客人签字确认；二，接到黄先生要求增开房间的通知，未写特殊要求通知单让其签字确认；三，开房时没有明确告知客人房号、楼层，以致客人误认为是同一房间的另一张房卡。以上三点均为员工未严格按照操作规程服务而导致的一系列问题。

通过此案例，员工要明确了解，岗位所制定的操作规程是对以往工作中经验教训的总结和积累，在日常工作中，员工一定要严格按操作程序进行对客服务，尤其是对一些

特殊客人服务时，更应该耐心、周到。

【拓展应用】

1. 如果酒店没房了，你怎么和续租的用户进行协商？
2. 续租服务应该注意哪些问题？

项目练习

案例一：

2016年7月的一天晚上，客人郭先生一行12人入住宾馆12楼6个房间。次日早晨8点多，郭先生致电总台要求在吃早餐时提前查房，以减少退房等待时间。当班收银人员较为生硬地告知客人："宾馆有规定，需要收回房卡后方可查房。"郭先生听到此番话心里很不满，随即挂断电话不再与其进行沟通。当班管理人员得到此信息后非常重视，及时与郭先生取得联系。通过沟通了解到，郭先生的不满主要来自服务人员语言及语气的表达方式较为强硬，让客人感觉面对的是职能机关，而不是服务行业。

师傅提示：

郭先生不满意的原因：一，郭先生接待的客人比较重要，希望引起酒店方重视；二，郭先生接待的客人赶时间，需要快速办理退房；三，当郭先生致电总台要求提前查房时，得到的回答是当即否定，让郭先生觉得作为五星级饭店，对客服务时的态度存在问题。

通过此案例说明，总台员工应在服务态度和处理问题的灵活性这两个方面吸取教训。在服务中应时刻从客人的角度考虑问题，灵活应对客人的临时要求，如遇自己不能处理的问题，应及时婉转地向客人做好解释工作，或请示当班管理人员来解决客人的燃眉之急，而不是一口回绝。

案例二：

宾客登记程序操作不当引发的赔偿

5月某天晚上11：20左右，胡先生和一位女士到总台要求开房，当班接待员为客人办理登记入住，但只登记一张证件，未登记同来女士的证件。约4小时后，即次日凌晨3点左右，派出所警官到宾馆要求检查802房登记的客人信息。核实警官身份后，大堂经理和保安陪同警官至802房。由于胡先生同行的女士未进行身份登记，警官怀疑她涉嫌非法活动，于是警官将胡先生及同行人带回派出所进行调查。约50分钟后，胡先生和同行客人回店直接回房休息。

几天后，胡先生到宾馆结账，并要求宾馆给个说法，称派出所当晚调查未发现什么问题，就是因为同行客人的证件未登记，胡先生认为这是总台员工的责任，当时总台员工只要了他的身份证，未要求同行客人出示证件。经询问当班员工，的确未向那位女士要证件登记，因而导致了一场误会。经前厅部经理与客人协调，给予减免部分房费，胡先生才较为满意,结账离开。

师傅提示:

此案例中由于总台接待人员未严格遵守内宾登记的相关规定,给客人带来了麻烦,因而造成宾客投诉。通过此案例,前厅部及时采取整改措施,利用班组会将此作为反面案例进行学习点评,并着重强调、再次重申每位员工要严格遵照程序和规范来操作,要吸取教训,对待工作不能麻痹大意。

项目实训:

实训名称:接待服务。

实训目的:通过实训,使学生掌握入住接待的步骤和标准。

实训内容:教师讲解示范,三个同学为一组,按照程序操作,进行角色扮演,设计模拟情景。各组之间相互点评,教师给予指导纠正。

实训准备:接待所需物品、记录本、订房资料、房卡、钥匙、钥匙信封、电话等相关物品。

实训考核:

序号	考核内容	评分标准	配分	扣分	得分
1	工作准备	全面、具体、有针对性	10分		
2	仪容仪表仪态	着装规范、仪态大方、自然得体、面带微笑	10分		
3	欢迎宾客抵达	礼貌问候、规范用语、热情服务	20分		
4	引领客人	引领客人办理入住	40分		
5	相关服务	延迟离店服务、续住服务等	10分		
6	信息储存	有关表格输入计算机	10分		
7	合计		100分		

商务中心和总机服务

前厅住店服务是酒店前厅部针对住店客人特点，为了给客人在住店期间提供一个方便、舒适的环境而提供的一系列服务。前厅部被誉为酒店的门面，是与客人接触最多的部门，所以前厅部是否能为客人提供优质的服务决定着酒店的整体服务水平和声誉形象。本章将就客人在住店期间前厅部为客人提供的几项主要服务做介绍。

项目一　问讯服务

【企业标准】

酒店的客人来自世界各地，当身处一个陌生的国家、陌生的城市、陌生的酒店时，客人可能会遇到很多他们不是很了解的事情，需要有人能够给他们解答和提供帮助。针对客人的这一特点，酒店都会免费为客人提供问讯服务。本节需要学生掌握问询服务的相关知识。

【师傅要求】

1. 酒店内部信息的问讯。
2. 酒店外部信息的问讯。
3. 问讯处要备齐的信息资料。
4. 问讯服务要求。
5. 问讯服务操作程序与标准。

【师徒互动】

大型酒店一般会在总台设立问讯处，由专门的服务人员为客人解答疑问。中小型酒店为了节省人力资源，也可以将问讯处和总台接待处进行合并，由接待员解答客人的问题，为客人提供问讯服务。

客人问讯的范围会非常广泛，这就要求服务人员做好充分的准备来解答客人的问题。

一、酒店内部信息的问讯

师傅讲授：

酒店问讯：

（1）餐厅、酒吧、商场所在的位置及营业时间。

（2）宴会、会议、展览会举办场所及时间。

（3）酒店提供的其他服务项目、营业时间及收费标准。如健身服务、医疗服务、洗衣服务等。

（4）近期内有关大型文艺、体育活动的基本情况。

（5）市内交通情况。

（6）国际国内航班飞行情况。

二、酒店外部信息的问讯

师傅讲授：

（1）为客人提供信息服务之前，服务人员必须做好信息的收集工作，如政治、经济、军事、天气、文化、体育等。

（2）在回答客人询问时，问讯员要热情、主动、耐心，做到百问不厌；答复要肯定而准确，语言流畅，简明扼要。

（3）不能做出模棱两可的回答，更不可推托、不理睬客人或简单回答"不行""不知道"。

（4）对不能回答或超出业务范围的问题，应向客人表示歉意并迅速查阅有关资料、请示有关部门后回答，

（5）没有得到客人同意时，不能将住店客人的房间号码、电话等告诉来访客人。

三、问讯处要备齐的信息资料

师傅讲授：

问讯处要备齐的信息资料如下。

（1）飞机、火车、轮船、汽车等交通工具的时刻表、价目表及里程表。

（2）地图的准备：本地的政区图、交通图、旅游图及全省、全国地图乃至世界地图。

（3）电话号码簿：本市、全省乃至全国的电话号码簿及世界各主要城市的电话区号。

（4）各主要媒体、企业的网址。

（5）交通部门对购票、退票、行李重量及尺寸规格的规定。

（6）本酒店及其所属集团的宣传册。

（7）邮资价目表。

（8）酒店当日活动安排，如宴会等。

（9）当地著名大专院校、学术研究机构的名称、地址及电话。

（10）本地主要娱乐场所的特色及其地址和电话号码等。

四、问讯服务要求

师傅讲授：

为客人提供及时周到的问讯服务，要求提供服务的人员掌握大量的信息，并且有很好的服务意识和对客服务技巧。在服务过程中需要做到如下几方面。

（1）对待客人礼貌热情、彬彬有礼，并且要一视同仁，避免让客人产生厚此薄彼的感觉。

（2）对酒店的各项服务项目要非常熟悉，记清酒店各服务部门的电话号码，以便能够及时与其联系，减少客人等候的时间。

（3）对于性急的客人或是因着急询问而语无伦次、词不达意的客人，要帮助客人稳定情绪，然后迅速地、简明扼要地回答客人的问题。

（4）问讯服务员要随时补充、修改、更新自己掌握的信息和资料，以便解答客人的各种问题。

（5）对于熟知的问题，回答时应简明扼要，不要模棱两可、含糊其词，使客人无法明白、理解。

（6）对于不太了解的问题，应向客人道歉并说明，请客人稍等，然后迅速借助手中资料或互联网等进行查找；如果一时查找不到，请求客人给予谅解，并将客人的姓名、房号及问讯内容记录下来，事后再迅速进行查阅，一旦查到要立即告知客人；如果经过努力查找仍无结果，也应与客人取得联系，如实向客人说明情况，并请客人谅解。

（7）问讯员在回答客人问讯时必须准确无误，态度温和，不能使用不确定的语言，如"我想可能""大概""也许"等。

（8）对于同时几位客人进行询问，应该遵循先问先答、急问急答、有问有答的原则，尽可能使每位客人都能得到热情的接待和满意的解答。

（9）要耐心、细致地回答客人的任何问讯，做到百问不厌。

五、问讯服务操作程序与标准

师傅讲授：

在为客人提供问讯服务时，问讯员要按照一定的操作程序和标准进行（见表5-1）。

表 5-1　问讯服务操作程序与标准

操作程序	操作标准
1.礼貌问候	（1）主动问候客人 （2）受理电话问讯时，须在电话铃声响3声之内将电话接起
2.热情接待、准确回答	（1）仔细聆听客人问讯的问题 （2）请客人重复某些细节或含糊不清的地方 （3）复述客人的问题以便确认 （4）耐心细致地回答，做到百问不厌 （5）若客人的问题不能立即解答，须向客人表示歉意，请客人稍候 （6）迅速查阅有关资料后回答客人 （7）根据客人的问题，电话请示有关部门后回答。清晰报出所在部门，重复客人询问的内容，获得答案后告知客人 （8）必要时，可帮助客人写下来 （9）待客人听清后，再询问客人是否还有其他问题，表示愿意提供帮助
3.微笑道别	微笑与客人道别

六、利用多媒体计算机提供的问讯服务

师傅讲授：

目前，很多酒店不仅依靠问讯员为客人提供问讯服务，而且开始利用多媒体计算机。客人可以通过电视屏幕或电脑的显示器来了解当天的各种新闻、体育赛事、股市行情、天气预报、航班车次、外汇牌价、购物指南等各种信息。甚至有很多酒店让客人可以在客房中利用电视屏幕来找到相关的信息。

多媒体计算机设备的使用，不仅可以减轻问讯员的工作量，而且可以大大地方便客人，从而增强酒店的竞争优势。

另外，在很多的涉外酒店，因为有大量外国客人，所以交流时存在语言障碍，从而给客人带来了很多的不方便。针对这样的情况，酒店的问讯处会为这样的客人准备一种向导卡，即卡片的正反面用英、日、中三种语言标明酒店的地址、联系电话和客人外出的目的地，这样，客人只要向出租车司机或行人出示这张卡片，就可以到达自己想去的地方，不会迷路。

徒弟记忆：

1.了解问讯服务。

2.掌握问讯服务的技巧和基本要求。

3.采用现代工具提供更好的问讯服务。

【拓展应用】

1. 根据你的理解或者上网查询，对问讯服务进行补充。

2. 问讯服务一般都会问哪些问题？请进行简单归纳总结。

项目二　查询服务

【企业标准】

查询服务主要是指非住店客人向酒店查询住店客人的有关信息，酒店在住店客人的隐私不受侵犯的情况下，给予查询回答的服务。本节的学习，学生要能够掌握本节的查询服务知识，对前厅查询服务进行系统的了解。

【师傅要求】

1. 查询住店客人的情况。

2. 电话查询住店客人的情况。

3. 住店客人要求保密的处理。

4. 商务中心服务。

【师徒互动】

一、查询住店客人的情况

酒店的前台问讯处经常会遇到有非住店客人打听住店客人信息的情况，问讯员应该根据不同的情况给予查询客人不同的答复。

师傅讲授：

（一）客人是否入住本店

问讯员应如实回答。住客如要求对某些访客保密，则应按照住客的要求执行。问讯员通过计算机核查资料，可得出客人的当前状态："将入住"（DUE IN）"在店"（IN HOUSE）"已退"（OUT）"取消订房"（CX）"订房未抵"（NS）等。

如果酒店计算机资料不够详尽，则可通过以下人工方法查找住客资料。

（1）已入住客人名单。

（2）如果不在上述名单中，则快速地查找预抵客人名单，核实该客人是否即将到店。

（3）查当天已结账的客人名单，核实该客人是否已退房离开。

（4）查以后的订房单，看该客人以后是否会入住。

如果客人尚未抵店，则以"该客人暂未入住本店"回复客人；如果查明客人已退房，则向对方说明情况。已退房的客人，除非有特殊的交代，否则不应将其去向及地址告诉第三者（公安检察机关除外）。

（二）客人入住的房号

一般情况下，为住客的人身财产安全着想，问讯员不可随便将住客的房号告诉第三者，如需要告诉，也应让住客通过电话亲自告知访客。可以通过计算机系统查出该住店客人所在房间号码，然后问讯员向客房内打电话，告诉住店客人来访客人的情况，得到住店客人允许的情况下，才能将房间号码告诉给来访客人。

有时，住店客人会事先告诉前台的服务人员，什么样的客人来访可以将其房号告诉他。这种情况下，当来访客人抵达前台查询住店客人的房间号码时，问讯员要先礼貌地询问来访客人的有关信息，例如姓名、工作单位、与住店客人的关系等，然后和住店客人事先留下来的允许告知房号的来访客人的信息进行对照，确认无误后，可以将住店客人的房间号码告诉来访客人。

（三）客人是否在房间

问讯员先确认被查询的客人是否为住客，如系住客则应核对房号，然后打电话给住客。如住客在房内，则应问清访客的姓名，征求住客意见，将电话转进客房；如客人已外出，则要征询访客意见，是否需要留言；如住客不在房内而在店内，问讯员可通过电话或广播代为访客寻找，并请客人在大堂等候。

1. 住客是否留言给访客

有些住客在外出时可能会给访客留言或授权书，授权书是住客外出时允许特定访客进入其房间的证明书。问讯员应先核对证件，确认访客的身份，然后按酒店程序办理。

2. 打听房间的住客情况

问讯员应为住客保密，不可将住客的姓名、单位名称告诉访方，除非是酒店内部员工由于工作需要的咨询。

二、电话查询客人房号

对这种查询应予以特别注意。这种查询多以电话查询的形式出现，酒店必须为住店客人保密，保证客人不受无关人员或不愿接待人员的干扰。因此，未经客人允许，不能将房号告诉其他客人，或直接将访客带入客房，应以委婉的口吻，礼貌地回答有关问询。

三、保密客人查询的处理

有些客人在住店时，由于某种原因，会提出对其房号进行保密的要求。无论是接待

员还是问讯员接受此要求都应按下列要求去做。

（1）此项目要求由问讯处处理。如果是接待员接到客人的保密要求，也应交问讯处处理。

（2）问清客人要求保密的程度。

（3）在值班本上做好记录，记下客人姓名、房号及保密程度和时限。

（4）通知总机室做好该客人的保密工作。

（5）如有人来访要见要求保密的客人，或来电查询该客人时，问讯员及总机应以该客人没有入住或暂时没有入住为由予以拒绝。

（6）如客人要求更改保密程度或取消保密时，应即刻通知总机室，并做好记录。

【拓展应用】

1. 查询服务对酒店管理的意义分析。

2. 查询服务进行中有哪些阻碍？

3. 你怎么看待酒店中的查询问题？

项目三　留言服务

【企业标准】

留言服务是前厅问讯处又一项非常重要的日常工作。客人在住店期间，常会遇到来访客人到达酒店可住店客人却不在，或是住店客人要离开酒店而约好的来访客人还没有到，针对这些情况，酒店为了给客人提供更细致化的服务，在前台的问讯处免费为客人开设了留言服务，充当了来访客人与住店客人之间的桥梁，帮助客人传递信息。通过本节的学习，学生要能够理解留言服务的基本操作。

【师傅要求】

1. 访客留言。

2. 住客留言。

3. 电子邮件留言。

【师徒互动】

酒店为客人提供的留言服务一般分为两大类：访客留言和住客留言。

一、访客留言

师傅讲授：

访客留言是指来访客人给住店客人留言的情况。当来访客人到达酒店，经核实所要见的住店客人没有在酒店内时，问讯员可向来访客人建议是否为住店客人留言，由服务人员帮来访客人将留言转达给住店客人。

如果来访客人需要留言，则需要请其填写"访客留言单"（见表 5-2）。"访客留言单"一般是一式三联，来访客人填写好后，问讯员将留言单的第一联放入邮件架，第二联送往电话总机处，第三联交给行李员，由其送往客房，将留言单从门缝下塞入客房内。问讯员接受访客留言后应立即将住店客人客房内的留言指示灯打开，提示客人有留言。这样，客人就能通过三种途径获知访客留言的内容，即进入客房后看到访客留言单或看到留言指示灯亮起后询问前台问讯处或电话总机。无论是问讯员或是总机话务员在得知住店客人已经看到访客留言单后，都应该立即将该客人房间内的留言指示灯关闭。晚上，问讯员在检查邮件架时，如果看到某个房间的邮件架里有留言单，应马上查看该客房的留言指示灯是否关闭，如果关闭，则该留言单就可以作废了，如果留言指示灯仍然开启，问讯员需要通过电话的方式与住店客人联系，将留言内容转达给客人。如果房内仍然没有人，则应该继续保证留言指示灯的开启状态，直到客人返回看到留言。

对于客人的留言要做到传递迅速和准确。留言是具有一定时效性的。所以为了确保留言单传递的速度，有些酒店要求问讯员每隔一小时就通过电话通知客人，这样做的目的是让住店客人在返回客房时，最迟也在一小时之内便能知道访客留言的内容，以确保留言传递及时准确。对于不能确认客人是否住在本酒店或曾经住在本酒店但已经结账离店的客人，为了对客人负责，酒店一般不接受来访客人对其的留言，但客人有委托的情况下除外。

表 5-2　访客留言单（MESSAGE）

女士或先生（MS. OR MR.）_____　　房号（ROOM NO.）_____
当您外出时（WHEN YOU WERE OUT）
来访客人姓名（VISITOR'S NAME）_____
来访客人电话（VISITOR'S TEL.）_____

☐有电话找您（TELEPHONED）　　　　　　☐将再来电话（WILL CALL AGAIN）
☐请回电话（PLEASE CALL BACK）
☐来访时您不在（CAME TO SEE YOU）　　　☐将再来看您（WILL COME AGAIN）

留言（MESSAGE）_____
_____
_____

经手人（CLERK）_____　　日期（DATE）_____　　时间（TIME）_____

二、住客留言服务

师傅讲授：

住客留言是指住店客人给来访客人留言的服务。住店客人在离开客房或酒店时，希望给来访客人（包括电话来访客人）留言，这时就需要填写"住店客人留言单"（见表5-3）。住店客人留言单一般一式两联，分别在问讯处和电话总机处各保存一联。当来访客人抵店或通过电话联系时，问讯员和电话总机的话务员就可以将住店客人的留言转达给来访客人。

住店客人留言单上都会注明留言内容的有效时间，如果过了有效时间，未接到留言者新的通知，则留言单可作废。

如果住店客人是通过电话向问讯员表示要留言的话，在为客人记录留言内容填写留言卡后，必须向客人再复述一遍留言内容，得到客人的确认，以保证留言的准确性。

表5-3　住店客人留言单

日期（DATE）_____

至（TO）_____　　　　　　　　房号（ROOM NO.）_____

由（FROM OF）_____

我将在（I WILL BE）_____　　　□ INSIDE THE HOTEL（酒店内）

　　　　　　　　　　　　　　　　在（AT）_____

　　　　　　　　　　　　　　　□ OUTSIDE THE HOTEL（酒店外）

　　　　　　　　　　　　　　　　在（AT）_____

　　　　　　　　　　　　　　　　电话（TEL.NO.）_____

我将于_____回店（I WILL BE BACK AJ）_____

留言（MESSAGE）_____

_____

_____

经手人（CLERK）_____　　　　客人签字（GUEST SIGNATURE）_____

三、留言服务程序及标准

为客人提供留言服务时，要按照一定的服务程序（见图5-1）和服务标准（见表5-4）进行。

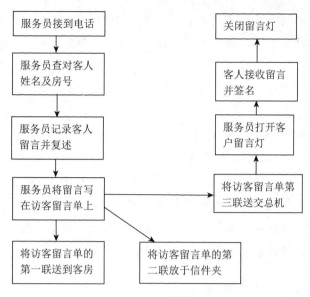

图 5-1　留言服务程序

表 5-4　留言服务标准

服务步骤	服务标准
1.热情接待客人	（1）见客人来到自己的工作区域，在与客人距离2米左右时，面带微笑，向客人问好 （2）礼貌询问客人需要什么帮助
2.确认留言	（1）确认客人需要留言服务 （2）礼貌询问客人的姓名及房间号码 （3）核对接受留言者是否是住店客人
3.记录留言	（1）将留言簿和笔交给客人请其亲自填写 （2）与客人一起核对留言的内容和时间，进行确认 （3）记录留言人的姓名、电话和留言时间 （4）按照客人留言内容填写留言单，一式三联
4.递交留言	（1）将留言单第一联放入邮件架中 （2）将留言单第二联送交给总机处 （3）将留言单第三联交给行李员，由行李员将留言单从住店客人的房门下塞入客人 （4）开启留言指示灯
5.检查留言递交情况	（1）检查邮件架 （2）如果邮件架内有留言单，则立即查看该客房内的留言指示灯是否已经关闭 （3）如果已经关闭，则可将留言单作废 （4）如果未关闭，则与客人取得联系，直到确认客人知道了留言内容后，再将留言指示灯关闭

三、邮件和包裹处理

师傅讲授：

为了客人在住店期间信件往来的方便，酒店为客人提供邮件和包裹邮寄的服务，一

般这项服务由总台的问讯处来完成。总台的问讯处按照客人要求进行邮寄或者转交。

对于客人的邮件和包裹，服务人员处理时必须认真仔细，避免出现差错，具体的处理规则如下。

（1）做到认真、细心、耐心、及时、保密。如果由于酒店处理不当而给客人造成了损失，酒店要全权负责。

（2）不得随意拆阅和丢掉任何的信件和包裹。

（3）不要将收和发的邮件、包裹混淆。

（4）如果接收或者发送时邮件、包裹已经被破坏，应该在信封上用铅笔来注明。

总台问讯处所提供的邮件、包裹服务主要包括两大类：一类是分检和派送收进店的包裹邮件，另一类是为住店客人寄发邮件包裹。这里我们根据邮件、包裹的去向，将邮件包裹服务分为进店邮件包裹服务和出店邮件包裹服务。

（一）进店的邮件包裹服务

对于寄发给住店客人的邮件包裹必须要认真、仔细地处理，做到将信件包裹准确无误、完好无损、及时地交到客人的手中，避免因工作失误造成的邮件包裹丢失、传递错误等情况的发生，从而给酒店和客人带来不必要的麻烦和损失。进店邮件包裹的处理流程如下（见图5-2）。

图5-2　进店邮件、包裹处理流程图

（1）接受邮件、包裹，认真清点件数，与送件员做好交接并签字。

（2）在收进的客人邮件包裹上打上时间，并按照邮件、包裹性质进行分类。

（3）确认收件人。

（4）通知收件人。若客人不在，填写"住客通知单"（见表5-5），并打开留言灯，通知客人前来领取邮件、包裹。

表5-5　住客通知单

留言单（总台）（MESSAGE FOR）

先生MR.＿＿＿＿＿＿ 女士MS.＿＿＿＿＿＿　　　　房号（ROOM NO.）＿＿＿＿＿＿
您的（电传、电报、邮件）在问讯处，请您在方便的时候与我们联系。 THERE IS AN INCOMING（TELEX, CABLE, MAIL）FOR YOU AT THE INFORMATION DESK, PLEASE CONTACT US AT YOUR CONVENIENCE.
经手人（CLERK）＿＿＿＿＿　日期（DATE）＿＿＿＿＿　时间（TIME）＿＿＿＿＿

（5）签收邮件、包裹。客人凭有效证件来领取邮件、包裹，在相应的登记表中签字，同时，问讯员也要签名。

（6）确认签收。客人签收邮件、包裹后，服务员应立即将留言指示灯关闭，以免混淆。

（7）无人签收的邮件、包裹，应根据不同情况区别对待。

①预定未到的客人，邮件、包裹交给接待处，待客人抵店办理入住登记手续时，将邮件包裹交给客人。

②离店的客人，问讯员填写"邮件包裹转寄单"（见表5-6）。按照客史档案卡上的信息转寄给客人，并在客史档案上做好记录。

表5-6　邮件、包裹转寄单

Please Print	日期 DATE_____
姓名 Name_____	房号 Room No._____
转寄地址 Forward To_____	
截期超过以上日期请送到 Until_____ After Above Date Forward To_____	
在华办事处的详细地址 Agent In China_____	电话 Tel._____
永久地址 Permanent Address_____	
注意：邮件转寄服务仅在30天内有效 Note：Forwarding Address Good For Only 30 Days Except Any Further Information.	

③如果预订客人和离店客人中，都没有收件人，则将该邮件、包裹退还给邮局处理。

④收到的客人邮件、包裹，应该尽快的转交给客人。接到邮件、包裹后，先登记在"住店邮件、包裹递送登记表"（见表5-7）中。转交给客人时，要请客人在登记簿上签字。

表5-7　住店邮件、包裹递送登记表

日期	时间	房号	姓名	种类	发自	号码	经办人	收件人签字	收件时间	备注

⑤错投的邮件、包裹，问讯员在邮件、包裹上贴好批条并说明原因，交给邮递员统

一取走。

（二）出店的邮件包裹服务

酒店为了方便住店客人，问讯处为住店客人代发邮件、包裹等的服务。

1. 检查邮件

问讯员要核对邮件、包裹填写的是否完整，进行数目清点，检查有无违禁物品等。

2. 询问邮寄、包裹要求和费用支付的方法

费用可以由客人自付或酒店垫付两种支付形式。如果酒店垫付，垫付的收据交到前台的收银处，客人结账离店时一并结算。

3. 做好记录

代发邮件或者包裹时，问讯员需要根据客人的要求填写"信件传送记录表"（见表5-8），方便日后查询。

表5-8 信件、包裹传送记录表

编号		团队名称	
送件人		房间号	
送达单位			
送到时间		收信时间	
信件、包裹类别		收信姓名	
备注			

（三）分类邮寄

平信，可以交给每日进店送信的邮递员带走；特快专递可帮助客人联系快递公司上门取件；挂号信、包裹可以请酒店的金钥匙代为办理。

课堂互动：

当下随着QQ、微信的兴起，留言方式也变得多样化，分组讨论你对酒店前厅留言的看法。

徒弟记忆：

1. 了解常规的留言方式和处理方法。

2. 对新时期邮箱留言和客户的邮箱服务有一个整体把握。

【拓展应用】

1. 除邮箱外，你还能想到哪些留言工具？

2. 如何提高留言处理的效率？

3. 针对一些恶意留言，应该怎么处理？

项目四　商务中心服务

【企业标准】

商务中心（Business Center）是酒店为客人开展各种商务活动而提供相关服务的部门。通过本节学习，学生要掌握商务中心服务的内容和基本操作。

【师傅要求】

1. 商务中心工作的基本要求。
2. 商务中心的设备。
3. 商务中心主要服务项目及服务程序。

【师徒互动】

目前，大多数的酒店，特别是商务型酒店，每天要接待大量的商务客人，这些客人在住店期间通常要安排一些商务活动，所以，针对这类客人的要求，酒店通常会在大堂附近设置商务中心，环境安静、舒适、优雅，专门为客人提供商务洽谈、打印文件、网络服务、收发电子邮件和传真、复印、翻译等服务。商务中心是现代酒店的重要标志之一，也被称为商务客人的"办公室外的办公室"。

一、商务中心工作的基本要求

师傅讲授：

商务中心面对的主要客人是商务客人，这类客人的时间观念强，对服务要求高并有很强的消费能力，对商务中心的服务人员在职业素质方面要求很高。所以商务中心在为客人提供服务时，要做到热情、周到、快捷、高效。

为了做好商务中心的工作，商务中心的服务人员应具备以下素质。

（1）形象好，气质高雅，具有亲和力。

（2）熟悉商务中心各项服务的工作流程和服务标准，掌握工作技巧和服务技能。

（3）性格外向，善于和不同类型的客人沟通，并能快速了解客人的意愿。

（4）工作认真、细致，有耐心，诚实可靠。

（5）具有大专以上文化程度，知识面广，有扎实的文学功底和较高的外语水平，英语的听、说、读、写熟练。

（6）熟练电脑操作及办公软件。

（7）掌握旅游、娱乐、文化等方面的知识和最新信息。

（8）与各航空公司、火车站、码头以及汽车出租公司等交通部门建立良好的关系，

对于各种票务的收费标准非常熟悉。

二、商务中心的设备

商务中心的设备可以分为办公设备和会议服务设施、设备两类。

师傅讲授：

1. 办公设备

办公设备包括传真机、复印机、计算机（具备查询、挂账、打字与编辑功能）、多功能打字机、电传机、碎纸机、装订机、程控直拨电话机、一定数量的办公桌椅、沙发，以及相关的查询资料，如商务刊物、报纸、经济年鉴、企业名录大全、电话号码本、邮政编码本、地图册、词典等。

2. 会议服务设施、设备

会议服务设施、设备包括酒店可供出租的会议室、洽谈室，用于予以服务的投影机及屏幕、幻灯机、录像机等。

三、商务中心主要服务项目及服务程序

师傅讲授：

1. 复印服务

（1）主动、热情迎接客人。

（2）了解客人的要求，问清楚客人需要复印的数量和规格，并介绍复印收费标准。

（3）复印：调试好机器，首先复印一份，征得客人同意后，再按要求数量进行复印。

（4）交件收费：将复印文件装订好后，连同原稿一起双手送给客人，然后按规定价格计算费用。

（5）如客人要求开发票，将发票第二联交给客人，第三联需同账单的第二、第三联一起交给前厅收银员。

（6）把账单号码、房号、金额、付款方式分项填在商务中心日复印、打字报表上（见表5-9）。

（7）送客。

表5-9　收费单

CHARGE VOUCHER

房号/ROOM NO._____

客人姓名/NAME_____　　　　　　日期/DATE_____

项目/ITEMS	金额/AMOUNT
合计/TOTAL	

客人签名/GUEST SIGNATURE_____

2.传真服务

传真服务可以分为发送传真和接收传真两种。

（1）发送传真。

①热情迎接客人，主动问候。

②了解客人所需要的服务后，向客人介绍收费标准。

③请客人填写传真发送表（见表5-10），内容包括收件人的国家、地区、城市、单位（或部门）、姓名、电话及客人本人的姓名、房号、日期等并签名确认。

④双手接过客人需要传真的文件，检查原稿文件的纸张。若使用的是一般的文件传真机，纸张过薄或过厚，过大或过小，都要经过复印后才可以进行传真。遇到这种情况需要向客人解释说明，尤其要说明复印的收费标准。

⑤置放原稿，按照客人提供的电话号码，经核对无误后，按发送键发送。如果对方是手动接收，应拨号后先请对方给出传真信号，待听到对方信号声音后再按发送键。

⑥如果由于对方线路不通，或是客人多暂时不能将传真发出去，应礼貌地向客人解释。如果客人不着急，可以请客人先签单然后回房间休息，待商务中心发完传真后，会电话通知客人并将发票和原件给客人送回房间。

⑦传真发送完毕后，开具收费单，若客人挂账，礼貌地请客人出示房卡，经核对无误后请客人签字，将发票和传真的原件还给客人。如果是经过复印后再发的传真，还要将复印件一并交还给客人。

⑧询问客人是否还需要其他服务，与客人礼貌道别。

表5-10　传真发送表

REGISTRATION FORM FOR SENDING FAX

房号：　　　　　姓名：　　　　　日期：
ROOM NO.　　　NAME:　　　　　DATE:

发往国家（地区）、城市 TO CITY，COUNTRY（REGION）	单位 COMPANY	收件人 CONSIGNEE	电话 TEL.	页数 PAGES
备注： REMARKS:	经手人： TAKEN BY:		客人签名： GUEST SIGNATURE:	

（2）接收传真。

接收传真分为两种情况，第一种情况是客人来到商务中心要求接收传真，第二种情况是商务中心收到传真后要将传真送交给客人。对于第一种情况，商务中心的服务人员要主动热情地帮助客人收取传真，并按照规定收取费用。

第二种情况的服务程序如下。

①接到对方的传真要求时，给出可以发送的信号，接受对方的传真。

②收到传真后，立即阅读来件的眉批，核实收件人的姓名、房号、是否急件等。

③将接收人、传真接收时间、页数等登记到传真接收记录表（见表5-11）中。若在传真上对方没有提供房间号，则立即在电脑中根据客人姓名查找房号。

④为了保护客人的隐私，也为了便于保存发放，将传真放入传真袋中，并在封面上标注好客人的姓名和房间号码。对于查不到房间号的传真件做好标示后另外放置，必要时请示上级，并注意做好接班工作。

⑤电话通知客人领取传真。若是急件，而客人又不在房间，应立即与总台联系，取得客人的联系方式；若总台也没有客人的联系方式，则需要为客人填写传真留言单（见表5-12），由行李员将其贴在客人房间的门上，并隔一段时间就往客人的房间内打个电话看客人是否回到客房；如果客人已经离店，则立即电话通知来件人。

⑥客人来领取传真时，要礼貌地核对客人身份。问清客人姓名并请客人出示房卡和有效证件。客人领取传真后，请其在传真接受表上签字；如果客人需要行李员为其将传真送入客房，则将传真及传真收费通知单交给行李员，请行李员在传真取件单上签名，由行李员将传真交给客人，并请客人付款或在收费通知单上签名。

⑦按照酒店的收费标准为客人结账。

表 5–11　传真接收记录

REPORT OF FAX RECEIVED

日期 DATE	部门/房号 DEPT./ROOM NO.	接受 页数 PAGES	接收时间 TIME OF RECEIVING	经手人 TAKEN BY	通知人 NOTIFYING PERSON	领取时间 TIME OF PICKING UP	领取人签名 CONSIGNEE SIGNATURE	备注 REMARKS

表 5–12　传真留言单

FAX MESSAGE

姓名： NAME：＿＿＿＿＿	房号： ROOM NO.＿＿＿＿＿
页数： PAGES：＿＿＿＿＿	日期及时间： DATE AND TIME：＿＿＿＿＿
尊敬的宾客： DEAR GUEST： 酒店商务中心有您的传真。 YOU HAVE FAX IN OUR BUSINESS CENTER. 电话： TEL.：	

员工签字：

FAX OPERATOR：＿＿＿＿＿＿

3. 打字服务

（1）主动热情地接待客人。

（2）问清楚客人对打印文件的格式、排版样式、字体以及取件时间的要求，填写打印登记表（见表 5-13），复述一遍得到客人的确认。

（3）迅速浏览客人需要打印的原稿，对于不清楚的字迹或不明白的符号要马上向客人询问。

（4）主动向客人介绍收费标准，对于客人的疑问给予解释。

（5）告知客人打印完成的时间，可请客人稍候或回房间休息。

（6）快速输入，并按客人要求排版，初稿完成后，立刻请客人校对、修改。

（7）按照客人的意见再次进行修改，并再次核对，确认无误后将其打印出来。

（8）询问客人是否需要存盘，按照客人的要求保存或删除。

（9）将原稿和打印稿一并交给客人。

（10）按照收费标准为客人结账。

表 5-13　打印登记表

REGISTRATION FORM FOR PRINTING

房号： 姓名： 日期：
ROOM NO.： NAME： DATE：

字体 TYPE OF LETTER	字号 SIZE OF LETTER	字形 SHAPE OF LETTER	纸张规格 SIZE OF PAPER	语种 LANGUAGE	取件时间 TIME OF PICKING UP	特殊要求 ESPECIAL REQUIREMENTS

4. 翻译服务

翻译服务一般分为笔译和口译两种。两者之间除了服务的内容和收费标准不一样之外，其服务程序基本一致。以笔译为例，具体的服务程序如下：

（1）热情接待客人，主动问候。

（2）向客人询问翻译的相关信息。向客人核实需要翻译的稿件，问清楚客人的翻译要求和交稿时间；迅速浏览稿件，对不清楚或不明白的地方应礼貌地向客人问清楚。

（3）向客人介绍翻译的收费标准。记清客人的姓名、房号和联系方式，礼貌地请客人在订单上签字并支付翻译预付款。送走客人后，可联系翻译人员翻译客人文稿。

（4）将文稿翻译好后，通知客人来取稿件。如果客人对稿件有不满意的地方，可请翻译人员和客人协商解决。

（5）根据收费标准为客人结账。

（6）礼貌向客人道别，并表示感谢。

5. 票务服务

（1）当面订票服务程序如下所示。

①填写订票单。客人要求订票，为客人填写订票单（包括姓名、房号、日期、目的地、班次、数量、等级等），订票单由客人核实无误后签字即可。

②请客人出示有效身份证件，以便订票。

③向客人收取预收款。如果预收了客人的订票款，则应在订票单上注明，酒店订票所收手续费应在订票前向客人说清楚。

④登记完毕后，将订票单第一联给客人，告诉客人这是取票单，第二联留存。

⑤及时与有关部门商议票务事宜。

⑥取到车票或飞机票后，在票袋面上写上客人的姓名、房号、预付款数额、应退款数额，票袋内放有客人的车票或飞机票及应找给客人的零钱。

⑦客人来取票时，订票员必须收回客人的取票联，注明"票已取"字样并存档，将票袋连同订票手续费的收据交给客人，请客人当面核对。

⑧开具账单并输入计算机。

⑨如果酒店尽全力也不能保证有票，必须向客人说明情况并致歉，并询问客人如果买不到指定航班的票，是否可以改期。

（2）电话或传真订票程序。

预订客人要求订票，根据订票的传真或信件内容填写订票单。此后，应将详细的原始资料，如传真或信件与订票一起存档，以备查询。如果客人是电话订票，应根据客人的电话内容填写订票单，并告知客人，由于未付订金，只可先为他预订，待客人到达后再出票。记录时要仔细，特别是客人的姓名、机票的日期、班次、等级、人数、身份证（或护照）号码等。在记录后，复述一遍，以保证记录完全准确。

（3）退票程序。

应根据交通部门的规定收取退票款，酒店则收取手续费，同时把退票费及手续费的发票交给客人。

6. 上网服务的服务程序和标准

（1）介绍收费标准。

（2）帮助客人上网（上网密码保密）。

（3）与客人确认启用时间。

（4）客人使用完毕，根据实际上网时间，开具账单并输入计算机。

7. 会议室出租服务

（1）了解洽谈需要的相关服务：向客人详细了解洽谈室使用的时间、参加的人数、服务要求：（如坐席卡、热毛巾、鲜花、水果、点心、茶水、文具等）、设备要求（如投影仪、白板）等信息。

（2）出租受理：主动向客人介绍洽谈室的出租收费标准。当客人确定租用后，按规定办理洽谈室预订手续。

（3）洽谈室准备：提前半小时按客人要求布置好好洽谈室，包括安排好坐席、文具用品、茶水及点心，检查会议设施、设备是否正常。

（4）会议服务：当客人来到时，主动引领客人进入洽谈室，请客人入座；按上茶服务程序为客人上茶；会议中每隔半小时为客人续一次茶。如客人在会议中提出其他商务服务要求，应尽量满足。

（5）结账：会议结束，礼貌地送走与会客人，然后按规定请会议负责人办理结账手续。

（6）向客人致谢并道别，打扫洽谈室。

徒弟记忆：

1.了解商务服务开展的意义和服务的主要内容。

2.商务服务开展的基本流程。

3.商务服务的一些细节性问题。

【拓展应用】

1.商务服务在实际生活中的表现是什么？

2.商务服务对提升酒店形象有哪些意义？

3.你认为一个合格的酒店应该具备哪些商务服务？

项目五　电话总机服务

【企业标准】

随着现代通信技术的发展，电话已经成为人们生活当中必不可少的通信工具，在酒店中同样也是。虽然说当下智能手机几乎全面取代了固定电话，但是作为酒店，电话也是必不可少的。本节的学习，学生要重点了解商务酒店的电话总机服务。

【师傅要求】

1.总机房的设备和环境要求。

2.总机房的服务项目及服务规范。

3.常见的案例及分析。

【师徒互动】

电话是当今社会最主要的通信手段之一，也是酒店客人使用率最高的通信设施，在

对客服务过程中扮演着重要的、不可替代的角色。酒店总机服务是酒店内外沟通联络的枢纽，以电话为媒介，直接为宾客提供转接电话、挂拨国际或国内长途、叫醒、查询等各项服务，是酒店对外联系的窗口，其工作代表着酒店的形象，体现着酒店服务的水准。

一、总机房的设备和环境要求

师傅讲授：

（一）总机房的设备

根据总机房为客人提供的各种服务，总机房一般需要配备以下这些设备：

1. 电话交换机

交换机的种类、型号很多。目前，有程控交换机、基址寄存器交换机、专用手控小交换机、用户级交换机等。很多交换机都具备自动振铃，显示日期、时间，自动显示通话线路、号码及所处状态（busy、answer、ring），自动控制音量及显示留言信号，自动定时回收等候电话，同时接通多个分机，阻止分机间直接通话，封闭、开启某分机线路，自动显示分机所处状态以及 DND（阻止外来电话进入某个分机）等功能。

2. 话务台

话务台是话务员工作的台面。为了避免相互影响，应该将它们相互隔开。有些酒店在每个话务台前都配有玻璃镜，让话务员在对客服务过程中随时能注意到自己的言谈举止、面部表情，从而保证服务质量。

3. 电话自动计费器

可以根据客人使用长途电话的时间来自动计算出其费用，并记录保存。

4. 打印机

5. 计算机

6. 时钟

7. 记事本（板）等

（二）总机房的环境要求

总机房环境的优劣会直接影响到话务员的工作状态和效率，所以酒店对总机房在设置的时候要遵循一定的环境要求。

1. 安静、保密

总机房是话务员和客人用电话进行沟通的场所，所以一个安静的环境能保证双方的通话更有效地进行，有利于话务员为客人提供优质的服务。如果环境嘈杂，客人通过电话听筒听不清话务员说什么，服务就无法进行，而且给客人的印象也会大打折扣，认为酒店管理不善。在与客人对话过程中，还要注意保密，因为谈话过程中可能会涉及客人的一些个人信息，要保证不会把与客人的谈话内容泄露出去，这也是尊重客人的一种表现。所以，在总机房内，必须要有良好的隔音设施，并且未经许可，闲杂人等不得随便进入总机房。

2.便于和总台联系

总机房与总台在工作中有着密切的联系，所以总机房在位置的选择上应尽量靠近总台，或者两者之间有必要的通信联络设备来保证双方的沟通，这样才能共同合作及时为客人解决和处理好问题。

3.干净、整齐

总机房虽然是背客服务，是客人不可见的一个部门，但为了话务员的工作能够有条不紊地进行，也要保证总机房内干净，物品摆放整齐。

4.优雅、舒适

由于总机房话务员的工作特点，其每天都要长时间地坐在总机房为客人提供各种话务服务，所以，总机房的环境要尽量优雅、舒适，这样能够减轻话务员的疲劳感，更好地为客人提供服务。总机房内应有空调设备，并要保证新鲜空气的流通。话务员的座椅要舒适。并且可以在总机房内放一些绿色植物，可以缓解话务员的视疲劳，保证其有一个很好的工作状态，从而保证对客服务的质量和效率。

二、总机房的服务项目及服务规范

师傅讲授：

（一）电话转接服务

话务员在转接电话时要做到准确、快捷、有效。这就要求话务员要熟记常用的电话号码，了解本酒店组织结构和各部门的职责范围，正确掌握住客资料，并尽可能多地去辨认酒店长住客人、管理人员及服务人员的姓名和声音。

总机电话转接及留言服务程序如下。

（1）首先认真聆听完客人讲话再转接，并说"请稍等"，若客人需要其他咨询、留言等服务，应对客人说："请稍等，我帮您接通到某部门。"如客人有疑问，可将电话转到总台查询。

（2）如果是找 VIP 客人或要求保密房号的客人，应问清来电者的姓名、地点与所找的客人姓名，核实后转入。征询客人意见，由客人决定是否接听，按客人意见处理。

（3）在等候转接时，接音乐键，播放悦耳的音乐。

（4）转接之后，如无人接听电话，铃响 30 秒后，应向客人说明："对不起，电话没有人接，您是否需要留言或过会儿再打来？"需给住客留言的电话一律转到前厅问讯处；给酒店管理人的留言（非工作时间或管理人员办公室无人应答时）一律记录下来，并重复确认，通过寻呼方式或其他有效方式尽快将留言转达给相关的管理者。

（5）为了能够高效地转接电话，话务员必须熟悉酒店的组织机构、各部门职责范围

及其服务项目，并掌握最新的、正确的住客资料。

（二）长途电话服务

客人可以通过总机转国内、国际直拨电话，话务员应按照客人的要求准确操作。现在大部分的酒店，都采用了程控直拨电话系统，客人可以在客房内直接拨打长途电话，不需要再通过总机。通话结束后，计算机能够根据客人通话的时间长短自动计算出费用并打印出电话费用单。这种直拨电话的使用，不但为客人提供了更大的方便，也减轻了话务员的工作量。话务员要及时为住店客人开通客房内长途电话以及对于已经退房的房间进行关闭电话的服务。

（三）查询服务

（1）如果客人要查询的是常用的电话号码，话务员应该准确快速的为客人解答。这就要求话务员平时要注意熟记、背诵常用的电话号码。

（2）如果客人要查询的不是常用的电话号码，话务员可以请客人稍等，以最快的速度为客人进行查询，确认后立即通知客人；如果查询需要较长时间，可以询问客人是否能够留下联系方式，待查询清楚后，话务员主动和客人联系告知结果。

（3）如果客人想要查询住店客人的房间号码，话务员要为住店客人保密，不得将房间号泄露出去。可以根据来电人所找客人的姓名，在电脑中找到住店客人房间的电话，接通后，让住店客人直接和来电人通话。

（4）如果遇到客人所提的问题话务员不是很清楚的情况，应礼貌地向客人表示歉意，请客人留下联系方式，然后马上通过各种渠道为客人查询，不能随便以"不知道"来作答了事。查完之后，无论有没有答案，都必须给客人答复。

（四）"免电话打扰"服务

（1）将所有要求"免电话打扰"服务的客人姓名、房号及要求"免电话打扰"的服务时间记录清楚。

（2）话务员要将这些客人房间内的电话号码锁上，必要时可写在记事板上，并做好交接班，告知下一个班次的话务员有哪些客人需要"免电话打扰"服务。

（3）免打扰期间，对于所有的来电，话务员应礼貌地告诉来电人该宾客已开通了免打扰服务，建议来电人进行留言或是等待住店客人取消"免电话打扰"服务之后再打。

（4）客人要求取消"免电话打扰"服务后，话务员要马上给客人做取消服务，同时在记录本上注明该客人取消服务的时间，做好上下班的交接工作。

（五）叫醒服务

酒店为住店客人提供全天24小时的叫醒服务。叫醒服务涉及客人的计划和行程安排，所以非常重要。话务员在为客人提供该项服务时一定要认真、仔细，避免出现差错，给客人和酒店带来麻烦和损失。

叫醒的主要方式有两种——人工叫醒和自动叫醒。

1. 人工叫醒

（1）接受客人的叫醒要求。问清客人的房号、需要叫醒的时间，并复述一遍与客人核对。

（2）填写叫醒记录单，内容包括房号、时间、（话务员）签名。要求书写要规范，避免潦草，防止出现差错。

（3）在定时钟上准确定时。

（4）定时钟鸣响，话务员接通客房分机，叫醒宾客。例如，"早上好，先生。现在是 × 点 × 分，您的叫醒时间已经到了。"完成一个叫醒服务，要在记录单上标注好，以提示已经做过叫醒服务。

（5）核对叫醒记录，以免出现差错。

（6）若客房内无人应答，5分钟后再叫一次，若仍无人回话，则应立即通知大堂经理或楼层服务员前往客房实地察看，查明原因。

（7）在提供人工叫醒时，话务员要用声音给客人留下一个美好的印象，利用叫醒服务那短短的时间，为客人提供更人性化的服务，例如，在叫醒过程中，可以将今天的天气情况告诉客人，提醒客人增减衣物等。

2. 自动叫醒

（1）受理宾客要求叫醒的预订，问清客人的房号及具体叫醒时间，并复述与客人核对。有的酒店宾客可根据服务指南直接在客房内的电话机上自己确定叫醒时间。

（2）填写叫醒记录单，记录叫醒日期、房号、时间，记录时间，话务员签名。书写字迹清楚规范，以免发生错误。

（3）及时将叫醒要求输入计算机，并检查屏幕及打印记录是否准确。

（4）夜班话务员应将叫醒记录按时间顺序整理记录在交接班本上，整理、输入、核对并签字。

（5）话务员应在当日最早叫醒时间之前，检查叫醒机是否正常工作，打印机是否正常打印；若发现问题，应及时通知工程部。如果自动叫醒设备出现障碍，立刻进行人工叫醒。

（6）注意查看叫醒无人应答的房间号码，及时通知客房中心或大堂副理，进行敲门叫醒，并在交接班本上做记录。

（7）对于叫醒服务的记录要进行存档。

3. 叫醒服务容易出现的问题及对策

叫醒服务在实施过程中，容易发生一些失误而引起客人的投诉，对于这项服务酒店应该加强管理，减少叫醒失误的发生。

（1）叫醒失误的原因主要分为酒店方面的原因和客人方面的原因。

酒店方面的原因有：①话务员的漏叫；②话务员做了记录，但是忘记输入电脑，造成自动叫醒无法进行；③叫醒记录单上的字迹过于潦草，或是受理客人叫醒服务要求时误听或误写，输入电脑时输错房号或是时间；④叫醒设施系统出现故障。

客人方面的原因有：①客人在提出叫醒要求时，将自己的房号说错；②客房内的电话听筒没有放好，造成电话无法振铃；③客人睡觉太沉，电话铃声没有听见。

（2）为了避免叫醒失误或减少失误率，酒店可从以下几方面采取积极的应对措施：①经常检查计算机运行状况，及时通知有关人员排除故障。②客人报房号与叫醒时间时，接听人员应重复一遍，得到客人的确认。③遇到电话没有提机，通知客房服务员敲门叫醒。

还有一种情况，就是客人虽然听到了叫醒电话，但没有及时起床，结果误了事，反而责怪酒店服务员没有提供（或没有按时提供）叫醒服务，要求酒店对此负责，并赔偿损失。为了避免这类事件的发生，应做好叫醒服务的通话记录。另外，需要说明的是，叫醒服务不同于叫早服务，它是全天候24小时提供服务的，而不仅限于提供早晨的叫醒服务。

客人可能希望把叫醒要求告诉客房部的楼层服务员或前厅部的前台服务员。有些酒店的楼层报务员在为抵店客人提供房内服务时，应特意询问客人是否需要预订叫醒电话。楼层服务员或前台服务员在接受了客人的叫醒要求后，应填写叫醒登记表，然后把有关信息转告总机话务员。转告完毕后，还应把转告的时间、接电话的话务员姓名记录在叫醒登记表上。

（六）店内传呼服务

总机除了为客人提供服务之外，还可以对酒店各个部门进行联系和沟通，以保证酒店日常工作的顺利开展和进行。

现在很多的酒店都为服务人员配备呼机系统（电脑微机控制），当酒店内部有紧急事情需要转达时，总机话务员可以及时地通过呼机系统传达信息。这就要求总机话务员需熟悉各个部门呼机佩戴者的工作区域、安排及动向。

（七）充当酒店临时指挥中心

当酒店出现紧急情况时，总机房便成为酒店管理人员迅速控制局势，采取有效措施的临时指挥协调中心。话务员应按指令执行任务，注意做到以下几点。

（1）保持冷静，不惊慌。

（2）立即向报告者问清事情发生地点、时间，报告者身份、姓名，并迅速做好记录。

（3）即刻使用电话通报酒店有关领导（总经理、驻店经理等）和部门，并根据指令，迅速与市内相关部门（如消防、安全、公安等）紧急联系，随后，话务员应相互通报、传递所发生情况。

（4）坚守岗位，继续接听电话，并安抚宾客，稳定他们的情绪。

（5）详细记录紧急情况发生时的电话处理细节，以备事后检查，并加以归类、存档。

总之，总机房所提供的服务项目视酒店而异，有些酒店的总机房还负责背景音乐、闭路电视、收费电影的播放，监视火警报警装置和电梯运行等工作。

案例分析：

案例一：

五星级的员工，五星级的服务

10月15日23：00左右，礼宾部员工小李准备下班时，接到大堂经理的通知：一位住店客人需要一辆出租车。接到电话后他迅速安排一辆出租车到宾馆前门等候客人。就在客人准备上车时，细心的小李见客人的表情非常痛苦，于是判断他的身体可能出了问题。他立刻告知大堂经理，询问是否需要陪同客人一起去医院治疗。大堂经理经过现场的判断，同意小李陪同前往。于是小李放弃下班时间陪客人前往市二院接受治疗，经过医生诊断客人为肠道感染，需要立即输液。在此期间，小李寸步不离地照顾客人，为客人送水、陪客人上洗手间。一直到凌晨3点半客人才有所好转，身体的不适症状也得到了缓解。客人看完医生后，小李又陪同客人回到酒店。面对小李体贴周到的照顾，客人非常感动。虽然离家在外，他却在生病时得到了云台员工的细心照料，感受到了家的温暖。他紧紧握着小李的手，连声说："谢谢！通过五星级的员工让我感受到了真正的五星级服务！"

师傅提示：本案例中，员工的行为让客人感受到了家人般的关爱和温暖。通过此次住店的经历，客人感觉酒店员工不仅在宾馆内部提供细致周到的服务，而且还陪同客人至医院，在酒店外，让客人同样感受和享受到了酒店无微不至的服务，这样的服务深深地打动了客人的心。

案例二：

您的需要，我们努力的目标

4月12日晚，通过携程网预订酒店的许先生致电客房中心，投诉房间两台电脑无法同时上网，这样的设施连快捷酒店都不如。客房中心将此事反馈大堂。当班大堂经理接到电话后，立即致电许先生并送上致歉水果，建议客人如果急用电脑可以到商务中心免费使用宽带。大堂经理安抚客人后，便联系工程部耿经理询问如何解决客人所提出的问题，耿经理告知可在房间临时安装无线宽带接入器。于是大堂经理在征得客人同意后，带着工程人员到许先生房间安装设备，许先生表示目前不需要两台电脑同时使用宽带，但是对宾馆重视他所提出的问题表示感谢。事后，大堂经理联系客房建议购置少量简易无线路由器以方便客人使用，防止类似事件再次发生，提高宾馆的综合服务质量。

师傅提示："做好服务，让宾客满意"，一直是宾馆员工奋斗的目标。宾客会提出各种各样的要求，我们不能仅仅满足当下的要求，而要由此引申开来，未雨绸缪，防患于

未然，弥补我们服务中的不足，积累更多的经验，使我们的工作和服务日趋完善。

案例三：

叫早观日出

在泰山之巅南天门附近有一座酒店，它有一个令人陶醉的名字：神憩宾馆，这是目前我国唯一的建于高山顶上的三星级涉外宾馆。登泰山，可以放眼看天下，可以欣赏瞬息万变的云海晚霞，但最迷人的还数观看日出。从泰山顶上观看红日从地平线跳出，然后冉冉升腾成一颗通红的火球，真是人间一大乐事。住在神憩宾馆的客人几乎都是冲着观日出而来的。泰山旅游，从山脚到中天门有车子送；从中天门到南天门可以乘坐观览车。从上海某大学来的两名学生却是汽车不坐、缆车不乘，从早8点起开始步行登山，一路走走看看，爬到山顶已是当晚6点。到了神憩宾馆，他们累得两腿像灌了铅似的沉重，随便吃了点东西便倒在床上。他们担心第二天早上4点钟醒不了，赶不上观日出。两个小伙子实在太累了，头一触枕便呼呼入睡。也不知过了多久，耳畔隐约传来"砰、砰"的敲门声，打断了他们的梦香，只听得门外有人轻轻喊道："各位客人，请起床啦！看日出得赶快啊！"两个小伙子醒醒神儿猛然想起时间到了，便一骨碌从床上爬起，抄起两用衫就往屋外冲。此时，走廊里服务员仍在挨房叫醒客人，小伙子低头一看手表：4点整！宾馆大堂处已有几位起得更早的客人在等候同伴。两个小伙子正要推开入口处的大门，总台服务员却叫住了他们："喂，两位先生，得穿棉大衣，清晨山顶极冷，不穿大衣会感冒。"两个小伙子犹豫了……"借用棉大衣是免费的，这是酒店的服务项目，快来取吧。"服务员热情地招呼道。两个大学生随着人流到达山顶，穿着清一色军绿棉大衣的游客已是人山人海，早上可真够冷的，山下34℃，山顶却在零度以下，没有棉大衣还真受不了。

师傅提示：

酒店的对客服务既是一门技术，也是一门艺术。本例中神憩宾馆凌晨向每位客人提供叫醒服务和免费出租棉大衣是两个极有特色的服务项目。"顾客满意理论"告诉我们，顾客的满意程度，取决于顾客实际享受到的价值是否大于顾客的期望值，实际享受价值高于顾客的期望值，顾客的满意程度就高，反之，则低。神憩宾馆为两位大学生带来了两项意外惊喜，一是他们并没有要求"叫早"服务，但宾馆却为他们想到了；二是凌晨观"日出"天气寒冷，宾馆提供了棉衣借用服务。而且突破一般宾馆的惯例，免费借用，客人感受到意外的惊喜，也得到了超值享受。

在异常激烈的市场竞争中，各家酒店都要有一些过硬的"拳头产品"。此类"产品"的开发，当突出"特""新""奇"几点，必须站在客人的角度，最大限度地满足客人的各种要求。目前，我国酒店服务内容过于贫乏。大多数酒店着眼于毫无个性的规范化服务，不考虑本酒店客人的具体需求，更不去重视个别客人的特殊要求。神憩宾馆能够结合本店客人观看日出的需求，在服务内容中增加这两个项目，很能给人以启迪。全国各大酒店的服务项目中，应设法补充一些本店客人普遍渴求的内容，并尽可能满足个别客人的特殊需求。

**【课外拓展】**

酒店商务中心发展新思路

新经济时代是一个网络化的时代，近年来酒店业一些有识之士不无担忧地自省："商务中心还会继续存在下去吗？"这不是毫无根据的疑虑。在现实经营中，尤其是有些发达国家酒店的商务中心生意清淡，有些经营者自嘲地调侃道："我们商务中心设备齐全，唯一缺少的就是顾客。"

如今周游世界的商务旅行者手中的公文包，实际上就是一个包罗万象的"办公室"。这个"办公室"的主体就是一台能插在电话机上的笔记本电脑。如果配上一个高速调制解调器，商务客人就可以在客房里与全球各地进行他所需要的业务联系。打印机也变得越来越小，一台微型打印机可以对各类文稿进行复制。当然，他们还有先进的移动计算机网络，如果需要什么信息的话，只需点击一下，就可以连接到任何媒体、公共机构、跨国公司以及其他在线服务。

商贸活动正向全球化快速发展，而全球酒店的商务中心却出现滑坡迹象，这就变得耐人寻味、值得深思了。面对庞大的商务客流，酒店要以满足当代商务客人的需求为切入点，进行改革和创新，跳出"商务中心"的狭隘圈子，从酒店整体的平台上，提供全方位的商务服务，使商务客人高度满意。从当前发展趋势来看，有以下三个主要方向：

1. 增强商务设备设施的自助化程度

餐厅有自助餐，商务中心和客房——尤其是客房，则更要有自助商务服务。随着计算机技术和互联网的发展，有一部分过去由酒店商务中心提供的服务，现在可以通过笔记本计算机完成。因此，在客房提供高速互联网的连接，对商务酒店来说，已显得越来越重要了。

酒店商务楼层的休息室，本来是供商务客人吃早餐和读报、休憩、喝咖啡的场所。现在已出现了将其作为临时办公室和开会地点的趋势，酒店为之提供完整的商务设备及24 小时服务。

2. 商务中心服务重点的转变

在发达国家看似有点萧条的商务中心并没有"寿终正寝"，而是实现了功能转移，即它不再作为提供商务服务的主要场所，而是成为技术支持和帮助的提供者。

在酒店业中，从金钥匙的委托服务衍生出专门为商务客人提供计算机技术服务的"技术侍从"。一旦客人的笔记本电脑遇到麻烦或其他电子技术问题，这些计算机天才们可以随叫随到，当即排除故障，保证客人顺利工作。

世界上绝大多数酒店还没有、也没有必要为每间客房配置那么齐全的设备，有的商务中心就购置一些便携型的办公和通信设备，供客人租借，拿回自己房间使用。

需要特别提到的是，为会议提供支持和帮助是当今商务中心"雄起"的一个极为重要的新的服务领域。商务中心不能只是被动地等客上门，更要主动、热情、全面地为在酒店里举办的各类会议活动提供技术服务和其他各种劳务，如文本的打印、校对和复印等。这些都应列入酒店的营销计划之中。总之，商务中心要以参与者的身份热情投入，当好主办单位的秘书。

3. 酒店商务中心要关注当代科技发展的动向，及时进行设备设施的更新换代

由于便携化的一般设备用品已经普及，所以商务中心要注重一些大型设备的先进性和较复杂的服务。如四色打印和文本的高级装订等，都是常会遇到的业务。此外，大批量复印、印名片、激光打印、上网和租用洽谈室也依然存在。这些项目很普遍，关键在于服务效率、服务态度和服务价格三者的优质组合。

徒弟记忆：

前厅的一系列住店服务是为了给客人在酒店居住期间的生活能够提供方便，体现的是酒店一切为客人的服务理念。

本节需要对电话服务进行总体把握，能够根据学习的内容对具体案例进行综合分析。

【拓展应用】

1. 有人说手机现在已经普及了，没必要在酒店中配备固定电话了，你怎么看？
2. 针对酒店中的一些电话损坏，影响用户体验问题，怎么处理？
3. 酒店还有哪些服务是必不可少的？请简要分析。

📚 项目练习

案例题：

6月17日中午，前台接待小刘当班，迎面走来一位先生询问房价，在小刘的推荐下，客人入住了宾馆。

办理好入住后，程先生询问机场大巴的时刻表，小刘提醒程先生需要根据航班时间才能查询大巴时间，程先生说："哦，那就等买了机票再说吧，可以先把行李寄存在这里吗？那样就不用拿到房间了。"小刘表示可以，于是立即通知礼宾部小孙将客人行李寄存起来并引领客人至商务中心，帮助客人订购机票。此后，细心的小刘又致电客人房间，并再次与客人确认航班时间以及大巴时刻。

18日，小刘下午班，接班后的小刘发现昨天办理入住的程先生还没有退房，查看行李房客人寄存的行李也在，可是程先生要乘坐的大巴发车时间已临近了，此时小刘脑子绷了一根弦，立马致电客人房间，程先生接过电话着急地说："知道了，我的一个行李不知道去哪了，找到了就下去退房。"小刘提醒道："是不是您昨日寄存的行李啊！"

此时客人恍然大悟，边笑边说自己一着急忘了。为了能帮客人快速办理退房手续，小刘提前为客人准备好账单，通知客房提前在客人房间外等待查房。几分钟后，程先生顺利退房，小刘通知礼宾员将程先生送上机场巴士，此时小刘看见了程先生满意的笑容。

师傅提示：员工在接班时非常认真仔细，能够及时发现自己办理的住客房客人的动态，想客人之所想，第一时间打电话提醒客人，真正做到了一站式的服务，让客人在入住期间感到轻松愉悦。

项目实训

实训名称：叫醒服务

实训目的：通过叫醒服务实训，使学生掌握叫醒服务的程序和标准，熟练操作和运用。

实训内容：按照总机人工叫醒服务程序和标准模拟实训。教师讲解示范，两个同学为一组，进行角色扮演，设计模拟情景，分别扮演客人和话务员进行对话模拟训练。学生间进行点评，教师给予指导、纠正。

实训准备：留言簿、笔、电话

实训考核：

序号	考核内容	评分标准	配分	扣分	得分
1	工作准备	全面、具体、有针对性	10分		
2	仪容仪表仪态	着装规范、仪态大方、自然得体、面带微笑	10分		
3	询问信息	信息完整、详实	20分		
4	复述信息	信息无误	40分		
5	人工叫醒	规范、礼貌	10分		
6	语言表达	口齿清晰有条理	10分		
7	合计		100分		

模 块 六

离店结账服务

项目一　贵重物品寄存服务

【企业标准】

在酒店服务中，贵重物品的寄存是酒店提供的正常服务，也是反映酒店服务质量的一个关键因素。本节的学习，学生要掌握基础的贵重物品寄存流程，提高服务质量。

【师傅要求】

1. 贵重物品保管。
2. 客用保管箱钥匙遗失的处理。
3. 客人贵重物品丢失的责任问题。

【师徒互动】

为了保证客人在入住期间贵重物品的安全问题，保障客人和旅游酒店的合法权益，国家旅游酒店行业规范中有如下规定："第五章第十七条——酒店应当在前厅处设置有双锁的客人贵重物品保险箱。贵重物品保险箱的位置应当安全、方便、隐蔽、能够保护客人的隐私。酒店应当按照规定的时限免费提供入住客人贵重物品的保管服务。第十八条——酒店应当对住店客人贵重物品的保管服务做出书面规定，并在客人办理入住登记时予以提示。违反第十七条和本条规定，造成客人贵重物品灭失的，酒店应当承担赔偿责任。第十九条——客人寄存贵重物品时，酒店应当要求客人填写贵重物品寄存单，并办理有关手续。第二十条——客房内设置的保险箱仅为客人提供存放一般物品之用。对没有按规定存放在酒店前厅贵重物品保险箱内而在客房里灭失、毁损的客人的贵重物品，如果责任在酒店一方，可视为一般物品予以赔偿。第二十一条——如无事先约定，在客人结账退房离开酒店以后，酒店可以将客人寄存在贵重物品保险箱内的物品取出，并按照有关规定处理。酒店应当将此条规定在客人贵重物品寄存单上明示。第二十二条——客人如果遗失酒店贵重物品保险箱的钥匙，除赔偿锁匙成本费用外，酒店还可以要求客人承担维修保险箱的费用。"

另根据《中华人民共和国星级酒店评定标准》规定，三星级以上（含三星）酒店应具备由酒店和客人同时开启的贵重物品保险箱。实际上也就是为客人提供贵重物品寄存服务，这也是酒店能为客人提供的最后一道财物安全防线。

一、贵重物品保管

师傅讲授：

酒店通常为客人提供客用安全保管箱（Safe Deposit Box），供客人免费寄存贵重物品。酒店为住客通常免费提供两种形式的贵重物品保管服务。一种是设在客房内的小型保险箱，现在比较普遍的有电子密码式、磁卡式保险箱，操作简单，方便使用；另一种则是设在前台的客用保管箱，由收款员负责此项服务。它是带一个个小保管箱的橱柜。小保管箱的数量，一般按酒店客房数的15%~20%来配备，如果酒店的长住户或商务散客比较多，那么，其数量可增加一些。

通常，客用安全保管箱放置在前厅总台收银处后面或旁边一间僻静、单独的房间，由收银员负责此项服务工作。贵重物品保管箱钥匙系统一般为"子母制"，总钥匙和子钥匙分别由收银员和客人本人保管，只有这两把钥匙同时使用才能打开和锁上保管箱。

（一）贵重物品寄存流程

（1）当宾客办理入住登记时，前台接待应礼貌地提醒宾客将贵重物品放入客房保险箱或前台贵重物品寄存室内。

（2）遇有宾客至前台提出要寄存贵重物品时，前台接待应陪同宾客当面检查寄存物品的内容与数量，并在贵重物品寄存单上填写清楚。

（3）宾客在贵重物品寄存单上签名确认后，前台接待陪同宾客将物品锁入贵重物品保险箱内，并将钥匙交与宾客。

（4）如遇有宾客不愿透露贵重物品的具体情况，则须让宾客填写寄存证明书并亲笔签名以示认可。

（5）当宾客需要提取寄存的贵重物品时，应先核对宾客身份并请宾客出示房卡和钥匙，然后由前台当班接待陪同开启保险箱，并与宾客当面点清物品，请宾客在贵重物品寄存单上签名确认。

（6）当遇有宾客丢失保险箱钥匙，应立即通知大堂副理和保安部，由他们陪同宾客共同检查宾客的贵重物品寄存单，核对无误后通知工程部当面打开宾客保险箱，并请宾

客当面点清物品后在贵重物品寄存单上签名确认；最后，委婉地向宾客提出对丢失保险箱钥匙进行赔偿，并在物品赔偿单上签名确认。

（二）保管箱的启用程序

（1）礼貌问候客人，问清需要什么服务。

（2）当客人需用保管箱保存贵重物品时，须先请客人出示房卡，以证明其为住店客人（只有住店客人方可免费提供贵重物品寄存）。

（3）确认离店日期，然后取出一张贵重物品寄存单（见表6-1），在寄存单上须填写保险箱号、客人姓名、房号、日期、时间、经办人姓名，并请客人在寄存单的下方签字确认，介绍使用须知和注意事项。

（4）检查寄存单，确认无漏填项目后，递给客人一把与其箱号一致的保管箱钥匙，当面与其一同开启保管箱，让客人将物品放入保管箱内，注意适当回避。

（5）客人存放完物品后，再与其用两把钥匙锁好箱门，并请客人确认已锁好，然后取下钥匙，将客用保管箱钥匙和寄存单的宾客联交于客人保管，礼貌地提醒客人要注意钥匙的保管与安全。

（6）为客人开门，向客人道别。

（7）总钥匙由收银处保管，寄存单的酒店联存入指定的专用抽屉。

（8）每个班次均应统计、核定全部保管箱使用、损坏状况并在保管箱使用登记本记录各项内容。

表6-1　贵重物品寄存单（正面）

客人贵重物品寄存单				
箱号	客人姓名	房间号码	日期	时间
客人签名	收银员签名	备注		

贵重物品寄存单（反面）

从保管箱取出后退箱，我认可已取走所有存放物品。

日期＿＿＿＿＿＿＿　　客人签名＿＿＿＿＿＿＿
时间＿＿＿＿＿＿＿　　收银员签名＿＿＿＿＿＿＿

（三）保管箱中途开箱程序

当客人存入贵重物品后，后再次或多次使用时，程序如下。

（1）礼貌问候，问清其需要服务。

（2）为客人开门，客人进入后，收银员关上门。

（3）请客人出示房卡、客用保管箱钥匙及贵重物品寄存单宾客联，按编号在专用抽屉内找到同编号的酒店联，取出寄存单副本（见表6-2），在登记卡上依次填写开箱日期、时间、经手人签字，请客人在此卡背面使用栏中签字。非客人本人前来，开箱经办人可拒办。

（4）认真核对客人签名无误后，当着客人的面用两把钥匙将保管箱打开，请客人再次使用。

（5）客人存取完毕后，再当着客人的面用两把钥匙将保管箱锁上，客用钥匙交还给客人保管，宾客联还给客人。并礼貌地提醒客人注意钥匙的保管和安全。

（6）为客人开门，向客人道别，关门。

（7）将填写过的副本与正本一起放回专用抽屉。

表6-2 贵重物品寄存单（副本）

当您中途使用保管箱时，请在此卡上签名 客人签名_____ 收银员签名_____ 时间_____	保险箱号码_____ 房间号码_____ 日期_____

（四）保管箱的退箱程序

客人结束使用保险箱，即退箱程序如下。

（1）按照客人姓氏的第一个字母和保险箱号码找出客人的登记卡，请客人在此卡背后"结束使用保险箱"处签字认可。

（2）核对客人前后签字笔迹是否相符，如相符，方可开箱。

（3）客人从保险箱内取完物品后，工作人员再次检查保险箱，确保客人的物品已全部取走，然后锁上保险箱，将保险箱钥匙放回存放柜中。

（4）总台服务人员在客人取消的登记卡背后右下角签字，注明日期、时间，并在登记卡中间的空余栏目中画上"z"，取消其使用空间。

（5）在停用保险箱登记本上逐项登记，包括日期、房间号、保险箱号、时间及工作人员签名。

（6）将登记卡存档。

（7）每周一上交财务部门复查。

二、保险箱钥匙遗失的处理

若客人遗失了保险箱的钥匙，酒店一般都有明文规定要求客人做出经济赔偿，例如在寄存单正面上标明，或在寄存处的墙上用布告显示有关赔偿规定，以减少处理过程中有可能出现的麻烦。若客人将保险箱钥匙遗失，又要存取物品时，必须征得客人赔偿的同意后，在客人、当班收银员及酒店保安人员在场的情况下，由酒店工程部有关人员将该保险箱的锁做破坏性钻开，并做好记录，以备核查。

三、客人贵重物品丢失的处理

尽管酒店为保障客人的财产安全，设立了贵重物品保险箱，并由专人负责，但也不能确保客人的贵重物品万无一失。一旦发生贵重物品失窃事件，酒店应遵循国际酒店协会于1981年11月2日在尼泊尔加德满都通过的《国际酒店法》中的有关规定："如果客人及时得到报告，酒店对贵重物品的赔偿应有合理的限度。"这就说明，一方面酒店对客人的贵重物品在一定条件下负有赔偿责任，但另一方面，这种赔偿应有"合理的限度"。因此，酒店可规定对客人贵重物品的最高赔偿限额，并将这一限额告知客人（如在贵重物品保管单说明事项中），这样做双方都可理解和接受，以免出现不必要的纠纷。

徒弟记忆：

1. 了解贵重物品寄存的基本流程
2. 掌握贵重物品的处理问题
3. 熟悉紧急情况处理问题

【拓展应用】

1. 贵重物品主要包含哪些？
2. 谈谈你对贵重物品处理流程的看法。
3. 如果你是服务员，贵重物品丢失，你应该怎么及时处理？

项目二　客账管理与外币兑换服务

【企业标准】

在进行外币兑换服务学习时，学生首先要了解酒店基本的客账管理服务和管理流程，这是外币兑换服务进行的基础，本节的学习除了掌握这些之外，学生对外币兑换的基本流程要重点把握。

【师傅要求】

1. 客账服务。
2. 客账服务的基本流程。
3. 外币兑换服务。

【师徒互动】

前厅的客账管理工作是一项十分复杂而又至关重要的工作。有效的管理账目不仅可以反映酒店业务经营活动的状况，同时保障酒店经济利益不受侵害。另外，合理而完善的客账管理制度也能体现酒店整体的经营服务水平和经营效率。客人的账单可以在预订客房时建立（预付款或预订金）或是在办理入住登记手续时建立。

一、客账及客账类型

师傅讲授：

客账是指住店客人在住店期间所发生的房费及其他费用的账目。建立客账就是为了记录客人与酒店之间的财务关系，以保证酒店及时准确地得到营业收入。客人预订登记或入住时，前台收银员根据宾客通知单的要求而设立客账账户，设立客账账户时要注意以下 8 个要素：①客人姓名或团队名称；②房间号码；③房间单价；④用房间数；⑤住店日期；⑥离店日期；⑦住店人数；⑧结账方式。

以上这 8 个要素是作为立账的基础信息，要求准备无误地记录。避免客人消费或结账时产生不必要的麻烦，与酒店发生经济纠纷；同时，清楚准确的客户信息也是酒店建立客人档案的基础材料，一旦发生客人逃账、漏账情况，可根据账户信息有效地追讨。

客账按酒店财务会计核算方法可分为以下两类。

（一）寓客账

寓客账指尚未退房的住店客人的客账。客人在入住期间产生现金支付外消费行为时要求挂账，可请客人出示可挂账房卡，请客人在账单上签字，并写清挂账房号，核对客人账单签字是否与挂账房卡签字相符，房号是否相符、是否过期，核对无误后收银员在账单上盖"转账房卡已核"章，并及时送至前台收银处，记录进客人客账，以防客人提前退房造成坏账及客人逃账、漏账。

（二）外客账

外客账指已退房但尚未结账的客人的客账。外客账一般是由酒店财务部与旅行社或委托单位直接进行结算。酒店外客账主要是针对信誉好的客户、旅行社或酒店贵宾制定的一种核算方式。给予其在本酒店消费的授信额度和结账方便，其最终目的是方便酒店客

人的消费手续以保障和增加酒店的收入。酒店外客账控制与管理的重点在于严格对授信单位、旅行社等主体的资格信誉、规模评估，规范外客账挂账手续和抓紧外客账资金的回笼。

二、负责客账管理的部门

师傅讲授：

具体负责客账管理工作的是酒店前厅的收银处。收银处一般由领班、收银员和外币兑换员组成。其业务性质和业务范围决定了它一般直接归属于酒店财务部，受其领导和分配。收银处的员工要严格按照财务部的要求持证上岗。但由于其工作地点在前厅，处于前厅对客服务的第一线岗位，与同处于前厅的接待处、问询处等都有着不可分割的联系，因此，也就构成了前厅的一个重要组成部分，受前厅部的统一安排和指挥。为确保每日结清客人在店期间所发生的费用，保证客人全部赊欠账款按期回收，避免逃账漏账及工作失误，总台账务人员必须要认真执行客账管理制度和规程，加强与相关部门和岗位的协调合作，接受财务部的审核、监督，确保酒店利益和客人利益均不受到损害。

收银处是酒店业务运行过程中的财务处理中心，主要是要做好宾客账单的管理工作即客账管理。收银处的具体职责包括办理客人离店时的离店结账手续，收取客人在店期间一切消费费用，收回客房房卡、核实客人的信用卡、负责应收账款的转账、外币兑换服务等工作内容；客人贵重物品保管；与酒店一切营业部门的收款员联系，催收核实账单；夜间审核全酒店的营业收入及账务情况。一般来说，前厅需为住店客户分别建立账户，根据各营业部门转来的客账资料，及时准确记录宾客在住店期间发生的各项费用，且进行每日核计、累加，保持账目的准确，以求在宾客离店时为其顺畅地办理结账事宜。因此，准确的客账记录也是客人离店结账环节顺利进行的一个先决条件。

由此可见，负责客账管理的收银处在整个前厅的作用是十分明显和重要的，对此，也要求收银处的工作人员不但要具备相当的业务知识和处理问题的能力，还要遵守酒店的相关规章制度，具有较强的沟通意识和服务理念。

（一）收银处员工必须具备良好的服务意识

作为酒店的门面，收银处服务质量的好坏具有深远的意义。不仅会给客人在登记入住时产生第一印象，同时也是客人离店时最后提供服务的环节，会对客人产生持续的影响。因此，收银处员工要格外强化自身的服务意识，加强服务理念，力求做到热情、细致、周到，落落大方、彬彬有礼、笑容可掬，爱岗敬业，认真负责地做好本职工作。

（二）加强业务能力建设

收银处员工必须有勤奋好学、探索求知的精神，不断提高自己的专业素养，拓宽自己的知识面，以求更好地为顾客服务。

（三）具有较强的语言能力

收银处员工必须有良好的语言理解、表达能力及交流沟通能力。最好是能掌握或听懂一些地方方言，能熟练运用一至两门外语。

（四）按照酒店的规定着装，注意仪表仪容

收银处员工必须着公司规定的制服，且保持干净、整洁；冷天时，所穿的保暖内衣需保持不露在制服外，在衣袋中不放与工作无关的物品；工牌须端正地佩戴在最外面的制服左胸区域，并保持光亮无破损。头发、面容、手指甲、鞋袜、饰物等需符合酒店统一要求。

（五）要经过财务部的培训，持证上岗

收银处员工在上岗前必须了解前厅的主要职责以及和其他部门的接口，了解财务部的员工应具备的基本素质要求，掌握财务核算方法及程序。

在实际工作中，各酒店都会对收银处的员工有着具体而细致的要求，只有严格的规范、系统的管理制度及优秀的员工，才能保证收银处工作的有效开展。

三、客账记录的方法与要求

为了避免工作中因差错而发生逃账漏账情况，前台收银处的客账工作必须按照一套完整的管理制度来进行，并主动联系各业务部门，依靠各业务部门的配合及财务部的审核监察。具体客账记录的方法和要求如下。

师傅讲授：

（一）账户清楚

前厅接待处给每位登记入住的客人设立一个账户（见表6-3），供收银处记录客人在住店期间的房租及其他各项消费（现金结算的服务除外）。这个账户是酒店编制各类财务报表的重要资料来源，也是客人离店结账的重要依据。通常，酒店为散客开设个人账户，为旅游团队开设团队账户。旅游团队的客人在酒店的住宿费、按标准用餐的餐费多由旅行社支付，属于团队账户内项目，最终由旅行社和酒店进行账目核算。团队客人在住宿期间的其他费用，包括电话费、在客房或酒吧消费的饮料食品费，以及超过订餐标准，按照用餐客人要求添加的饮品或菜肴费用，都属于客人自付项目，这时要为团队

客人单独设立个人账户，记录其单独消费。需要注意的是，该账户的基本内容一定要清楚、准确。客人的姓名、房号一定要与住宿登记表相一致。

表 6-3　宾客分户账单

房号		姓名				备注	***酒店 地址： 电话： 传真：
房租		抵店 日期		离店 日期			
日期	借方						贷方	余额
	房租	服务费	餐饮	洗衣	电话	电传 传真	其他	小计		
住客签名		地址				钥匙请交服务台	最终余额
付款单位							

（二）转账迅速

对于绝大多数客人来说，在酒店停留的时间短，几天时间发生的费用项目多，每位客人一系列的消费都要在这短短的几天甚至几个小时内发生，这就要求转账要迅速。将住店客人在酒店内不同时间、不同消费地点发生的各项费用统一结账，这是酒店为方便客人结账提供的一种特殊服务。转账大致有以下两种形式。

1.店内转账

为方便住店客人的各项消费活动，客人在店内所有消费账单均由其签字认可，并注明房号，转到总台收银处统一结账。

2.转外客账

根据客人要求，客人在酒店内有关消费项目，均由旅行社（或委托单位）统一结账。在办理外客转账时，应该注明转账单位名称、地址、电话号码、邮政编码、经办人姓名等有关内容，避免出现错账。

对于以上两种转账方式，最基本的要求就是迅速。各部门要在费用产生之后，在规定时间范围内将客人的账单送到前厅收银处，防止跑账、漏账现象的发生，进一步保证结账及时准确。现在，更多的酒店采用了电算化的财务管理系统，客人只要发生消费，各营业点的收银员可将账单（包括客人姓名、房号、消费金额、消费时间等信息）输入电脑，前厅收银处就能显示该客人当前的消费额度累计，这也在一定程度上降低了逃账的可能性，同时大大地提高了工作效率，有助于客账的快速转移和结算。

（三）记账准确

客人在酒店的入住期间所产生的费用主要包括：房费、饮食费、电话、传真、洗衣费用等方面。这些项目除了客人可以用现金结算外，都可以通过客人签字确认后由各部门转入前厅收银处。从前台为客人建立客账开始，即要开始记录客人的每一项消费。这就要求我们要做到记账准确，客人姓名、房号、地址、消费项目、消费金额、消费时间等细节一定要写清楚，必须和客人账户相一致。如果记账不准，不但会使酒店的经济收益产生损失，更重要的是会降低客人对酒店的信任程度和喜爱程度，甚至会产生负面的消极影响。

四、客账流程及控制

师傅讲授：

现代酒店基本都采用一账到底的客账管理方法，即在客人预订或入住时为其开设个人账户，住店期间发生的相关费用都可以用客人签单确认的形式记入账户，离店时统一核算结账。这种方式不但能够给客人在住店期间提供便捷的消费服务，同时也能保障酒店的经济利益不受损害，被世界各国旅游酒店业广泛采用。

（一）立账

客人预订或入住时，总台收银员根据"住宿登记单"的要求而设立的客账账户。在我国，住宿登记表大体分为《国内旅客住宿登记表》《境外旅客临时住宿登记表》和《团体人员住宿登记表》这三种（见表6-4~表6-6）。

前厅接待人员为客人安排客房、核实房价、确认付款方式后，将"入住登记单"的财务联移交到前厅收银处，前台收银员根据接待员转来"住宿登记单"按计划住宿天数向宾客收取住宿押金作为建立客账的原始资料，据此设立个人账户。同时开具"预收住宿押金收据"，一式三联，一联留存，将押金金额埋入住宿登记单内，与住宿登记单装入账单箱内，二联交给客人，三联交财务部作交款附件，并及时记入电脑。

注意事项：收银员应认真检查、核实客人资料，如：姓名、房号、房价、住店日期、离店日期、付款方式等。如有疑问，要立即与前厅接待员联系，以便核实。

表 6-4　国内旅客住宿登记表

编号：　　　　　　房号：　　　　　　　房租：

姓名	性别	年龄	籍贯	工作单位	职业
			省市县		
户口地址				从何处来	
身份证或其他有效证件				证件号码	
抵店日期			离店日期		

同宿人	姓名	性别	年龄	关系	备注	

请注意：	结账方式：
1.退房时间是中午12：00	现金：
2.贵重物品请存放在前台保险箱内，阁下一切物品之遗失酒店概不负责	信用卡：
3.来访客人请在23：00前离开房间	支票：
4.退房请交回钥匙	客人签名：
5.房租不包括房间里的饮料	接待员：

填表人

表 6-5　境外旅客临时住宿登记表

REGISTRATION FORM OF TEMPORARY RESIDENCE FOR VISITORS

IN BLOCK LETTERS：　　　　　DAILY RATE：　　　　ROOM NO.：

SURNAME：	DATE OF BIRTH：	SEX：	NATIONALITY OR AREA：
OBJECT OF STAY：	DATE OF ARRIVAL：	DATE OF DEPARTURE：	COMPANY OR OCCUPATION：
HOME ADDRESS：			

PLEASE NOTE：	On checking out my account will be settled by：
1.Check out time is 12：00 noon.	CASH：
2.Safe deposit boxes are available at cashier counter at no charge，Hotel will not be responsible for any loss of your property.	T/A VOUCHER：
3.Visitors are requested to leave guest rooms by 11：00 P.M.	CREDIT CARD：
4.Room rate not including beverage in your room.	GUEST SIGNATURE：
5.Please return your room key to cashier counter after check-out.	

For clerk use

护照或证件名称：	号码：	签证种类：	签证号码：	签证有效期：
签证签发机关：	入境日期：	口岸：	接待单位：	

REMARKS：CLERK SIGNATURE：

表 6-6　团队人员住宿登记表

团队名称：　　　　　　　　　日期：　年　　月　　日　至　　月　　日

Name of group:　　　　　　　Date:　Year　Mon.　Day　Till　Mon　Day

房号 （ROOM NO.）	姓名 （NAME IN FULL）	性别 （SEX）	出生年月 （DATE OF BIRTH）	职业 （PROFESSION OR OCCUPATION）	国籍 （NATIONALITY）	护照号码 （PASSPORT NO.）
签证号码：机关：种类： 有效日期：入境日期：口岸：						

留宿单位：＿＿＿＿＿＿＿　　　　　　接待单位：＿＿＿＿＿＿＿

（二）入账

客账累计是入账的主要方法。散客或团队客人在住店期间所发生的费用，要分门别类地记入客人按房号设立的分账户，例如：客人应自付款项中的直拨电话费、洗衣费、传真费、餐饮费、健身娱乐费等；客人支付的预订金、预付款、转记其他客人分户账及应收账款，应分门别类地准确记入客人的分户账；核收店内各营业点传递来的各种账单（凭证），并逐项核准项目、单位名称、金额、日期、客人姓名、房号、客人签名及经手人签名等；将核准的账单（凭证）内容分别记入户账或总账单内。注意把结账时要交给客人的单据与分户账单收存在账夹内，其他单据按部门划分存收，交稽核组复核。

客账累计的方法如下。

（1）宾客住店期间所发生的费用，借记宾客分账户。

（2）宾客支付的定金、预付款、折扣等应贷记宾客分账户。

（3）检查各营业点传递来的账单（凭证）。

（4）将手续完备的账单（凭证）记入分户账内。

（5）团队结算按协议付账，通常做到"日清月结、一团一结"。

采用传统的手工入账形式，客人在店内发生消费后，由各部门营业员将账单传至前台收银处，由收银员登记入账。这种方式速度慢，且容易漏账。现代酒店多采用酒店财务软件对酒店日常营业进行管理，在此基础上，客人发生消费行为后，可由各部门营业员直接将账单传入电脑，前厅即可每日累计，汇总账目，自动入账。无论采取何种形式，酒店都必须建立严格的财务管理制度，规范员工行为和操作过程。

（三）客账控制

1. 夜审

夜审是指在夜间进行核算工作或从事夜间核算工作的人员。夜间审核的工作对象是各收银点的收银员以及各营业部门交来的单据、报表等资料，其工作目的是要有效地审核由于客人消费而产生的收入，保证当天酒店收益的真实正确、合理和合法。酒店前台工作紧张忙碌，收银员工作范围广，极容易出现错误。因此夜审需具有发现错误，查找根源的能力，以及一丝不苟的工作态度，核查上一个夜班以后所收到的账单，把房租登录在宾客账户上，并做好汇总和核查工作是客账管理和控制的重要一环（见图6-1）。

夜审的工作内容包括以下三点。

（1）审核各消费点的营业收入，并编制酒店营业收入报表。

（2）完成前厅、餐饮、康乐电脑清机。

（3）抽查各收银点备用金。

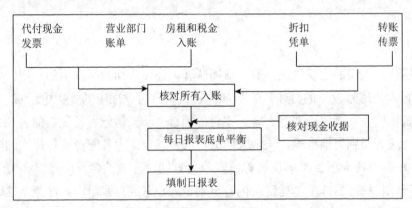

图6-1　夜审工作示意图

2. 日审

如果说夜审主要是监督收银员行为，那么有效的日审主要是监督夜审。虽然现在酒店的趋势是将日审与夜审合并，以节省人力，夜审的工作交电脑房（或其他人员，如大堂副理），其他审核工作、营业报表都转在白天做。但是，应该看到的是合并之后日审的工作量剧增，往往在监督方面存在漏洞，不利于客账管理；且其他人员（如大堂副理）不懂财务，无法胜任夜审工作，给酒店在管理上带来好多麻烦和弊病。因此，提倡严格将夜审、日审分开，以求客账准确。酒店前台日审工作主要如下。

（1）每日根据各营业收入日报表、各种结算单进一步审核汇总，并修改入账，保证每日收入的真实性、准确性。

（2）根据酒店各部门收入日报表汇总编制收入试算平衡表，检查各项收入的划分是否正确，检查是否存在没有入账的收入。

五、外币兑换服务

师傅讲授：

对于我国众多的宾馆酒店来说，并非家家酒店都必须提供外币兑换服务。现在此项服务也主要是四星级及四星级以上涉外酒店的增值服务，收入在其次，主要是更好地为外宾服务。可以说，这项服务是一项政策性和业务性都很强的工作，对于提供服务的工作人员也有非常高的要求，不但要具备较强的业务能力和实际操作能力，还要具备相当的服务意识和服务理念，另外还要具有外语对话能力。因此，只有当酒店经中国银行授权，人员具备的前提下，根据国家外汇管理局每日公布的外汇牌价，为住客提供外币兑换服务。

（一）外币及我国可兑换外币的种类

外币是外国货币的简称，是指本国货币以外的其他国家或地区的货币。包括外国账号和有价证券、在国内的外国货币的账号、外国的现款。外币兑换是对个人客户提供的一项柜台服务，包括买入外币、卖出外币和一种外币兑换成另一种外币。目前我国境内可收兑的外汇主要有欧元、英镑、美元、瑞士法郎、新加坡元、瑞典克朗、丹麦克朗、挪威克朗、日元、加拿大元、澳大利亚元、新西兰元、菲律宾比索、泰国铢、韩元、俄罗斯卢布、印度尼西亚卢比、巴西里亚尔、哈萨克斯坦坚戈、越南盾、柬埔寨瑞尔、蒙古图格里克 22 种外国货币及港币、澳门元、新台币共 25 种货币。宾馆酒店主要兑换美元、日元、港币、英镑、欧元现钞及旅行支票和信用卡。

（二）外币兑换员岗位职责和工作标准

岗位职责：代理外币兑换业务，为宾客提供热情、周到的服务。

主要工作：负责服务台外币兑换。

工作标准如下。

（1）外币兑换员须经银行鉴别方面的培训，持证上岗。

（2）遵守外币兑换的有关规章制度，执行酒店规范化服务标准。

（3）严格按操作程序兑换外币。

（4）每日收入要"长缴短补"，不得以长补短，发现长短款必须及时查明原因，及时向后台领班及大堂副理汇报，清点好备用金后再做交接班。

（5）不准私自套汇、兑换外币。

（6）每日结账后，将钥匙封存保管。

（三）外币兑换的程序

1. 现钞兑换

（1）负责兑换外币的员工热情接待前来兑换外币的客人，主动了解客人的需求，询问客人需要何种服务。

（2）询问其所持外币的种类，确认客人的外币是否为本酒店所接受的外币。

（3）请客人出示房卡和护照。原则上非住店宾客不予兑换，就餐或其他消费的宾客，只兑换相当于消费额的外币，并请其出示护照，留下地址。

（4）向客人报出当日的外币兑换汇率及一次兑换额度。

（5）问清客人要兑换的外币金额。

（6）清点并鉴别客人外币现钞，所收外币需完整、无破损、无裂纹，不准有乱涂乱画和胶带、纸带粘贴的痕迹。

（7）按要求填写"外币兑换水单"，一式四联（见表6-7），将外币的种类与金额、汇率、外汇折算、客人姓名、护照号码及房号等项内容填写清楚。

表6-7　外币兑换水单

No. _____

* * * HOTEL Foreign Exchange Voucher

外币兑换单

Guest Name 宾客姓名	Gender 性别	Nationality 国籍
Passport Number 护照号码	Room No. 房号	Date 日期

Currency Type 外币种类	Amount 金额	Exchange Rate 汇率	RMB 人民币

Guest Signature
客人签名

Cashier Signature
经手人签名

Total
合计

（8）客人在水单上签名，并核对房卡、护照与水单上的签字是否相符。

（9）把水单及外币现钞送交出纳复核、配款。经兑员根据水单的第一联对出纳的配款进行复核，确认无误之后把现金、水单、护照交给客人，请客人清点。

（10）向客人致谢道别，并询问是否还需要其他服务。

（11）每兑换一笔外币，要登记一笔，不得延误。登记在"外币兑换明细日报表"上备查。

2. 外汇旅行支票兑付

旅行支票是一种定额支票，属有价证券，通常由银行、旅行社发行。持有者在发行银行或旅行社分支机构、代理行及规定的兑换点，旅行支票的持有者可按规定手续兑换现金或支付费用。旅行支票的兑换程序如下。

（1）询问清楚客人的使用要求，并耐心解答。

（2）检查、核对其支票是否属可兑换或俸用之列，有无区域、时间限制。

（3）与客人核对，清点数额。

（4）请客人出示有效证件，并进行复签。查看复签笔迹是否与初签相一致。

（5）查清牌价，填制兑换单，并向客人说明要扣除的贴息。

（6）请客人在兑换单上签名确认。

（7）检查复核，无误后收下旅行支票，将兑换款额支付给客人。

3. 信用卡

目前酒店受理的信用卡主要有国内发行的长城卡、牡丹卡、银联卡等，香港汇丰银行的东美卡和万事达卡、南洋商业银行的发达卡；国外有美国花旗银行的大来卡、美国运通公司的运通卡，日本东海银行的百万信用卡、三和银行的 JCB 卡和维萨卡（VISA）等。

信用卡兑换程序如下。

（1）热情接待客人，询问客人需要何种服务。

（2）对客人的信用卡进行确认，即辨真伪、看清有效期等，并压卡。

（3）若客人的信用卡需要取授权号，则将信用卡上的号码、有效日期及支取金额及客人的国籍、证件号码等信息告知有关银行的授权中心，取得授权后方可承办；如未能取得授权，则须进行认真查阅。

（4）把取现单和水单交给客人签名，并与信用卡上的签名核对，确认无误后再递交给出纳进行配款。

（5）将配款与水单上的金额进行认真核对。

（6）把取现单、信用卡、第一联水单及现金交给客人。

（7）请客人核对，并致谢道别。

徒弟记忆：

1. 了解客账服务及其基本流程。

2. 掌握贵重物品寄存的服务流程。

3. 对外汇服务有一个系统性的认识。

应用拓展：

1. 分析客账服务在酒店管理中的地位。

2. 你认为客账管理服务为什么一定要在货币兑换服务之前？

3. 货币兑换服务如果遇到不通用货币，无法及时兑换时，你会怎样和顾客沟通？

项目三 离店退房服务

【企业标准】

酒店管理中，退房离店是最常见的一种服务，如何提高退房服务是提高入住率的主要保障之一，本节要求学生掌握基本的退房技巧。

【师傅要求】

1. 结账方式和程序。
2. 散客结账服务程序。
3. 团队结账服务程序。
4. 快速结账服务。
5. 即时消费结账。
6. 离店突发问题和处理。

【师徒互动】

对于入住酒店的客人来说，离店结账是与酒店进行的最后一个环节，却是能产生深刻印象的一个环节，做好客人离店结账工作是十分重要的。客人住店期间，全体员工千方百计地提供优质服务，如果在最后一刻，由于某一环节上的疏忽，而使客人对酒店的美好印象受到损害，那是十分令人遗憾的。让客人心满意足地离去是酒店的目标，满意而归的客人很可能成为酒店的回头客，酒店的良好声誉很大程度上取决于常客的间接宣传。

许多酒店规定办理结账退房的时间不得超过 3 分钟，要体现实效性。对于客人来说，都希望在最后环节能够得到快速、准确、人性化的服务。因此，作为酒店方有责任，也有义务提供完善合理的结账程序和环节。

目前酒店一般采用的是"一次结账"收款方式。也就是说宾客在住店期间所产生的费用逐日累计，在退房离店时一次结算。这种方式无论对宾客还是对酒店，都是非常省时便利的，能有效地防止逃单，有助于工作效率的提高。

一、结账方式和程序

酒店结账方式一般有以下四种。

师傅讲授：

（一）现金结账

收现金时应注意辨别真假、币面是否完整无损；外币应确认币别，按当天汇率折算，缺角和被涂画明显的外币拒收；除人民币外，其他币别硬币不接受。

1. 礼貌迎客

（1）礼貌地询问客人的姓名、房号，请客人出示钥匙牌或房卡。

（2）计算客人住店期间的所有消费额，同时开列"现金结账单"。

（3）请客人确认并签字。

2. 唱收现金

客人将现金交给收银员时，收银员应唱收现金数量（如果是外币现金，则应在账单上加盖"外币币种"字样的印章），并验钞。

3. 复核交还客单

（1）依据账单复核钱款数额无误后，收下现金并唱付找零，开发票。

（2）在客单上盖"付讫"字样的印章后，把客单的客人联与找零一起交还给客人。

4. 保存客单

保存好客单的其余联，以备审核、统计；礼貌道别。

（二）信用卡结账

（1）礼貌地询问客人的姓名、房号，请客人出示钥匙牌或房卡。

（2）拿出客人登记卡和账单，确认客人账目信息和付账方式。

（3）礼貌地询问客人是否产生了其他消费，如房间酒水等，如果有消费要立刻入账，打印最新账单请客人核对。

（4）询问客人是否还用原来的付账方式结账。

（5）检查卡的有效期和是否在接受使用范围内的信用卡，查核该卡是否已被列入止付名单内。

（6）检查信用卡的有效日期及适用范围；检查持卡人消费总额是否超过该信用卡的最高限额（若超额，应向银行申请授权）。

（7）如果客人还用入住时刷过的信用卡付账，有礼貌地向客人再次借用信用卡，核对授权是否充足，在登记卡后面会有相应的记录。如果结账金额超过授权金额，必须再要一次授权；如果客人用另外的信用卡结账，拿到信用卡后，核对有效期，并要授权。结账后一定要通知银行取消原来信用卡的授权。

（8）请客人在卡单和账单上签字，核对卡单上签字和信用卡预留签字是否相符。

（9）在计算机上选择"信用卡"结账选项进行结账。

（10）将信用卡客人留存联和客人账单交给客人并和客人道别。

（三）支票结账

（1）问候客人。

（2）了解客人的需要。礼貌地询问客人的姓名、房号，核实后，打印客人的账单，询问客人结账方式，判断是否为酒店所接受。

（3）接受客人的支票与房卡。需检查支票有无褶皱或破损，检查"账务专用章"及"法人代表章"是否清晰、完整，是否在有效期内，日期必须大写。

（4）填写支票。填写支票一律用黑色水笔填写。用大写在支票填上使用的年、月、日，填上"××酒店"的收款人姓名。小写金额前一位必须写上币号"￥"，以防涂改。汉字大写金额数字一律用正楷字书写，不得任意自造简化字；大写金额数字到元或角为止，在"元"或"角"字之后应写"整"字；大小写金额不得涂改，印鉴不可重复，一经涂改，该支票即刻作废；如因收银员填错支票的，一律由收银员负责催换支票，直至收到款为止。

（5）请客人签字。请客人出示证件，核实客人的身份。请客人签字，并留下联系电话和联系地址。

（6）致谢道别。检查背书是否规范、正确，核对客人的签名。将支票存根、账单、证件等交还客人，向客人致谢道别。

（四）支付宝结账

移动互联网时代，一场支付方式的革命正从中国蔓延至全球市场。国内移动支付正进入快速普及期。在线下，越来越多的实体店铺和消费场所开始支持支付宝支付。酒店行业也闻风而动，加入支付宝阵营。从2015年开始，如家、君亭、开元三家酒店品牌已与支付宝达成合作。三家品牌旗下接近3000家门店已经支持支付宝付款。客人在离店时，只要出示支付宝付款码给收银员扫一扫，2秒就可完成付款，方便快捷。万豪旗下的酒店及度假酒店也已经接入支付宝移动支付。客人在万豪旗下酒店消费时，可以使用支付宝支付，包括酒店住宿、餐饮及举办会议活动等消费。

二、散客结账服务程序

散客退房结账程序如下。

（1）问候客人是否办理退房，是否需要叫车并通知行李房。

（2）确认是哪几间房退房，并收回房卡和押金单。

（3）通知客房部查房并迅速从对应房号的账袋中取出所有资料。

（4）询问客人是否用原来押金方式结账，并问客人今天是否用过小酒吧。如果没有，根据客人要求出账单；如果有，请客人报出用了哪些小酒吧物品，并核对计算机记录或填写小酒吧单，并将消费金额输入计算机。如果客人不清楚消费情况，请客房部查房报来，核对计算机内记录或录入。

（5）请客人核对账单后，在账单上签名。

（6）结账处理。

（7）双手递给客人结账凭证（账单、信用卡消费单、顾客联、发票等），并祝客人旅途愉快。

（8）在计算机内做平账处理，确认已改变的房态，将所有客人资料、单据装订后放入指定位置。

三、团队结账服务程序

团队退房结账程序如下。

（1）前台早班一到，查看团队接待单上团队离店时间，拿出团队资料袋，准备做团队处理（两确认：确认团队房中是否有杂费需要客人自己来前台付清，若有，确认具体是哪几间房；确认团费已付或有挂账凭证）。

（2）在约定的团队离店前5分钟通知客房部准备查房，结清所有杂费（如联系不上客人，可找领队帮助解决），并收回房卡。

（3）待客房部确认查房无误后，向领队或地陪道别（如查房异常，可找领队帮助解决）。

（4）计算机内做账目处理，确认已改变的房态。

（5）将团队所有资料、单据装订后放指定位置。

四、快速结账服务

师傅讲授：

按照国际惯例，退房时间为中午12：00，在此之前通常结账宾客比较集中，为了避免宾客排队等候，或缩短宾客的结账时间，酒店可以提供快速结账服务。前台接待员在客人入住时，主动向客人介绍"快速退房服务"。得到客人需要"快速退房"服务的肯定答复后：前台接待收银员将此客人住房信息登记于"快速退房客人登记表"上（房号、客人姓名、到离日期、信用卡名称及备注等），并在最后一栏请客人签名确认；同时在录入客人资料时在电脑中标识此房为"快速退房"之房间，检查无误后予以存档。

（一）宾客房内结账

宾客房内结账的前提是，前厅计算机系统与宾客房间的电视系统联网，宾客通过电视机显示器查阅账单情况，并通知收款处结账。如果宾客使用信用卡，收款员可以直接填写签购单，不需要宾客到前台去。如宾客使用现金，则在房间内核对金额后，结账时直接多退少补，简化了手续。一般情况下，房内结账只对信誉较好、采用信用卡结算的宾客提供。

（二）通过填写《快速结账委托书》结账

对于有良好信誉的使用信用卡结账的宾客，酒店为其提供此项快速结账服务：宾客离店前一天填写好《快速结账委托书》，允许酒店在其离店后办理结账手续。收款员核对委托书的签名与宾客签购单、登记表上的签名是否一致，在宾客早晨离店时只向宾客告知应付费用的大致金额即可，在宾客离店后，在不忙的时间替宾客办理结账手续，事后按照宾客填写的地址将账单收据等寄给宾客。

五、即时消费结账

师傅讲授：

在采用电脑操作管理的酒店，即时消费结账的问题一般不会出现，而对于采用手工转账的酒店，及时核查即时消费，是确保不产生漏账损失的一件重要工作。即时消费是指宾客临近退房前的消费费用，因转送到收款处太迟而没能赶在宾客退房前及时入账。

通常做法是，宾客结账时，收款员应礼貌地询问宾客是否有即时消费，或者直接电话询问易产生即时消费的消费点，如总机、餐厅、房务中心等。这种做法一方面取决于宾客的诚实度，另一方面，当面与宾客核查费用问题，让宾客产生不信任感，影响宾客对酒店的印象。而且，在宾客结账时去核查消费会耽误太长时间，影响工作效率，引起宾客的不满。

六、离店结账突发问题的处理

师傅讲授：

（一）客人出现欠款情况

如果客人在入住登记时交纳的押金已经用完而又继续消费时，收银员应及时通知客人补缴，防止出现逃账现象，给酒店造成经济损失。催收时应注意语言艺术和方式方法，可以用电话通知，也可以用书面形式通知客人。

（二）他人代付房费

他人代付房费时，最好有客人的书面授权，以免出现纠纷。

（三）结账时要求优惠

客人在结账时，往往以各种理由要求优惠，这时，要视具体情况而定，如果符合优惠条件，收银员要填写"退账通知书"（一式两联，分交账务处和收银处），然后由前厅部经理签名认可，并注明原因，最后在计算机中做退账处理。

（四）结账查房时发现房间存在丢失或损坏物品的问题

这种情况在客人办理退房离店手续时出现较多，必须妥善处理好。原则上应要求客人予以赔偿，但要具体问题具体分析，特别是在客人不承认的情况下更应处理好，尽量保证酒店不受到经济损失，使客人能够接受，不能让客人丢面子。

徒弟记忆：

1. 了解酒店结账服务的基本流程

2. 掌握酒店结账出现问题及其解决方案

【拓展应用】

1. 酒店服务中有哪些具体的结账服务案例？请举例说明。

2. 分析酒店结账服务对酒店整体形象的影响。

项目四　防止客人逃账的有效措施

【企业标准】

在酒店管理中，客人逃账也是经常发生的事，为了避免这类事件的发生，作为前厅工作人员，应该具备一定的识别能力，掌握相应的服务技巧和技能。

【师傅要求】

1. 收取预订金。

2. 收取预付款。

3. 建立详细的客户档案。

4. 核查客人是否被列入黑名单，决定是否准许入住。

5. 检查客人每天的消费情况。

6. 与楼层配合，对可疑宾客密切注意其动向。

7. 对确实逃账的客人采取相应措施。

8. 加强催收账款的力度。

【师徒互动】

防止客人逃账是酒店前厅部管理的一项重要任务，也是一项难度很大的工作。作为前台员工，应该具备一定的识别能力，注意客人在店期间的消费行为及支付情况，掌握一定的防止客人逃账的技术，避免酒店的利益遭受损失。

目前在酒店入住的客人大致包括两类，一类为散客，另一类为团队客人。另外酒店还会有部分常住客人和长包房客人。而逃账往往发生在散客和一部分团队客人身上，因此对于这两部分客人，要加强账目的管理，采取必要的措施，减少其逃账的机会，降低其逃账的可能性。一旦客人出现逃账行为，也要采取一定的措施去挽回损失。

一、收取预订金

师傅讲授：

很多酒店在接受预订时，都会收取相应额度的订金，这是酒店预防客人逃账的一个有效措施。

徒弟记忆：

预付金的形式主要有现金和信用卡两种。如果是现金押金，一般是一天或者半天房价的金额。如果是信用卡，必须有足够的授权。

二、收预付款

师傅讲授：

对未经预订、直接入住、信用情况不明或信用情况较差的客人，要收取预付款。如前台员工发现客人不愿交预付款，一方面要礼貌地请客人预付，并做好解释，另一方面要及时地将情况报告大堂副理。

徒弟记忆：

如果客人办理入住时拒绝交付房租押金以外的预付款，前厅部可通知酒店内的所有可供消费的场所，如果客人在上述地方消费，不得签单，必须是现金（或者信用卡）支付。但对如下客人，则可免收预付款：

（一）本店 VIP 客人及常客

本酒店的 VIP 客人和常客，经常入住酒店，酒店对其信息资料比较熟悉和了解，可以享有较高的信用，一般免收其预付款。

（二）旅游团队

旅游团一般都通过旅行社入住酒店，旅行社通常与酒店订有协议，旅行社与酒店进行定期结算。

但属于旅行团队客人自付的费用，原则上都应现付。

（三）有接待单位的客人

有接待单位客人的消费，一般由其接待单位来支付。

三、建立详细的客户档案

师傅讲授：

客人的入住登记手续必须认真办理。客户档案不仅仅要包括客人的身份证信息，还要包括客人以前入住的消费记录和信用情况。

四、核查客人是否被列入黑名单，决定是否准许入住

对列入黑名单的客人，酒店可以拒绝入住。

五、加大催收账款的力度

师傅讲授：

催账是防止逃账的一项重要手段，尤其对那些行将倒闭而被迫赖账或准备赖账的公司、客户，要加强催收力度。催收时，要注意方式方法，以免得罪客人。

徒弟记忆：

一般来说，拖欠款或逃账客户通常会显露出以下几种迹象：

（1）付款速度放慢，常常以种种理由要求延期付款。

（2）改变或推翻协议，要求更大的折扣，如不同意则拒绝付款。

（3）联系不上或者关机。

（4）转换付款银行或开空头支票。

（5）频繁变换公司地址。

六、对确实逃账的客人，采取相应措施

师傅讲授：

对于证实确实已离开酒店的逃账客人，由财务部将逃账客人的详细资料（客人资料，消费项目、时间、金额）提供给保安部。如需立案侦查的，由总经理批准后，保安部开展侦查工作。

总之，前厅部员工在日常工作中多观察，不断的在接待实践中总结经验教训，防止逃账、漏账事件的发生。

案例分析：

案例一：

10月17日，电脑显示628房客所订的四个房间原定今日退房，但其中三间房间已于前一日办理完结账手续，目前只剩一间628房间，于是总台当班人员按照程序检查当日预退房。当服务员拨打房间电话时，发现电话一直处于无人接状态，于是安排客房人员前往查看是否有行李。经客房反馈，此间房间为外宿房，带班人员接到通知后根据经验判断此批房间一行应该是前一日已全部交还房卡给前台，但为什么这一间房间昨日没

有办理退房手续?

通过昨日收银的结账记录和注销当日房卡记录,均没发现 628 这间房的记录,经系统检查,原 628 房间的房卡已经还回前台,提前注销。当大家正在苦恼到底是哪一个环节出现问题时,通过监控设备查看现场记录后,终于发现了原因:一,当班收银员收到客人退房房卡后,因当时繁忙未第一时间通知客房退房并进行记录;二,接待员未按照程序,提前使用部分未经收银注销后的房卡来制作当日预计抵店客人的房卡,致使收银人员错失忙完手头工作后二次补救的机会。因此在当日注销的房卡内无 628 房间,因而漏报了退房记录。

师傅提示:此案例是典型的因员工责任心不强,未严格按程序操作而致使的工作失误。当班接待人员负有主要责任,收银员也应承担相应的过失责任,部门在班组重新强调了房卡注销记录的重要性,如果不严格履行制定的程序,将会发生重大的工作失误。所以,应要求带班管理人员加强检查和督导,通过检查报表提前发现员工工作失误,避免房费的冲减,将失误降到最低。

案例二:

凌晨 2:00 左右,两位装束不凡的香港客人向酒店总台走去。客人甲在办理好入住手续时,拿出 8 张面值 1000 元的港币要求兑换人民币。

小王接过这些港币觉得有些异样且数目较大,便又退回甲客人说:"很抱歉,我们总台没有足够的现金兑换,您还是等到明天吧。"见状,甲客立即说:"我们现在有点急事需用钱,你能不能帮我们想想办法。"并着重说明这是新版的港币。接着乙客也用生硬的普通话说,如果你们不兑换的话,那我们就去别的酒店。

小王怕失去这两位客人,又觉得两位客人衣着不凡就消除顾虑,便为客人兑换了 8400 元人民币。5 分钟后,小王觉得不放心,便向其主管汇报,后经确认发现此"新版"的港币全是秘鲁币,只不过是在钱币上印有港元、发行行、发行时间等字样,主管立即通知保安和楼层服务员查房,发现客人根本未入住,于是向派出所报案。

师傅提示:

(1)酒店平时对员工的培训,往往过分强调"客人至上""顾客是上帝"等服务理念。事实上,在培训中也要提供一些负面案例,以提高员工的警惕性。

(2)收银员小王请示不及时,可以假设,如果小王在客人要求兑换人民币时及时请示其主管,可以肯定被骗事情就不会发生。

(3)酒店应及时加大并强化对新外币知识的培训,从案例中可以看出收银员小王对新发行的港元知识不熟悉是导致其受骗一个重要的原因。

(4)一般而言,星级酒店在夜间为客人外币兑换,在数量是有明确规定的,收银员小王之所以敢违规为客人兑换数额较大的外币,一是因为太相信客人,二是因为怕失去两位客人。

因此,在培训员工时:切记不能"以貌取人";同时也不能盲目地为留住客人而忽略自身的工作职责。

【课外拓展一】

如何辨别真假外币

（1）要熟悉各种外币的流通情况，以避免收错货币或把已停止流通的废币收进来。主要是及时了解兑换的各国现钞流通和变化情况。认清某种货币是哪一个国家和地区流通的现钞，有哪些面额和式样，增发和停发了哪种面额和式样的现钞。停发的现钞从什么时候起退出流通领域，回笼的期限，失去法定价值的时间等。从而确定是否兑换该种货币。

（2）手摸。手摸是摸纸张质量和安全线。因为钞纸有与一般纸不同的质量和手感。如美元，真美钞四个角上的面额数字，用手摸起来，应当有凹凸感，而且票上的人像、图像、花边等部分采用了钢板凹印，用手触摸也会有凹印感觉。

（3）眼看。主要是看颜色、线条、图案。因为钞票都是凹版印刷，人像（或主景）线条清晰且有立体感。真钞印刷的色彩很鲜明，不容易脱色。如日元，真钞的右侧都有不同的人像，票面正中空白部位是与右侧人像相同的人头像印迹，迎光可见。伪造的日元中头像印迹模糊不清，与真钞相去甚远。

（4）紫光灯辨别。用紫光灯检测有无荧光反映。如港币，真钞中的狮头水印清晰，在紫光灯下观察，发出的荧光有特别效果，而假钞的狮头水印在灯下模糊不清，用紫光灯观察时，整张钞票呈青白色，没有显示面额或数字模糊。

【课外拓展二】

酒店可接受的信用卡类型

1. 大来卡（Diners Club）

大来卡于 1950 年由创业者 Frank MC Mamaca 创办，是第一张塑料付款卡，最终发展成为一个国际通用的信用卡。1981 年，美国最大的零售银行——花旗银行的控股公司——花旗公司接受了 Diners Club International 卡。大来卡公司的主要优势在于它在尚未被开发的地区增加其销售额，并且巩固该公司在信用卡市场中所保持的强有力的位置。该公司通过大来现金兑换网络与 ATM 网络之间所形成互惠协议，从而集中加强了其在国际市场上的地位。

2. 万事达卡（Master Card）

万事达国际组织于 20 世纪 50 年代末至 60 年代初期创立了一种国际通行的信用卡体系，旋即风行世界。1966 年，组成了一个银行卡协会（Inter bank Card Association）的组织，1969 年银行卡协会购下了 Master Charge 的专利权，统一了各发卡行的信用卡

名称和式样设计。随后 10 年，将 Master Charge 原名改名 Master Card。万事达卡国际组织是一个包罗世界各地财经机构的非牟利协会组织，其会员包括商业银行、储蓄与贷款协会，以及信贷合作社。其基本目标始终不渝：沟通国内及国外会员之间的银行卡资料交流，并方便发行机构不论规模大小，也可进军银行卡及旅行支票市场，谋求发展。

万事达卡已是全球家喻户晓的名字，不过，30 年前它仅是一张美国境内的国内卡，它的知名在于万事达卡国际组织一直本着服务持卡人的信念，提供持卡人最新、最完整的支付服务，因而受到全世界持卡人的认同。

3. 维萨卡（VISA）

Visa 是全球最负盛名的支付品牌之一，Visa 与世界各地的 Visa 特约商户、ATM 以及会员金融机构携手合作，致力使这个梦想成真。

Visa 全球电子支付网络——Visa Net——是世界上覆盖面最广、功能最强和最先进的消费支付处理系统，不断履行使您的 Visa 卡通行全球的承诺。目前，全世界有超过 2000 万个特约商户接受 Visa 卡，还有超过 84 万个 ATM 遍布世界各地。因此，Visa 的全球网络让您不论身在何处，都能方便地使用 Visa 卡。Visa 国际组织本身并不直接发卡。在亚太区，Visa 国际组织有超过 700 个会员金融机构发行各种 Visa 支付工具，包括信用卡、借记卡、公司卡、商务卡及采购卡。这些产品都能让您在消费时倍感安全、便利和可靠。

Visa 分别于 1993 年和 1996 年在北京和上海成立代表处。Visa 在国内拥有包括银联在内的 17 家中资会员金融机构和 5 家外资会员银行。截至 2003 年 6 月底，Visa 在中国大陆发行的 Visa 国际卡近 86 万张，自动柜员机达一万台，Visa 在中国大陆国际支付品牌中的市场份额为 74%。

4. JCB（Japan Credit Bureau）

1961 年，JCB 作为日本第一个专门的信用卡公司宣告成立。此后，它一直以最大公司的姿态发展至今，它是代表日本的名副其实的信用卡公司。在亚洲地区，其商标是独一无二的。其业务范围遍及世界各地 100 多个国家和地区。JCB 信用卡的种类成为世界之最，达 5000 多种。JCB 的国际战略主要瞄准了工作、生活在国外的日本实业家和女性。为确立国际地位，JCB 也对日本、美国和欧洲等商户实现优先服务计划，使其包括在 JCB 持卡人的特殊旅游指南中。空前的优质服务是 JCB 成功的奥秘。

5. 运通卡

自 1958 年发行第一张运通卡以来，迄今为止运通已在 68 个国家和地区以 49 种货币发行了运通卡，构建了全球最大的自成体系的特约商户网络，并拥有超过 6000 万名的优质持卡人群体。成立于 1850 年的运通公司，最初的业务是提供快递服务。随着业务的不断发展，运通于 1891 年率先推出旅行支票，主要面向经常旅行的高端客户。可以说，运通服务于高端客户的历史长达百年，积累了丰富的服务经验和庞大的优质客户群体。

1958 年，美国运通推出第一张签账卡。凭借着百年老店的信誉和世界知名的品牌，当时红极一时的猫王成为第一批持卡人之一，很多经常旅行的生意人成为美国运通卡这一新兴产品的积极申请者。在美国运通卡开业时，签约入网的商户便超过了 17000 多个，特别是美国旅馆联盟的 15 万卡户和 4500 个成员旅馆的加入，标志着银行卡终于被美国的主流商界所接受。

1966 年运通发行了第一张金卡，以满足逐渐成熟的消费者的更高需求。

1984 年，运通在全球率先发行第一张白金卡，该卡只为获邀特选的会员而设，不接受外部申请。除积分计划和无忧消费主义以外，持卡人可享受周全的旅游服务优惠和休闲生活优惠，专人 24 小时的白金卡服务为会员妥善安排各项生活大小事宜。

1999 年，运通精选白金卡持卡人中的顶级客户，为他们发行了百夫长卡（Centurion Card）。持有这种美国运通最高级的卡产品，可以自由进入全球主要城市的顶级会所，可以享有全球独一无二的顶级个人服务及品位超卓的尊享优惠，包括全能私人助理、专享非凡旅游优惠、休闲生活优惠、银行服务专员提供的银行及投资服务和 24 小时周全支持等。白金卡和百夫长卡使得运通成为尊贵卡的代言人。

美国运通公司凭借百余年的服务品质和不断创新的经营理念，保持着自己"富人卡"的形象。

过去运通一直走独立发卡之路，从 1996 年才开始向其他金融和发卡机构开放网络，1997 年成立环球网络服务部（GNS），允许合作伙伴发行美国运通卡，利用运通网络带动合作伙伴的业务增长，强化竞争优势，增加边际利润，提高业务整合管理能力。至今GNS 已与全球 90 多个国家的 80 个合作伙伴建立了战略合作伙伴关系。在亚太区的 17个国家拥有 28 个合作伙伴，包括中国工商银行、中国台湾的台新银行、中国香港的大新银行、新加坡发展银行、新西兰银行、国立澳大利亚银行等。

6. 银联卡

银联卡是指符合统一业务规范和技术标准要求，并且在指定位置印有"银联"字样的银行卡。

据中国人民银行有关负责人介绍，加印"银联"标识的银行卡，必须符合中国人民银行规定的统一业务规范和技术标准，并经中国人民银行批准。"银联"标识推出的目的是：为各种自动柜员机（ATM）和销售点终端机（POS）受理各商业银行发行的银行卡提供一种统一的识别标志，以便使不同银行发行的银行卡能够在带有"银联"标识的自动柜员机和销售点终端机上通用，为广大消费者提供方便、快捷、安全的金融服务。

徒弟记忆：

前台收银处服务包括了收银、结账、兑换外币、贵重物品保管等前厅相关服务，其服务质量的好坏不仅关系到客人的满意程度，更是保障酒店经济收入的主要部门。

（1）了解顾客逃账的基本表现。

（2）能够根据顾客的表现猜出顾客的心理活动。

（3）制定针对性的方案。

应用拓展：

1. 如果你是前厅工作人员，你会怎么应对顾客逃账现象？

2. 如果你错误地误会了顾客，应该怎么处理？

项目练习

案例三：

7月17日晚10点多，总台正是上客高峰期，这时电话铃响起。电话是宾馆协议单位小陈打来的，他需要预订一个房间，客人将于当晚入住。由于该客人经常出入宾馆，总台员工对其比较熟悉，便口头答应帮他保留一个房间，并将账目和前一天所开房间挂在一起。接完电话后，因为还有其他宾客需要接待，该员工没有及时将预订的信息按要求进行登记，便开始继续为其他客人办理入住手续。十一点下班时，她早已将小陈的预订抛在了脑后。

凌晨4点，小陈预订房间的客人抵达宾馆前台，称是小陈帮其订了房间，前台夜班员工通过查询并没有在电脑里查到此预订，于是便告知客人："因无通知和预订，按照要求只能先预付押金开房，等次日接到通知后再退还押金。"正在与客人商量时，宾馆一位长住客从外面回来，恰巧两人相识，常住客便为其开房并将账挂在自己的房间上。第二天，小陈得知此事非常生气，这位客人是因为帮他忙工作，到凌晨四点才回宾馆休息，由于前台的原因让他没有照顾好客人，反而落得如此不愉快，使他觉得很没有面子，遂致电总台要求无论如何给他一个说法。

师傅提示：

本案例中当事员工由于未按照规范的电话预订程序接受客人电话订房，造成答应客人预留的房间没有预留，引起客人不满，而导致宾客投诉。根据宾馆电话预订程序，预订员在接听电话时，应将宾客的预订信息进行记录，确认宾客抵离店时间、提供预订号或预订姓名等信息，并在电话结束前重复确认预订的细节。该员工没有按照上述要求进行操作导致工作失误。员工如果能按照规范的程序操作，养成良好的工作习惯，在接听电话时做到随手记录，即使当时总台工作较忙，但是有预订信息单的提示，在做交接班整理的时候，也能及时发现遗漏的工作。此案例说明，部门需强化员工工作的规范性，增强工作责任心，同时加强培训和督导力度，使员工能够养成良好的工作习惯。

项目实训：

实训名称：散客离店结账服务

实训目的：通过散客结账实训服务，使学生掌握散客离店结账的程序和方法，并能正确处理相关问题。

实训内容：

1. 仪容仪表符合要求

2. 行走、站姿正确

3. 主动迎宾，礼貌服务

4. 核对客人消费账目

5. 收款结账

6. 热情与离店客人道别

实训准备：

1. 制作客人的房卡或钥匙，押金收据

2. 准备纸、笔、点钞机、验钞机、发票、点钞券等

实训考核：

序号	考核内容	评分标准	配分	扣分	得分
1	工作准备	全面、具体、有针对性	10分		
2	仪容仪表仪态	着装规范、仪态大方、自然得体、面带微笑	10分		
3	感谢客人入住	礼貌问候、规范用语、热情服务	20分		
4	核对消费信息	尽快、准确办理离店服务	40分		
5	相关服务	延迟离店服务、续住服务等	10分		
6	信息储存	有关表格输入计算机	10分		
7	合计		100分		

模 块 七

前厅部销售与收益管理

项目一 前厅部销售管理的基础知识

【企业标准】

本节的学习要求学生掌握基本的前厅知识，尤其对房价有一个明确的把握，对房价涉及的一系列计算问题也要有一个很好的把握。

【师傅要求】

1. 房价的特点。
2. 制定房价的基本方法。
3. 客房价格的基本类型。
4. 房价的控制与调整。
5. 房价的统计报表与计算。

【师徒互动】

客房作为酒店的基本设施，无疑是酒店获取营业收入的主要来源。决定客房营业收入的因素很多，其中最重要的因素之一是房价，因而房价成为调节酒店业市场的重要经济杠杆。合理的、有吸引力的房价，既能让顾客满意，又能使酒店获得预期的收益。因此，房价管理是酒店经营管理的关键性工作。

所谓房价管理（Room Rate Management）就是指酒店工作人员根据酒店所处的大经济背景和市场供需状况，选择合理的定价方法和标价类型，同时在实际操作过程中有效地进行价格控制的一种行为。

一、房价的特点

师傅讲授:

客房作为酒店的主要产品,其价格的特殊性也源于产品本身的特点。

(一)有形产品与无形服务的结合

客房、餐厅、菜肴、酒水等都是有形产品。但是,顾客在酒店住宿、用餐和进行其他活动时,几乎都离不开酒店工作人员提供的无形服务。

(二)不可储存性

客房、娱乐设施等一天不出租,就不能创造价值,它们作为酒店产品的组成部分是不能像有形产品一样储存起来日后再出售的。无形服务同样不可储存。

(三)季节性明显

酒店产品是旅游产品的组成部分,通常体现出很强的季节性。酒店在旺季时需求旺盛,淡季时则需求疲软。大家都知道,从某种意义上说,营销管理就是对需求的管理,许多酒店经营者和销售人员面临的最大挑战就是增加和创造淡季需求。

(四)不可专利性

一家酒店不可能为自己设计的客房装饰、菜肴、糕点、服务方式申请专利,唯一能申请专利的是酒店的名字及标记。这种不可专利性带来的直接后果是某一新产品如果能创造良好的经济效益,其他酒店很快就会模仿。在产品设计上,如何贯彻"人无我有,人有我优,人优我廉,人廉我转"的竞争策略,便成了经营者必须苦心加以对待的难题。

(五)品牌忠诚度低

产品的不可专利性会导致竞争模仿,产品雷同。对于一般顾客而言,只认定在某一家意义不大,更何况人们具有追新求异的心理,换一个新酒店、新环境,常能给人以愉快的满足感,品牌忠诚度低也就不可避免了。

(六)对信息的依赖性强

酒店的主要客源来源于外地或外国。他们人生地疏,需要通过大众媒体了解酒店,口碑是极其重要的。因此,要求酒店营销人员注意做好信息传递工作。同时酒店要树立良好的形象,为每位顾客留下美好的记忆,酒店的口碑才会好。

（七）脆弱性

酒店的脆弱性源于旅游业本身的脆弱性。旅游业要迅速健康地发展，离不开"住食行乐购"。此外，还有多种旅游业无法控制的外部因素，每个因素都能对酒店产品产生重大影响。

（八）生产、销售和消费的同时性

酒店服务的生产过程、销售过程、消费过程是同时或几乎同时进行的，即当场生产、当场销售、客人当场消费。这种特殊性决定了酒店生产经营必然会受到区域的限制，市场范围受到一定的局限，而且因为这一特点也增加了酒店质量控制的难度。

（九）不可转移性

酒店产品不是物质产品，无法运输。虽然有时营销需要经过中间环节，但是它的产品交换后，客人得到的不是具体的物品，而是一种感受或经历。客人在酒店住宿，只是购买酒店客房和其他设施的使用权，这便是酒店产品不同于其他物质产品之处。

二、制定房价的基本方法

师傅讲授：

（一）影响客房定价的因素

酒店房价的制定受到很多因素的影响，其影响因素可分为两大类：一类是外部影响因素，另一类是内部影响因素。

1. **社会政治、经济形势影响**

旅游经济具有脆弱性，其产品具有不稳定性和波动性。稳定的社会环境及繁荣的经济环境对以旅游经济为其重要收入来源的酒店来讲是至关重要的。因此，在客房价格的制定过程中，房价也会受到以上因素的影响。

2. **季节性影响**

季节性强是旅游业的一大特点。季节直接影响酒店经营的好坏。

3. **供求关系影响**

当供过于求时，酒店业不得不考虑降低价格：当供不应求时，酒店业要考虑适当提高价格。客房商品的价格随供求关系的变化而调整。

4. **竞争对手价格影响**

竞争对手的价格是酒店制定房价时的重要参考依据。因为在定价过程中，定价人首先要调查本地区同等级、同档次、具有同等竞争力的酒店的房价，做到"知己知彼"。

5. 酒店地理位置

"真商业酒店之父"斯塔特勒说过:"对酒店来说,取得成功的三个根本要素是地点、地点、地点。"可见,地理位置对于酒店经营的确非常重要。位于市中心区或繁华商业区、距离机场或火车站比较近、交通便利的酒店,其房价的制定或调整的条件就会有利一些;而位于市郊、远离繁华商业区、交通条件等地理位置较差的酒店,虽然地价便宜,经营成本低,但由于其对客人的吸引力差,为提高酒店的竞争能力,房价会相应低一些。

6. 经营成本及投资成本

经营成本及投资成本是影响客房价格水平的基本因素,比如投资成本回收期的长短,以及目标利润率的高低,都会对房价的制定产生影响。在进行客房定价时,必须考虑成本水平。

(二)定价方法

客房价格是如何确定的?下面我们着重就常用的定价策略做一些系统介绍。

1. 随行就市法

就是将同档次竞争对手的客房价格作为定价的依据,从而制定出本酒店客房价格的定价方法。这是酒店业中一种常见的以竞争为中心的定价方法,一般有两种定价方式:一是以同等级别酒店的平均价格水平作为定价目标;二是追随"领导型酒店"的价格,以减少风险。

2. 千分之一法

千分之一法是根据客房造价来确定房间出租价格的一种方法,即将每间客房的出租价格确定为客房平均造价的千分之一。

千分之一法是人们在长期的酒店建设和经营管理的实践中总结出来的一般规律,可以用来指导酒店(尤其是新建酒店)客房的定价,以判断酒店现行客房价格的合理程度。由于按照千分之一法制定房价,通常都是根据酒店建设的总投资和客房总数来计算每间客房的平均房价的,因此,其科学性和合理性就要受到酒店客房的类型、面积、设施设备的豪华程度等基本相同和酒店客房、餐饮及娱乐设施等规模和投资比例适当两个条件的制约。

另外,由于千分之一法只考虑了酒店客房的成本因素,而没有考虑供求关系及市场竞争状况,因此,据此制定的客房价格只能作为参考,酒店经营管理人员应在根据千分之一法制定的价格基础上,结合当时当地的市场供求关系及竞争状况加以调整,这样的房价才具有合理性、科学性和竞争性。

3. 客房面积定价法

客房面积定价法是通过确定客房预算总收入来计算单位面积的客房应取得的收入,进而确定每间客房应取得的收入来进行定价的一种方法。运用客房面积定价法确定的房

价主要受客房预算收入的影响，运用这种方法确定的房价科学与否，取决于酒店管理者预算的客房收入是否准确、是否切合实际。如果客房预算收入偏高，脱离实际，那么，按照这种方法所计算的客房价格也会趋高，失去竞争力，以此价格投放市场，将给酒店未来的经营带来困难，造成巨大损失。因此，酒店经营者及上级主管部门在确定包括客房营业收入在内的经营指标时，一定要从实际出发，参考以往的经营业绩和酒店的发展潜力，慎重进行。

4. 赫伯特定价法

赫伯特定价法是 20 世纪 50 年代由美国酒店和汽车旅馆协会主席罗伊·赫伯特发明的。它是以目标收益率为定价的出发点，在已确定计划期各成本费用及酒店利润指标的前提下，通过计算客房部应承担的营业收入指标而确定房价的一种客房定价法。

5. 盈亏平衡定价法

盈亏平衡定价法指的是酒店在既定的固定成本、平均变动成本和预计客房销售量的条件下，实现销售收入与总成本相等时的房价，也就是酒店收支平衡时的客房价格。其计算公式为

客房价格 = 每间客房日费用率 / （1- 税率）

其中，每间客房日费用额包括客房固定费用分摊额与变动费用的部分。客房固定费用日分摊额可以依据不同类型的客房使用面积进行分摊。其计算公式为：

每平方米使用面积固定费用 = 全年客房固定费用总额 / （客房总使用面积 × 年天数 × 客房出租率）

客房变动费用总额可以按客房间数进行分摊。其计算公式为：

每间客房日变动费用 = 全年客房变动费用总额 / （客房数 × 年天数 × 出租率）

每间客房日费用额 = 客房使用面积 × 每平方米使用面积固定费用 + 每间客房日变动费

盈亏平衡定价法常常作为对酒店各种定价方案进行比较和选择的依据。

三、客房价格的基本类型

师傅讲授：

酒店客房产品的市场交易价格，可以分为下列四种基本类型。

（一）公布房价

公布房价（Rack Rate）就是在酒店价目表上公布的各种类型客房的现行价格，也称标准价格、门市价格或散客价。

（二）特别房价

特别房价是酒店根据经营方针或其他理由，对公布价格做出各种折让的价格。酒店

日常采用的折让价格有以下几种。

1. 团队价（Group Rate）

这主要是针对旅行社的团队客人制定的折扣价格，其目的是与旅行社建立长期良好的业务关系，确保酒店长期、稳定的客源，提高客房利用率。团队价格可根据旅行社的重要性和组织客源的多少以及酒店淡、旺季客房利用率的不同加以确定。为了吸引团队客人，很多酒店给予团队客人的优惠价往往低于酒店标准价的50%。市场营销部通常会与旅行社或者某个专业组织谈价。例如，组织了40位游客的旅行社就可以享受到团队价；会议策划者可能因为有400名会议代表而要求享受团队优惠价。对酒店来说，这是一种有利可图的潜在生意来源。

2. 家庭租用价（Family Plan Rate）

酒店为携带孩子的父母所提供的折扣价格，例如给予未满六周岁的儿童免费提供婴儿小床等，以刺激家庭旅游者。

3. 小包价（Package Plan Rate）

酒店为有特殊要求的客人提供的一揽子报价，通常包括房租费与餐费、游览费、交通费等费用，以方便客人预算。这是由市场营销部在淡季推出以吸引客人的一种房价。如结婚套间小包价可包括酒店免费赠送的香槟、点心饼干篮、鲜花或一顿免费早餐。城市周末小包价可能包括酒店餐厅的免费中餐、电影票、夜宵、美术展或体育比赛的门票。如果为这种服务多做些宣传推广，它将成为周末空房率较高的酒店的一种稳定的经济来源。

另一种小包价称为美式房价，房价中包括餐饮费——通常是早餐和晚餐。新美式房价是指房价中包括了一顿餐费。这种酒店服务在比较悠闲的旅游胜地非常常见。

4. 折扣价（Discount Rate）

酒店向常客、长住客或有特殊身份的客人提供的优惠价格。

5. 免费价（Complimentary Rate）

酒店在互惠互利的原则下，给予和酒店有双边关系的客人免费招待的待遇。免费的范围既可以包括餐费，也可以仅限房费。

6. 旺季价（Busy Season Rate）

酒店在经营旺季所执行的客房价格。这种价格一般要在标准房价的基础上，上浮一定的百分比，有时上浮的比例很大，以求得酒店的最大收益。

7. 淡季价（Slack Season Rate）

酒店在经营淡季所执行的价格。这种价格一般要在标准房价的基础上，下降一定的百分比，有时下降的比例很大，以刺激需求，提高客房出租率。

8. 钟点房价（Hour Rate）

这是一种根据旅客租用房间时间的长短来收费的制度。它适合于不在酒店过夜，而只是在旅游观光后或购物后稍事休息的客人或转机的客人，他们一般只在酒店停留三四

个小时。商务客人也许想租间房开个短会，律师为隐蔽起见或许想租间房和证人会面取证。到了晚上，这些房间仍可以租出去。如果房间已被晚些时候才能到达的客人预订，那么总台接待员便可以将这些房间从 13:00~17:00 作为白天用房出租给其他客人。总台员工要和客房部保持密切的联系，以便能通知客房部及时打扫卫生，为已预订的客人提供整洁舒适的住房。提供钟点房的酒店必须制定完善的客房预留房程序，这样就能清楚地指明哪些客房可用作钟点房。如果有人下午很早就要租房开会，而已租此房的另一团队要上午才能退房的话，那么就不要接受这样的买卖。

（三）合同房价

合同房价（Contract Rate）或称批发价格，是酒店给予中间商的优惠价。中间商销售酒店的客房以获取销售利润，为此与酒店确定散客和团队的优惠价，以便将酒店产品销售给客人后有足够的毛利支付销售费用并获得利润。根据中间商的批发量和付款条件，酒店给予不同的数量折扣和付款条件折扣。

（四）追加房价

追加房价是在公布价格的基础上，根据客人住宿的情况，另外加收的房费。通常有以下几种情况：

1. 白天租用价（Day Charge）

客人退房超过了规定时间，酒店将向客人收取白天租用价。许多酒店规定，客人在 12:00 以后、18:00 前退房，加收半天房费；在 18:00 后退房，加收一天房费。

2. 加床费（Rate For Extra Bed）

酒店给需要在房内临时加床的客人提供的房价。

3. 深夜房价（Midnight Charge）

客人在凌晨抵店，酒店将向客人加收一天或半天房费。

4. 保留房价（HOLd Room Charge）

住客短期外出旅行，但继续保留所住客房，或预订客人因特殊情况未能及时抵店，酒店通常需要客人支付为其保留的客房的房费，但一般不再加收服务费。

四、房价的统计报表与计算公式

师傅讲授：

（一）前厅统计报表制作与分析

前厅统计报表是根据酒店经营管理的要求而设置的，它是酒店管理者了解经营情况的首要途径，是酒店管理者做出正确决策的依据，也是酒店其他各部门获取信息的重要来源，所以前厅报表不容忽视。

1. 客房营业日报表

在前厅报表中，其中最重要的是客房营业日报表。客房营业日报表是全面反映当日客房营业情况的业务报表，一般由前厅收银处夜审人员负责编制。其中，一份于次日清晨送往酒店总经理办公室，以便酒店总经理及时掌握营业的总情况；另一份送交财务部门，作为其核对营业收入的依据。

客房营业日报表的格式和内容因酒店而异，主要是统计当日出租的客房数、在店客人数及客房营业收入，统计当日离抵店客人数和用房数，用以计算当日客房出租率及当日的实际平均房价。

2. 客源预测表

客源预测表是前厅统计报表中另一个重要表格。由销售部和前厅部根据以往经验和市场预订情况对即将来临的客源状况进行预测，有利于其他各协调部门做好预期的准备工作，也有利于前厅预订处做好客房预订计划的制订。

客源预测表的内容包括各类客人的现状和预计出现的客人数。

3. 前厅接待状况表

前厅接待状况表是前厅部的人员对当天客房占用信息的一个统计，能够及时确定房间的状态，是前厅部分开展工作时一个必要的参考表格（见表7-1）。

表7-1　前厅接待状况表

时间 TIME	预期离店 DUEOUT	预期离店时间 DUE OUT	空房 VACANT	总计 TOTAL	订房数 RESERVATION	可售房数 TO SELL
7：00am						
9：00am						
11：00am						
1：00pm						
3：00pm						
5：00pm						
7：00pm						
9：00pm						
11：00pm						

（二）主要营业统计数据

1. 当日出租的客房数与在店客人数

（1）当日出租客房数。

当日出租客房数 = 昨天出租的客房数 – 当日离店客人用房数 + 当日抵店客人用房数

（2）当日在店人数。

当日在店人数 = 昨天在店客人数 - 当日离店客人数 + 当日抵店客人数

2. 计算客房出租率和各类平均房价

（1）客房出租率。

$$日出租率 = \frac{日出租客房数}{可供出租客房数} \times 100\%$$

$$月出租率 = \frac{月出租客房间数}{可供租客房数 \times 月营业天数} \times 100\%$$

$$年出租率 = \frac{年出租客房间天数}{可供出租客房数 \times 年营业天数} \times 100\%$$

（2）平均房价。

$$总平均房价 = \frac{客房房租总收入}{已出租客房数}$$

$$散客平均房价 = \frac{散客房租收入}{散客占用客房数}$$

$$团队客平均房价 = \frac{团队客房租收入}{团队客占用客房数}$$

$$长住客平均房价 = \frac{长住客房租收入}{长住客占用客房数}$$

（3）客人的平均房价。

$$客人的平均房价 = \frac{客房租总收入}{入住客人数}$$

3. 计算各类客人占用客房的百分比

（1）散客房间占用百分比。

$$散客房间占用百分比 = \frac{散客占用房间数}{已出租房间数} \times 100\%$$

（2）团队客房间占用百分比。

$$团队客房间占用百分比 = \frac{团队客占用房间数}{已出租房间数} \times 100\%$$

（3）免费房间占用百分比。

$$免费房间占用百分比 = \frac{免费占用房间数}{已出租房间数} \times 100\%$$

（4）预订客人占用房百分比。

$$预订客人占用房百分比 = \frac{预订客人占用房间数}{已出租房间数} \times 100\%$$

4. 计算各类订房变化的比率

（1）空订百分比。

$$空订百分比 = \frac{预订不到客人数}{预订客人数} \times 100\%$$

（2）取消预订的百分比。

$$取消预订的百分比 = \frac{取消预订客人数}{预订人数} \times 100\%$$

（3）提前离店客用房百分比。

$$提前离店客用房百分比 = \frac{提前离店客用房数}{预期离店客用房数} \times 100\%$$

（4）延长停留客用房百分比。

$$延长停留客用房百分比 = \frac{延长停留客用房数}{预期离店客用房数} \times 100\%$$

（三）客房主要经营指标分析

酒店管理者及前厅部人员掌握的客房商品主要经营分析指标有以下几个。

1. 客房出租率

客房出租率是反映酒店经营状况的一项重要指标，其计算公式为：

$$客房出租率 = \frac{已出租客房数}{可供出租客房总数} \times 100\%$$

师傅提示：

上式的比值越大，则说明酒店的客源市场充足，比值越小则反之。所以客房出租率是反映酒店经营管理中所追求的重要经济指标，它直接反映酒店的盈亏状况。因此，酒店的盈亏百分线也是以客房出租率来表示的，即保本出租率。计算方法如下：

$$保本出租率 = \frac{保本营业额 \div 平均房价}{可供出租客房间天数} \times 100\%$$

其中：

$$保本营业额 = \frac{固定成本率}{1-变动成本率-税率}$$

徒弟记忆：

保本出租率的高低，对酒店的经营管理有着重要的指导作用，如果本酒店的保本出租率高于竞争对手，则要考虑如何降低成本；如果本酒店的保本出租率低于竞争对手，则可适当考虑利用价格优势争夺客源市场。

2. 客房销售效率

客房销售效率是实际客房出租所得销售额占全部可出租客房的全价出租的销售总额的百分比。其计算公式为：

$$客房销售效率 = \frac{客房实际销售额}{全部客房牌价出租的总销售额} \times 100\%$$

师傅提示：

客房销售效率实际是以价值量表示的客房出租率，不仅能反映客房销售数量的多少，还反映了客房平均销售价格的大小，以及客房销售类型结构的变化等因素，因而衡量出客房销售的实际效果。

3. 实际平均房价

实际平均房价是酒店经营活动分析中仅次于客房出租率的第二个重要指标，它是客房总收入与实际出租客房数的比值。其计算公式为：

$$实际平均房价 = \frac{客房总收入}{出租客房数}$$

师傅提示：

实际平均房价的高低直接影响酒店的经济收益。影响实际平均房价变动的主要因素是实际出租房价，客房出租率和销售客房类型结构。酒店的实际出租房价与门市价有较大的差别，由于优惠、折扣、免费住宿等，会使实际出租房价低于门市价，有时会低得很多。只有在经营旺季执行旺季价格时，才会接近甚至高于门市价。

徒弟记忆：

实际平均房价与客房出租率密切相关。一般来说，要提高客房出租率，会使平均房价降低；反之，要保持较高的平均房价，会使客房出租率下降。所以，处理好客房出租率和平均房价的关系，既得到合理的平均房价，又能保持较高的客房出租率，使客房收益最大，这是酒店经营管理的艺术，片面追求某一个方面都是不正确的。

4. 理想平均房价

理想平均房价是指酒店各类客房以现行牌价按不同的客人结构出租时可以达到的理想的平均房价。如果实际平均房价高于理想平均房价，说明经济效益好，酒店可获得较为理想的盈利。如果二者相差甚远，说明牌价可能过高或过低，不符合市场状况，需要调整。

徒弟记忆：

1. 了解房价的概念。

2. 对酒店房价有一个系统性的认识。

3. 涉及酒店房价的计算要能够熟练掌握。

【拓展应用】

1. 根据上面的公式，联系实际情况，举例应用。

2. 你对房价的认识是什么？

3. 酒店房价的定价标准是什么？

项目二 前厅客房销售

【企业标准】

本节的学习，学生要在上一节学习的基础上了解前厅员工的一般销售技巧，能够提高自己的销售业绩，进而提高服务水平。

【师傅要求】

1.客房销售的要求。

2.客房销售的流程。

3.客房销售的方式。

【师徒互动】

一、客房销售要求

（一）做好销售准备

1.了解并掌握酒店的基本情况及特点

（1）了解并掌握酒店所处的地理位置及交通情况：酒店建筑、装饰、布置的风格及特点；酒店的等级与类型。

（2）了解并掌握酒店的服务设施与服务项目的内容与特色，酒店产品的价格与相关的销售、推广政策和规定等。

了解并掌握上述信息是做好客房销售工作的先决条件，只有这样，才能向客人详细介绍，以提高销售的成功率。

2.了解并掌握竞争对手的情况

接待员在详细了解本酒店产品情况的基础上，还要熟悉竞争对手的有关情况，掌握本酒店与竞争对手在酒店产品的质量、内容、特点、功能以及价格等方面的异同，扬长避短，充分发掘自己酒店的特点和优势，加以着重宣传，吸引客人的注意力。

3.熟悉本地区的旅游项目与服务设施

接待员通过宣传本地区的城市功能特点，以及在此地举行的相关活动内容，使客人对当地产生兴趣，增加在本地逗留的时间和机会，进而提高酒店的营业收入。

（二）表现出良好的职业素质

前厅是客人接触酒店的前一环节，客人对酒店服务的体验是从前厅部员工的仪容仪表和言谈举止开始的。因此，接待员必须以真诚的态度、礼貌的语言、得体的举止、高效的服务，接待好每一位客人。具体而言，应注意以下内容：

（1）仪表仪态要端正，要表现高雅的风度和姿态。

（2）前台工作环境要有条理，使服务台区域干净整齐、不零乱。

（3）善于用眼神和客人交流，表现出热情和真挚。

（4）面部要常带微笑。

（5）礼貌问候每位客人。

（6）举止行为要恰当、自然、诚恳。

（7）回答问题要简单、明了、恰当，不要夸张住宿条件。

（8）不要贬低客人，要耐心向客人解释问题。

二、客房销售流程

【师徒互动】

1. 把握客人的特点

每家酒店都在千方百计地寻求自己的客源，以实现经营目标。前厅服务人员应着重了解本酒店所寻求的客源有什么特点，酒店能为他们提供什么产品，也就是要把握客人的特点来进行销售。要把握客人的特点，必须了解客人的年龄、职业、国籍、身份等，然后针对客人的特点，灵活运用销售政策与技巧。

不同类型的客人有不同的特点，对酒店服务也就会有不同的要求。例如，商务客人一般是因公出差，对房价不太计较。前厅服务人员应根据其特点，向他们推销环境安静舒适、有宽大的写字台、光线明亮、办公设备齐全、便于会客、价格较高的客房或商务套房。另外，对商务客人而言，他们工作是不分淡旺季的，前厅服务人员在经营的旺季，应注意为这类客人留有一定数量的房间，他们很可能成为酒店的常客；对于度假旅游的客人，应向他们推荐景色优美、价格适中的客房；向度蜜月的新婚夫妇推荐安静、不易受到干扰的大床间；向知名人士、高薪阶层的客人推荐套房；向带孩子的父母推荐连通房或相邻房；向老年客人或行动不便的客人推荐靠近电梯、餐厅的客房等。只有通过细致入微的观察和认真的分析，才能抓住客人的心理，使销售工作更具有针对性，为酒店争取更多的客源。

2. 介绍酒店产品

前厅服务人员在把握了客人的特点之后，应适时地向客人介绍客房及其他产品。前厅服务员应了解酒店的销售政策及价格变动情况，了解客房的种类、位置、形状、朝向、面积、色彩、装潢、家具等，才能向客人详细地介绍。介绍的内容还可包括会议、宴请、餐厅、酒吧、茶座、商务中心、洗衣、理发、游泳、康乐、商场、停车场等设施及服务，酒店内举办的娱乐活动及当地举办的各种节日活动和所接受的付款方式等。服务员在做介绍时用正面说法，不做不利方面的比较。具有特色的酒店服务也是可供推销的商品，同时前厅服务员还应对竞争对手酒店情况十分了解，帮客人做出选择。

对第一次来酒店的客人，应介绍客房的优点和独到之处，如特色的房型、理想的位置、宽敞的面积、新颖的装潢、美丽的景观等，并强调这些优美和独特之处能给客人带来的利益和好处。对待常客，应向其推荐酒店新增的且适合他们的产品。前厅销售人员介绍的内容及介绍的方式也会加深客人对酒店的印象。

3. 洽谈房间价格

价格是客人最为关心，也是最为敏感的内容。在与客人商谈价格时应使客人感到酒店销售的产品物有所值。因此，在销售过程中着重推销的是客房的值而不是价格。回答客人最希望了解的关键问题是："我付了这个房费后，得到什么？是否值得？"努力使客人认同酒店产品的价值，避免硬性推销。推销过程中要把客人的利益放在第一位，宁可销售价格较低的客房，使客人满意，不要使客人感到他们是在被迫的情况下接受高价客房。

同时可根据客房的特点，在客房前面加上恰如其分的形容词，如湖景房、海景房、中式套房等。除了介绍客房自然特点还应强调客房对客人的好处。商谈房价的过程中前厅服务员的责任是引导客人，帮助客人进行选择。在报房价时，可根据客人的特点报两种或三种不同的价格供其选择，报价由高到低。对客人的选择要表示赞同。

客人在选择价格时会表现出计较或犹豫不决，服务员可用提问的方式了解客人的特点与喜好，分析他们的心理，耐心地进行针对性介绍，消除客人的疑虑，并运用销售技巧帮客人做出选择。

4. 展示客房

为促进客房产品的销售，前厅应备有各种房型的宣传资料供客人观看、选择。有条件的酒店可在大厅醒目的位置配备计算机显示屏幕，让客人对客房产品获得感性认识。客人在选择客房犹豫时，还可以在征得客人同意的情况下，带领客人实地参观客房，增强客人对客房产品的认识。在展示客房时，销售人员要自始至终表现出自己有信心、有效率、有礼貌。如果客人不打算租用酒店的客房，总台人员也应对客人的光临表示感谢，并告诉客人，欢迎他以后有机会再来。

5. 达成交易

总台人员与客人达成交易是销售客房的最后一项工作，也是销售客房的关键。当总台人员意识到客人对所推荐的客房感兴趣时，应强调现在就订的好处，用提问的方式，促使客人做出选择。例如，可以用这样的方式结束推销："××先生，您试试这间客房可以吗？""您会认为花这个价钱是值得的。""您愿试住一个晚上吗？××先生，如果

不满意的话，我明天再为您换一间。""您现在要办理入住登记手续吗？"达成交易后，总台人员还应诚挚地向客人表示谢意，应尽量缩短客人的等候时间，为客人办理入住登记手续。

二、客房销售的具体要求

客房销售的具体要求如下。

（一）熟悉、掌握本酒店的基本情况及特点

大部分客人并不十分了解酒店的设施和服务内容，为了信心十足地向客人介绍和提供建议，接待员必须熟悉和掌握本酒店的基本情况及特点，包括：酒店所处的地理位置及交通情况；酒店建筑、装饰、布置的风格及特点；酒店的等级与类型；酒店的服务设施与服务项目的内容及特色；酒店产品的价格与相的销售、推广政策和规定等。了解和掌握上述信息，是做好客房销售工作的先决条件。同时，也要对酒店的主要产品之———客房进行完整的了解，如各房间的面积、色调、朝向、功能、楼层、价格及计价方式、特点、设施设备等，接待员只有对以上内容了如指掌，才能向客人详细介绍，提高销售的成功率。

（二）了解和掌握竞争对手的情况

在酒店业竞争日趋激烈的情况下，准确、全面、完整地获得竞争对手的信息，是酒店占据优势的有力手段，也是制定营销策略的客观依据。接待人员在详细了解本酒店产品情况的基础上，还要熟悉竞争对手的有关情况，掌握本酒店与竞争对手在酒店产品的质量、内容、特点、功能以及价格等方面的异同，扬长避短，充分发掘自己酒店的特点和优势，加以着重宣传，吸引客人的注意力。

（三）熟悉本地区的旅游项目与服务设施

接待员通过宣传本地区的城市功能特点，以及在此地举行的相关活动内容使客人对当地产生兴趣，增加在本地逗留的时间和机会，加深酒店在客人心中的印象，增加客人的回头率，进而提高酒店的营业收入。

（四）注意分析客人的心理需求

不同的客人会有不同的需求，接待员应根据客人的年龄、职业、国籍、身份等方面的情况，初步判断客人的支付能力、消费需求等，从而适机有针对性地开展销售工作。销售客房的过程看似简单，但其中却包含着很强的艺术性、技巧性。它来源于对客人言谈举止的细心观察和判断；取决于接待人员对客人消费心理和需求的正确把握。只有通过细致观察和耐心了解，才有可能把握客人的特点，才能有助于同客人沟通和交流，从

而有利于成功地推销客房及其他酒店产品。

（五）表现出良好的职业素质

前厅是客人接触酒店的第一个环节，客人对酒店服务的体验是从前厅部员工的仪容仪表和言谈举止开始的。因此，接待员必须以真诚的态度、礼貌的语言、得体的举止、高效的服务，接待好每一位客人。接待员为人热情、开朗，对自身工作岗位热爱，对客人积极、主动，都是进行成功推销的前提及必要保障。

师傅提示：

前厅员工应该熟悉客户销售流程，掌握客房的销售技巧。另外，前厅员工的职业形象、礼貌礼节、职业素质等直接影响客房的销售。

徒弟记忆：

1. 了解员工销售的方式。

2. 会根据实际情况，分析应对的销售方式。

拓展提高：

1. 你认为还有哪些销售技巧是必须要掌握的？

2. 分析销售方式对销售的影响。

3. 作为前厅工作人员，你准备怎样提高自己的销售技能？

项目三 前厅员工的销售技巧

【企业标准】

上一节我们学习了前厅销售的一些基本策略，本节在上一节的基础上，学生要掌握基本的销售技巧，并能够在实际的工作中熟练应用。

【师傅要求】

1. 把握客人的特点。

2. 突出客房商品的价值。

3. 针对性地为客人提供价格选择的范围，给客人进行比较的机会。

4. 坚持正面介绍以引导客人。

5. 针对特殊客人的销售技巧。

6. 客房报价技巧。

【师徒互动】

前厅工作内容的一部分是将酒店产品诸如客房、设施、服务项目让客人接受并消费，从而产生收益。前厅可以依据客人的住店价值，有步骤地进行客房销售。前厅员工在工作中既要扮演接待人员的角色，又要扮演销售人员的角色，并在登记过程中穿插这些步骤。

酒店员工要掌握前厅的销售技巧，特别是分房技巧，从本质上提升客房收入。酒店通常基于诸如房间装潢、面积大小、房间位置、景色、家具等差异在客房价格上划分级别。前厅部员工和订房部员工不仅仅是简单的下单员，还应成为专业的销售人员。他们可以像餐厅的侍应生向客人推销额外的食物，如开胃菜、甜品等相同的方式销售客房。前台员工应该学习如何向客人推销客房、让客人选择客房等有效技巧，这些技巧包括知道怎样和何时在没有压力的方式下向客人推销，以及从客人的观点和表达的意愿中指引销售。

一、影响销售的因素

师傅讲授：

在酒店前厅部的销售工作中，影响销售的因素很多，主要有以下几个方面。

（一）产品类型

（1）价格较低，人们比较熟悉的，比较简单的酒店产品采用广告宣传为主。

（2）多数人不熟悉的、比较复杂的、价格比较昂贵的酒店产品以人员推销为主；消费品如餐饮产品的销售次序：广告、营业推广、人员推销、公共关系；高档客房产品的销售次序：人员推销、营业推广、广告、公共关系。

（二）市场特点

（1）市场规模比较大的、相对集中的酒店可以采用人员推销。

（2）市场范围比较大、而且相对比较分散的酒店采用广告和文字宣传。

（3）竞争处于高峰期的时候，采用多种销售手段。同时利用推式和拉式策略。

（4）竞争处于缓和期的时候，酒店最好只采用一种手段销售，同时利用拉式策略。

（三）酒店特征

酒店规模比较小，酒店资金比较少，采用人员推销；反之采用广告宣传。

（四）产品生命周期

产品生命周期各阶段销售方式不同。

（1）介绍期：广告、营业推广、公共关系联合使用。

（2）成长期：人员推销为主、广告和公共关系为辅，营业推广可以减少。

（3）成熟期：营业推广、提示性广告为主。

（4）衰退期：宣传停止，人员推销降低到最少，营业推广为主，公共关系不必采用。

（五）酒店顾客对销售方式的接受程度

顾客对于不同的销售方式的态度是不同的。

（六）酒店的销售预算

销售预算费用有限，不要刊登大幅广告，而是采用一次性花费不太多的销售方式对市场进行缓慢、逐步渗透。如少量的精干人员推销、公共关系；反之，采用广告、营业推广。

二、客房销售艺术

师傅讲授：

前厅客房预订员在进行客房销售时，一方面要通过热情的服务来体现；另一方面则有赖于主动、积极的促销，这只有很好地掌握销售心理和语言技巧才能奏效。因此，前厅部员工，特别是总台预订员一定要掌握总台销售艺术与技巧。

【**师徒互动**】

（一）把握客人的特点

不同的客人有不同的特点，对酒店的要求也不同。比如，商务客人通常是因公出差，对房价不太计较，但要求客房安静，光线明亮，办公桌宽大，服务周到、效率高，酒店及房内办公设备齐全（如安装有 DDD 和 IDD 电话以及计算机、打印机、传真机等现代化设备），有娱乐项目；旅游客人要求房间景色优美、干净卫生，但预算有限，比较在乎房间价格；度蜜月者喜欢安静、不受干扰且配有一张大床的双人间；知名人士、高薪阶层及带小孩的父母喜欢成套房；年老的和有残疾的客人喜欢住在靠近电梯和餐厅的房间等。因此，总台预订员在接受客房预订时要能够根据客人的衣着打扮、言谈举止等方面把握客人的特点，如年龄、性别、职业、国籍、旅游动机等，进而根据其需求特点和心理，做好有针对性的销售。

（二）销售客房，而非销售价格

预订员在进行客房销售时，一个常犯的错误就是只谈房价而不介绍客房的特点，结果常常使很多客人望而却步，或者勉强接受，心理却不高兴。因此，预订员在销售客房

时，必须对客房做适当的描述，以减弱客房价格的分量，突出客房能够满足客人需要的特点。比如，不能只说："一间 500 元的客房，您要不要？"而应说："一间刚装修过的、宽畅的房间""一间舒适、安静、能看到美丽海景的客房""一间具有民族特色的、装修豪华的客房"等，这类形容词是无穷无尽的，只有这样才容易为客人所接受。当然要准确地描述客房，必须首先了解客房的特点。这是对总台员工最基本的要求之一。

（三）从高到低报价

从高到低报价，可以最大限度地提高客房的利润率和客房的经济效益。当然，这并不意味着对每一位客人进行客房销售时都要从"总统套间"报起。而是要求预订员在接受客房预订时，首先根据和客人的交流确定一个客人可接受的价格范围，在这个范围内从高到低报价。根据消费心理学，客人常常会接受首先推荐的房间，如客人嫌贵，可降一个档次，向客人推荐价格次高者，这样就可将客人所能接受的最高房价的客房销售给客人，从而提高酒店的经济效益。

（四）注意语言艺术

总台预订员在推销客房、接待客人时，说话不仅要有礼貌而且要讲究艺术性；否则，即使没有恶意，也可能会得罪客人，至少不会使客人产生好感。比如，应该说："您运气真好，我们恰好还有一间漂亮的单人房！"。而不能说："我们现在只剩下一间单人房了，您要不要？"

三、针对特殊客人的销售技巧

师傅讲授：

（一）对"优柔寡断"客人的推销技巧

有些客人，尤其是初次住店的客人，也可能在听完接待员对客房的介绍后，仍然不能做出决定。在这种情况下，接待员应对他们倍加关注和耐心，认真分析客人的需求心理，设法消除客人的各种疑虑，任何忽视、冷淡与不耐烦的表现都将导致客房销售工作的失败。在与犹豫不决的客人洽谈时，前厅服务人员应注意观察客人的表情，设法理解客人的意图。可以用提问的方式了解客人的特点及喜好，然后有针对性地向客人介绍各类客房的优点。也可以运用语言和行动促使客人下决心。如递上住宿登记表说："这样吧，您先登记一下……"或者"要不您先住下，如果您不满意，明天再给您调换房间"等。如果客人仍然保持沉默或者犹豫不决，可以建议客人在服务人员的陪同下，实地参观几种类型的客房，使客人增强对房间的感性认识。如果使用的方法恰当，这部分客人有可能成为酒店的常客。了解动机（度假、观光、娱乐），针对不同情况，灵活机动地开展销售工作，也是常见的一种方法。要在推销的同时介绍酒店周围的环境，增加感染力和诱惑力。熟悉酒店的各项服务内容，附加的小利益往往起到较好的促销作用。此外，还需要多一些耐心、多一份努力。

（二）对"价格敏感"客人的销售技巧

前台员工在报价时一定要注意积极描述住宿条件。提供给客人一个选择价格的范围，要运用灵活的语言描述高价房的设施优点。描述不同类型的客房时，要对客人解释说明客房的设施特点。熟悉本酒店的特殊价格政策，认真了解价格敏感型客人的背景和要求，采取不同的销售手段，给予相应的折扣，争取客人住店。

（三）工作繁忙时的销售技巧

由于团队客人和外地客人的到店时间比较集中，往往会出现客人排长队的现象，客人会表现出不耐烦。这时就需要总台员工做好入住高峰前的接待准备，了解会议及团队到店时间，做好其他准备工作，以减少客人办理入住手续的等候时间，同时也应注意房况，确保无误。入住高峰时，要确保手头有足够的登记所需的文具用品，保证工作有序完成。入住高峰，可选派专人指引，帮助客人办理入住登记，以缩短客人的等候时间。按"先到先服务"原则，认真接待好每一位客人，做到忙而不乱。

四、客房报价技巧

师傅讲授：

前台销售工作接待员必须了解自己酒店所销售的产品和服务的特点及其销售对象。其中，掌握对客报价方法和推销技巧是做好销售工作的重要前提。所以，不断地研究总结和运用这些方法和技巧已成为销售工作取胜的一个重要环节。对客报价是酒店为扩大自身产品的销售，运用口头描述技巧，引起客人的购买欲望，借以扩大销售的一种推销方法。其中包含着推销技巧、语言艺术、职业品德等内容，在实际推销工作中非常讲究报价的针对性，只有采取不同的报价方法，才能达到销售的最佳效果。掌握报价方法，是搞好推销工作的一项基本功，以下是酒店常见的几种报价方法。

（一）高低趋向报价

高低趋向报价是针对讲究身份、地位的客人设计的，以期最大限度地提高客房的利润率。其报价方式为：首先向客人报明酒店的最高房价，让客人了解酒店所提供的高价房及与之相配的环境和设施，在客人对此不感兴趣时再转向售价较低的客房。

在采用此种报价方式时，应注意运用语言技巧说动客人，促使客人做出购买决策。当然，报价应相对合理，不宜过高。

情景：

客人：这个房间怎么860元呢？价格太高了！

接待员：此房价听起来确实是高了点，但是房间配有冲浪浴设备，能让你享有新的体验，床垫、枕头还具有保健功能，在让您充分休息的同时还能起到预防疾病的作用……

（二）低高趋向报价

低高趋向报价是为价格敏感的客人设计的客房报价法。其报价方式为：先报最低价格，然后逐渐报高价格。

虽然这种报价方法会使酒店失去很多获取最大利润的机会，但这也会给酒店带来广阔的客源市场。这是因为在客源市场中不乏寻找低价客房的潜在客人。

（三）利益引诱报价

利益引诱报价适用于已预订一般房间的客人——其报价方式为：通过采取给予一定附加利益的方法，使已预订一般房间的客人放弃原预订客房，转向购买高一档次的客房。

情景：

接待员：先生，若您再多付 50 元，您的房间就可以换成能看到海景的，如果再加 80 元，又可免费赠送早餐并免费提供擦鞋服务。

采用这种方法时，客人常会顺应接待员的建议，结果不仅让酒店增加了收入，还使客人享受了更多的优惠。

（四）"冲击式"报价

"冲击式"报价适用于注重价格的客人。其报价方式为：先报出房间价格，再介绍客房所提供的服务设施和服务项目等。这种方式比较适合推销价格较低的房间，以低价打动客人。

情景：

客人：你们这儿的房价怎样？

接待员：标准间每晚 280 元，房内高清晰大屏幕电视能收看 86 个免费频道，还可以欣赏到收费节目，能让您真正享受电视精神大餐……

（五）"鱼尾式"报价

在客人需要特殊房间并领其看房时，或未经预订的客人急于住宿时，可采用"鱼尾式"报价。其报价方式为：先介绍客房所提供的服务设施和服务项目及特点，最后报出房价。突出客房物有所值，以减弱价格对客人的影响。这种方式比较适合推销中档客房。

情景：

客人：你们这儿的房价怎样？

接待员：豪华套房温馨舒适，房内设施设备先进，配有一流的按摩浴缸、保健枕头，还能上网冲浪，入住后您可享用免费早餐，免费打包行李、擦皮鞋，房价每晚980元。

或：套房采用布艺装饰、家具，能使您置身西洋艺术氛围之中，给您带来耳目一新的感觉和美的享受，入住后还可享受免费早餐，免费打包行李……房价每晚980元。

（六）"三明治"报价

"三明治"报价又称"夹心式"报价，比较适合推销中、高档客房，可以针对消费水平高、有一定地位和声望的客人。其报价方式为：将价格置于所提供的服务项目中，以减弱直观价格的分量，增加客人购买的可能性。

此类报价一般由接待员用口头语言进行描述性报价，强调提供的服务项目是适合客人的，但不能太多，要恰如其分。

情景：

客人：你们这儿的房价怎样？

接待员：商务套房配有高贵、典雅的欧式家具，古典又不失时尚，颇具艺术气息，房价每晚980元，这样的房间非常适合您的身份，这个房价中还包括一份早餐、一张免费的健身卡，一张洗衣中心西服免费熨烫单……

（七）其他报价

1. 交叉排列报价法

这种报价法是将酒店所有现行价格按一定排列顺序提供给客人，即先报最低价格，再报最高价格，最后报中间价格，让客人有选择适中价格的机会。这样，酒店既坚持了明码标价的准则，又维护了商业道德，既方便客人在整个房价体系中自由选择，又增加了酒店出租高价客房、获得更多收益的机会。

2. 选择性报价

这种报价法是将客人的消费水平定位在酒店房价体系的某一范围内，选择有针对性的报价方法（一般不超过两种）。这要求接待员善于辨别客人的支付能力，能客观地按照客人的兴趣和需要，选择适当的房价范围。

3. 灵活报价

灵活报价是根据酒店的现行价格和规定的价格浮动幅度，将价格灵活地报给客人的一种方法。报价一般是由酒店的主管部门规定，根据酒店的实际情况在一定价格范围内适当浮动，灵活报价，调节客人的需求，使客房出租率和经济效益达到理想水平。

综上所述，尽管接待员的开价方法很多，有些方法甚至相互对立，然而在酒店的经营实践中，由高至低开价法仍然是较科学而实用的。无论是提供选择余地、先推销高价客房，还是报明所有房价，推销高价客房，都应遵循由高至低的原则。我国大多数酒店

都属于明码标价，在此基础上必须坚持从高到低推销客房的方法，才能使高价或较高价格客房首先出租。推销客房需要大量的思考与实践，接待员应该在开房时注意观察客人的心理活动和反应。只有用热诚态度及对客房艺术性的描述语言和适当的报价技巧，才能顺利完成推销高价客房的任务。

案例分析：

案例一：

手机营销

6月29日约13:30，某公司的李小姐发短信给营销经理，请营销经理帮助预订7月6日至7月8日的单人大床房两间。因当时为午休时间，营销经理未及时看到短信，到15:30左右才看到李小姐发来的短信内容，于是立即查看电脑房态，结果发现李小姐所要预订的房型已经订满。营销经理立刻致电将此情况反馈李小姐，李小姐当即觉得很为难，她在预订时营销经理没有在第一时间反馈信息说明此情况，便认为是对方默认接受了预订，并且她已经跟客户回复了订房确认函，而且客人为日本籍，语言沟通不方便。营销经理听完后表示会和总台进行协调，全力予以解决。但在协调的过程中，营销经理没有携带手机，李小姐一边焦急地打电话想尽快确认协调的结果，一边又担心没有房间怠慢了日本客户，情急之下她打通了营销部办公室的电话，将此事反馈给营销部经理，并表达了对此事的不满。好在通过与总台的协调，营销经理很快为客人安排好了所需要的房间，并及时告知李小姐，使得接待方顺利完成接待任务。李小姐最终对营销经理能够及时解决问题而表示了对此事的谅解。

师傅提示：

此案例中营销经理因为午休而没有及时发现客人的预订短信，导致信息沟通的滞后，而使客人产生了误解，且在事情协调中没有及时与客人保持电话畅通，让客人对事态的发展不能及时掌控，所以在情急之下进行了投诉。手机是营销经理最常用的通信工具，也是和宾客联系的纽带，其作用不容小觑。每一通电话都有可能是一次可贵的商机，作为营销经理，应该在工作中随身携带好通信工具，保证随时可以接受客人的电话需求，而不能因为午休使工作滞后，这样会失去客人的信任。此外，电话营销中最关键的是要有效、及时地进行沟通，以便双方都能在第一时间掌握情况。此案例中，尽管营销经理努力协调为客人安排房间，但却忽视了与订房人的沟通。对方因不了解情况而着急，因着急而投诉，这些都是沟通不到位的后果。

案例二：

巧妙推销豪华套房

某天，南京金陵酒店前厅部的客房预订员小王接到一位美国客人从上海打来的长途电话，想预订两间每天收费在120美元左右的标准双人客房，三天以后开始住店。

小王马上翻阅了一下订房记录表，回答客人说由于三天以后酒店要接待一个大型国际会议的多名代表，标准间客房已经全部订满了。小王讲到这里并未就此把电话挂断，而是继续用关心的口吻说："您是否可以推迟两天来，要不然请您直接打电话与南京××酒店去联系询问如何？"

美国客人说："南京对我们来说是人地生疏，你们酒店比较有名气，还是希望你给想想办法。"

小王暗自思量以后，感到应该尽量勿使客人失望，于是接着用商量的口气说："感谢您对我们酒店的信任，我们非常希望能够接待像您这样的尊敬客人，请不要着急，我很乐意为您效劳。我建议您和朋友准时前来南京，先住两天我们酒店内的豪华套房，每套每天也不过收费 280 美元，在套房内可以眺望紫金山的优美景色，室内有红木家具和古玩摆饰，提供的服务也是上乘的，相信你们住了以后会满意的。"

小王讲到这里故意停顿一下，以便等等客人的回话，对方沉默了一些时间，似乎在犹豫不决，小王于是开口说："我料想您并不会单纯计较房金的高低，而是在考虑这种套房是否物有所值，请问您什么时候乘哪班火车来南京？我们可以派车到车站来接，到店以后我一定陪您和您的朋友一行亲自去参观一下套房，再决定不迟。"

美国客人听小王这么讲，倒感到有些盛情难却了，最后终于答应先预订两天豪华套房后挂上了电话。

师傅提示：

前厅客房预订员在平时的岗位促销时，一方面要通过热情的服务来体现；另一方面则有赖于主动、积极的促销，这只有掌握销售心理和语言技巧才能奏效。

上面案例中的小王在促销时确已掌握所谓的"利益诱导原则"，即使客人的注意力集中于他付钱租了房后能享受哪些服务，也就是将客人的思路引导到这个房间是否值得甚至超过他所付出的。小王之所以能干，在于他不直接引导客人去考虑客房价格，而是用比较婉转的方式报价，以减少对客人的直接冲击力，避免使客人难于接受而陷于尴尬。小王的一番话使客人感觉自己受到尊重并且小王的建议是中肯、合乎情理的，在这种情况下，反而很难加以否定回答说个"不"字，终于实现了酒店积极主动促销的正面效果。

 **课外拓展**

酒店计价方式的 5 种类型

1. 欧式计价（European Plan，EP）

欧式计价指酒店客房价格仅包括房租，不含餐食费用。国际上大多数酒店都采用这一形式，中国的酒店一般也都采用欧式计价。在通常情况下，只要酒店未向客人做特别说明的报价，均为欧式计价形式。

2. 美式计价（American Plan，AP）

美式计价指酒店客房价格包括房租以及一日早、午、晚三餐的费用。美式计价形式

曾一度几乎被所有度假型酒店采用，但随着交通的发展，旅客的流动性增强，美式计价形式逐渐被淘汰。目前，只有少数位置偏远的度假酒店仍沿用此形式。

3. 修正美式计价（Modified American Plan，MP）

修正美式计价指酒店客房价格包括房租和早餐以及午餐或者晚餐的费用。修正美式计价形式也称为"半包餐"计价，它既可以使客人有较大的安排白天活动的空间，又能为酒店带来一定的效益。

4. 欧陆式计价（Continental Plan，CP）

欧陆式计价指酒店客房价格包括房租及一份简单的早餐：咖啡、面包及果汁。欧陆式计价形式也被称为"床位连早餐"报价，此类报价形式较多地被不设餐厅的汽车旅馆所采用。

5. 百幕大计价（Bermuda Plan，BP）

百幕大计价指酒店客房价格包括房租及一顿丰盛的西式早餐，这种计价形式对商务旅客具有较大的吸引力。

徒弟记忆：

本节需要掌握前厅销售策略中涉及酒店销售常见问题、研究思路和解决方案和前厅销售的主要策略。

对前厅销售的建议，前厅销售关键技巧，客房报价技巧，前厅销售管理中酒店销售管理的四大策略，以及前厅销售管理过程和客房控制方法进行重点记忆。

应用拓展：

1. 你认为作为一个合格的员工，应该具备哪些素质？
2. 分析员工销售的技巧。
3. 谈谈你对酒店员工销售的理解。

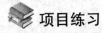 项目练习

一、案例分析题

结合本章所学的专业知识以及你对具体案例的理解，分析下面的案例。

失而复得的金牌

1月17日，营销经理小霍接待了某金融单位"吉羊送福鸿运贵金属品鉴活动"。此次活动是提前半年预订的，有9个厂商参与活动。厂商在活动当天上午陆续进店布置会场，因活动进店的物品都是比较贵重的黄金饰品与摆件，整场活动的布展由小霍全程跟踪。活动从早8：00持续到下午6：00左右，结束后厂家和接待方进行最后物品的整理、统计与盘点。晚间7：30左右，大厅的服务人员找到小霍，说她捡到了一块金牌。展销活动有9个厂家参与，不知道这块金牌是哪个厂家遗留下来的，小霍立即带着员工找到接待方相关负责人员，请求他们的帮助。最终，找到了丢失物品的厂家。经确认后，厂家万分感谢，

说是他在收拾物品的时候粗心大意，丢失了价值2万多元的金牌，如果找不到他们就要自己贴补了。客户急忙拉手，激动连声道谢。接待方当场表示：云台环境好、服务好、素质高，是承接会议的一流场所，以后有活动都会安排在云台举行。

错了就及时补救

2月12日17:30，营销经理小霍正在会场接待某公司年会，这时突然接到一个医药公司电话预订13日的一个套房，信息核实后，因无法及时下达预订单，便立即拨打预订中心电话订房，可不巧的是，预订中心因受理其他预订处于占线状态，刚挂完电话，组织协调跟踪年会的小霍又继续投入现场的接待。一晃13号到了，上午9:30左右，医药公司的孙总到前台拿房卡，前台未查到该预订，因为孙总是酒店的重要客人，总台员工很熟悉，在一边给孙总办理入住手续的同时，一边联系到营销经理小霍确认相关信息。当小霍一听说此事，当日的订房情形就在脑海里呈现出来，心想坏了，立刻缓过神来让总台安排朝南的景观房并提前为客人做好相关免登记手续，另外又通知咖啡厅配备欢迎水果，客房中心提前开好空调，一切准备工作就绪后，小霍致电客人说明情况并致歉。

部门得知此事后相当重视，由部门经理亲自带着营销经理登门致歉，为了避免类似情况的发生，以后承接的所有预订都会以短信的方式进行回复并确认。

抢抓店内营销

2月13日下午3:00，2015年企业家新春座谈会在酒店二楼红涛浴日厅盛大召开。此次活动由市企业家协会、市总商会、市女企业家协会共同主办。出席的嘉宾有市委市政府主要领导及各企业单位的主要负责人，市企业家协会、企业联合会会长俞××担任本次活动的主持，政府、各地商会、金融业、房地产业、医药业、移动互联网业、服装业、饮食业等170余家单位参与了活动交流。

在此次活动的接待中，不仅仅是负责具体协调跟踪的营销经理提供了热情专业的服务，市场营销部的部门管理人员也给予了密切的关注和重视，充分抓住这次企业家年会的契机，做好店内的营销工作。部门安排人员提前与会务方洽谈协商后，会前由会务方提供了所有参加活动的单位及与会人员名单，依据会务名单，市场营销部明确了责任分工与要求：首先，部门全员各司其职，做好各自客户的引领与接待；其次，努力发展新客户，积极做好宣传促销。

当天下午2:10左右，市场营销部全体出动，按照各自的分工，提前来到会场大厅，在近40分钟的时间里，每位营销经理在积极做好各自客户单位领导接待的同时，与客户间进行沟通交流，征求意见并最大化地做好店内营销。

服务弥补设施不足

南京某技术有限公司将在酒店四楼云海厅举办为期三天的产品巡展活动。5月11日下午2:00左右，公司的广告设备到达酒店，由于设备比较重不容易进场，营销经理小汪便前往PA借用铁板车来方便广告公司进出运输物资。

下午5:00左右，公司技术会务负责人徐小姐到达会场，对酒店的茶几表示不满意，觉得很老土，不够时尚，觉得五星级酒店应该有上档次的茶几，小汪得知后便向领导申请，调动全酒店资源，希望能找到让客人满意的茶几。但是很遗憾，最终没有达到客人预想的要求，只好改变方案选用沙发搭配茶几。晚上9:00，整体的会场布置告一段落，这时徐小姐提出第一天早晨要提供台花，营销经理答应客人早上上班时帮她购买。

第二天早晨，小汪早早便前往朋友花店购买台花。由于母亲节刚过，鲜花品种不多，插好的台花效果一般，小汪的朋友就没有收费。徐小姐查看现场时，小汪说："对于昨日茶几未能令您满意，这些鲜花酒店免费提供了。"徐小姐对于没有收费表示满意。在检查中徐小姐提出会展人员流动性比较大，希望准备一些零食给客人，但自己对于连云港不是很熟悉，希望营销经理能够帮忙采购一些。营销经理小汪便利用午休时间帮助客人采购，下午1点安排到位，确保了会议的正常进行。连续两天会议都很顺利，5月14日早上10点，小汪正在外进行商户拜访，徐小姐来电表示由于领导要求，参会的讲师需要着正装打领带，而他们都没有带领带，询问能否提供6条领带，小汪得知后立即联系客房中心，询问洗衣厂是否有足够的数量，但是答复只有一条，这时他果断联系酒店后勤男性管理人员，顺利借到6条领带供客人使用。下午4点，连续3天的会议完美谢幕，小汪又为徐小姐安排了第二天的车票并送至房间，徐小姐非常感动，虽然第一天酒店的会场设施问题留下了不好的印象，但是后期优质、便捷、周到的服务已经完全改变了客人对酒店的看法。

二、综合分析题

进入仲秋，生意逐渐冷淡，某酒店也毫无例外地进入了生意的淡季。由于营业状态不好，也影响到与员工收入相挂钩的服务费收入。该酒店从开业伊始，就一直实行酒店与员工将服务费五五分成的管理模式，生意好，则员工服务费高；反之，则服务费降低。尽管后来自7月份起，酒店全面推行了劳动竞赛，将原先的服务费改革为劳动竞赛奖，但来源仍然是从客人账单上收取的10%的服务费。故而，生意一冷清，员工的关切之情很自然地流露了出来。

许多员工和个别部门经理，除了积极想办法、组织挖潜、增收节支外，甚至提出了大幅度降低房价的想法，试图以酒店地理位置优势抢占回更多的市场份额。一时间，削价之议时有所闻，只是不敢正式提出。而此时此刻，该酒店的舵手——刘总是如何想的呢？

"房价不能降"，刘总在非正式场合，几次宣布过自己的这个观点。他认为，该市的客源市场就好像一个蛋糕，在现在市场低迷的情况下，是不可能快速降价的。如果我们率先降低房价，其他几家邻近的酒店势必要削价经营，以争取多吃蛋糕份额。为此，纷纷削价竞争，降低利润，最后必然会两败俱伤，而且伤得最重的将会是自己的酒店。要想抢回客源，只能用优质的服务守住房价。增加服务的附加值，把餐饮、健身、洗衣和娱乐的服务包括在房价中，使每一位客人感觉物超所值。公关销售人员应制定策略，用尽方法，务求每一位客人的所有消费都在酒店完成，这样才是解决淡季的真正出路。

一场试图降低房价的游说活动"流产"了。12月份，酒店推出"优质服务月"，评选"微笑大使"……

房价稳住了，生意变好了，服务质量提高了。

讨论问题：

1. 酒店应如何应对激烈的市场竞争？

2. 酒店应如何做好营销工作？

项目实训

实训名称：前厅员工营销实训

实训目的：提高前厅员工的营销能力

实训内容：按照学生人数分组，让学生面对不同类型客人，采用不同销售方法做好销售工作，各组间相互点评。老师总结点评。

实训考核：

序号	考核内容	评分标准	配分	扣分	得分
1	工作准备	全面、具体、有针对性	10分		
2	仪容仪表仪态	着装规范、仪态大方、自然得体、面带微笑	10分		
3	优柔寡断型客人的营销策略	客人的满意	30分		
4	价格敏感型客人的营销策略	尽可能满足客人要求	30分		
5	相关服务	提前离店服务、换房服务等	10分		
6	信息储存	有关表格输入计算机	10分		
7	合计		100分		

模块八

前厅部信息沟通与宾客关系

　　酒店前厅是酒店的"神经中枢"，是客人与酒店联系的纽带，是酒店信息的集散地。客人与酒店各部门之间、酒店各部门之间的信息传递与反馈大多都通过前厅来完成。前厅每项功能的发挥都有赖于清晰准确的沟通。因此，前厅员工不仅需要具有团队精神，精通本部门的运营流程，还要掌握有效的沟通技巧，这样才有可能搞好前厅和其他部门信息的沟通，有效发挥前厅的作用。

项目一　前厅部各部门之间的沟通

【企业标准】

　　酒店对客服务是整体性的，并非靠某一部门、班组或某一个人的努力就可以获得成功。所以酒店各部门之间的工作联系、信息沟通、团结协作就显得格外重要。各部门之间沟通的成功与失败将直接影响到酒店运行与管理的成功与失败，影响到对客人的服务质量。本节的学习，学生就是要了解这种关系。

【师傅要求】

　　1. 前厅部与有关部门的沟通。
　　2. 信息沟通的主要障碍及纠正方法。

【师徒互动】

一、前厅部的沟通协调

酒店服务工作的突出特点是综合性、整体性和系统性，是各个部门、各个岗位的员工共同努力的结果。前厅部作为酒店的信息中心，是联络客人与酒店各部门之间的纽带和桥梁，信息沟通的好坏，直接关系到酒店管理与服务工作的效果。所以，前厅部必须始终保持与酒店其他部门的密切联系，加强沟通协调，保证酒店各部门、各环节的高效运转。

前厅部班组较多，职能任务各不相同，要做好接待工作，要求各班组在各司其职的过程中，听从前厅部经理的统一指挥，并按有关工作制度、流程的要求做好班组间的协调工作。

1. 预订处与接待处的沟通协调

（1）预订处要及时把有关客人的订房要求及个人资料移交接待处，接待处把预订却未到的客人情况返回预订处，以便预订处进一步查找有关资料而做出处理。

（2）对预订客人抵店当天的订房变更或订房取消信息，预订处应及时通知接待处。

（3）接待处应向预订处提供有关客房的销售情况，以便预订处修改预订总表，确保客房预订信息的准确性。

2. 预订处与行李处的沟通协调

（1）通常预订处要在晚上把预计翌日抵店的 VIP 资料及有关接待要求，以报表形式填写清楚，交由行李处分别派送至总经理室、销售部、公关部、餐饮部、客房部、工程部、保安部、前厅部的接待处、问讯处、大堂副理、总机等有关部门。

（2）预订处要把翌日抵店的团队名称、人数、航班、抵店时间等有关资料详细列表交行李处。

（3）酒店代表到机场、车站问询处查询团队总表的团队所乘航班的到达时间，汇报订房处。

3. 接待处与行李处的沟通协调

（1）行李员在大堂门口欢迎客人的到来，协助客人拿取行李，引导客人到接待处。

（2）客人正在办理入住手续时，行李员站在客人身后等待。

（3）离店客人如有行李服务要求，接待处应通知行李处按客人指定的时间，到房间提供行李服务。

（4）酒店代表上班签到后，到接待处、预订处领取有关资料，将当天特别指定要接的客人姓名、人数、所乘车次（航班）、到达时间、所要求接站车型及其他具体要求登记在交班簿上。

（5）对于没有接到的 VIP 或特别指定的客人，酒店代表回店后应到接待处查对客

人是否已到达，并报告主管或大堂副理，以便及时做好补救工作。

4. 接待处与收银处之间的沟通协调

（1）接待处应及时将已经办理入住登记手续客人的账单交给收银处，以便收银处建账和累计客账。

（2）换房时房价变更，接待处应迅速通知收银处。

（3）客人结账离店后，收银处立即通知接待处更改房态。

（4）双方在夜间都应认真细致地核账，以免漏账、错账，确保正确显示当日营业状况。

5. 前厅部与客房部的沟通协调

（1）前厅部排房工作效率和准确性取决于对客房状况的有效控制。前厅部必须注意做好与客房部核对客房状况信息的工作，确保客房状况信息显示的准确无误。

（2）在 VIP 客人的接待过程中，前厅部应提前通知客房部做好客房的布置与清洁工作。在大堂副理或前厅经理引领宾客到客房的过程中，客房服务员应站在电梯门前迎宾，为客人打开房门，奉上香巾、热茶。

（3）住店客人通过总机或总台要求酒店提供叫醒服务时，总机或总台应做好记录，保证在客人指定的时间内提供该项服务；当发现电话被搁置或铃响多遍无人接听时，应及时通知客房部，由客房部派人前往查看。

（4）住店客人不论有什么要求或问题，都会想到打电话到总台或总机，总台接到客人要求提供送餐服务等属于客房部工作范围的电话后，应向客人稍作解释，及时转接电话或告知客房部当值人员有关客人的服务要求。

（5）住客带着行李到总台结账时，总台要及时通知客房部查房。

（6）如果大堂区域的清洁卫生由客房部承担，则前厅部与客房部应根据前厅部的业务特点，制订合理的清洁工作计划，前厅部经理协同监督大堂清洁卫生的质量。

6. 前厅部与餐饮部的沟通协调

（1）前厅部应向餐饮部递送客情预报表，以便餐饮部了解未来的几天中宾客的大致人数，并做好食品的采购计划。

（2）通常 VIP 客人会在酒店进餐，团体客人也会附带有团体进餐的要求，前厅部应及时把有关信息传递到餐饮部，以做好接待的准备工作。

（3）掌握餐饮部的服务项目、服务特色，协助促销。

7. 前厅部与工程部的沟通协调

（1）工程部负责指导帮助前厅部做好所属设备设施的保养工作，两部门协调制订有关大堂装修改造计划。

（2）在实施计算机网络管理的酒店，工程部应确保网络不因停电等非计算机技术故障而中断正常工作。

8. 前厅部与销售部、公关部的沟通协调

（1）推销客房、开拓客源是销售部的一项主要任务，前厅部在客房销售工作上与销售部密切配合，参与制订客房的销售策略。

（2）当销售部接到国内外客户（如旅行社、公司等）的订房要求时，应先与前厅部的预订处联系，了解能否按客户的要求来安排订房。

（3）当订房确认书发出后，销售部应马上复印一份交预订处。，如发生订房变更或订房取消，也应及时与预订处取得联系。

（4）对通过销售部预订的团队客人，在他们抵店前，销售部要检查落实前厅是否已做好接待的准备工作（排房、将钥匙装进写有客人姓名及房号的信封里）。团队抵店时，与行李员联系为客人提供行李服务。

（5）接待 VIP 时，前厅部、销售部及公关部要协调做好接待工作。

9. 前厅部与财务部的沟通协调

（1）双方就信用限额、预付款、超时房费收取及结账后再发生费用的情况进行沟通协调。

（2）前厅部将入住客人的账单、登记表及信用卡预授权凭证等递交财务部，便于累计客账。

（3）双方就每日的客房营业情况进行细致核对，以确保准确。

（4）前厅部递交团队客人的主账单，供财务部建账及累计客账。

10. 前厅部与总经理室的沟通协调

（1）前厅部定期向总经理请示、汇报对客服务的有关情况。

（2）及时了解总经理的去向，以便提供紧急寻呼服务。

（3）定期呈报酒店的《营业分析对照表》。

（4）递交《贵宾接待规格呈报表》等，供总经理审阅批准。

（5）出现重大及突发事件，应该首先通知总经理。

11. 前厅部与其他部门的沟通协调

（1）前厅部与人力资源部的沟通协调，便于开展新员工的录用与上岗前的培训工作。

（2）前厅部与保安部沟通协调，处理客房钥匙遗失后的问题。前厅部应把有关客情如 VIP、住客的可疑情况及时报告保安部。必要时，保安部应协同大堂副理处理各类突发事件。

（3）前厅部与工程部沟通协调，送交维修通知单、待修房报告。

（4）按照酒店规定为值班人员安排房间。

（5）收发邮件，递送文件等。

二、信息沟通的主要障碍及纠正方法

师傅讲授：

前厅部与其他部门之间能否进行有效的沟通，不仅仅反映了管理者是否了解沟通的方法，也反映了管理者对团体协作精神是否具有足够的认识。因此，要时刻提防和避免阻碍信息沟通的障碍。

（一）信息沟通的障碍

在酒店，信息沟通的障碍主要有以下几个。

（1）个人主义严重，互相拆台。

（2）彼此缺乏尊重与体谅。

（3）本位主义，缺少团队意识和集体主义精神。

（4）感情、意气用事。

（二）克服及纠正的方法

（1）抓紧对管理人员及服务人员进行有效的在职培训，使之充分了解"团结协作"的重要性，掌握进行有效沟通的方式方法；还应使员工在不断精通本职工作的同时，加强对酒店整体经营管理知识和各部门工作内容的了解。

（2）在日常工作中，注意检查部门内部与部门之间信息沟通的执行和反馈情况，不断总结、完善各个环节，对于沟通良好的部门和个人及时予以表扬，反之，则予以批评。

（3）组织集体活动，增进员工之间的相互了解，消除隔阂，加强团结。

课堂互动：

通过对上面的学习，分组对上面说阐述的问题和注意事项进行模拟记忆。

徒弟记忆：

（1）了解前厅各部门之间的关系。

（2）对前厅各部门之间的沟通有一个系统性的把握。

（3）会处理实际沟通中的问题。

应用拓展：

（1）前厅各部门包括哪些部门？

（2）分析前厅各部门之间沟通对酒店整体运营的影响。

（3）如果你是前厅工作人员，你应该怎么促进各部门之间的沟通？

项目二　建立良好的宾客关系

【企业标准】

前厅服务人员是面对客人的第一窗口，他们的一言一行将给客人留下对酒店的第一印象，也是客人在整个入住期间对酒店评价好坏的关键所在，更是客人在日后是否会再次选择本酒店的直接因素之一。因此，前厅服务人员除了在各项服务上要达到准确、高效的基本指标外，与客人融洽交往、建立良好的宾客关系同样是服务的重要内容。本节的学习，学生对员工和客人的沟通技巧应该重点记忆。

【师傅要求】

1.宾客心理与服务需求。

2.与宾客沟通的方式。

3.前厅与客人沟通的技巧。

【师徒互动】

目前，很多酒店已在致力于建立良好的宾客关系方面有了更多的感悟和切实的做法。例如，建立客史档案，更有针对性地提供服务，提供金钥匙服务，为前厅服务注入更为丰富的内涵。正确处理好宾客的投诉，化不利为有利；多与客人进行沟通，了解客人的需求、想法以及其对酒店的意见和建议，拉近客人与酒店的距离。前厅部的员工与客人的接触时间最长，接触面也最广，所以前厅部员工更应时刻注意使客人感受到轻松愉快的人际交往，与客人建立良好的宾客关系。

一、宾客心理与服务需求

师傅讲授：

客源结构和客人层次的日趋丰富，使前厅服务人员面对的客人更为复杂。因此，在与各种不同类型的客人打交道时，前厅服务人员要从客人的本质特征上了解客人的需求，真正读懂消费者。

酒店的客人住在酒店的这段时间，实际上有一种"求补偿"和"求解脱"的心理。"求补偿"就是要在日常生活之外的生活中，求得他们在日常生活中未能得到的满足，即更多的新鲜感、更多的亲切感和更多的自豪感。"求解脱"就是客人要从日常生活的紧张状态中解脱出来。

作为前厅部服务人员，不仅要为客人提供各种方便，帮助他们解决种种实际问题，

而且要注意服务的方式。前厅部服务人员应做到热情、周到、礼貌、谦恭，使客人感受到一种前所未有过的轻松、愉快、亲切、自豪。

二、与客人沟通的方式

师傅讲授：

客服人员每天面对的是不同的客人，他们是个性、心境、期望各不相同的团体。所以，客服人员既要有个性化的表达沟通，又必须掌握许多共性的表达方式与技巧来为客人服务。同时，作为服务员，也要通过沟通和交流来了解客人的喜好。酒店服务交往的沟通方式主要为有声语言、书面语言和无声语言等。

（一）有声语言沟通

语言是用来表达意愿和交流思想感情的工具。语言的沟通，关系到酒店的服务质量，从而关系到酒店的生存。所以，作为一位服务人员，在服务时一定要谈吐文雅、语调亲切，音量适中，语句流畅。问与答要简明、规范、准确。

1. 用语

同样一句话，你用了这种语气，或者用了另一种表达方式，可以达到不同的效果。在酒店服务交往中的用语是相当丰富的，服务人员要注意使用礼貌用语。

2. 语气与声调

在为客人服务的过程中，服务人员要注意说话的语气和声调，语气要文雅、亲切，声调要适中，这样才能更好地为客人服务。

（二）书面语言沟通

书面语言沟通在服务行业也是较为常见的，往往通过书面语言沟通来了解客人对服务人员的服务是否满意。同时，也可以通过书面语言沟通来宣传酒店的文化与特色。

（三）信函沟通

信件是更加正规和庄重的沟通方式，利用信函与客人沟通，会使客人有一种被尊重的感受，特别是酒店管理者的亲笔信。在日常工作中慎重地对待每一封客人的信件，对客人来信提出的问题迅速调查并复信告知客人处理结果，对其关心酒店工作表示感谢。信函沟通是酒店与客人建立长期稳定关系的有效方式。

（四）电子邮件沟通

随着计算机信息系统的普及应用，电子邮件——这种非常经济、低碳的沟通方式被广泛地采纳推广，特别是它可以随时随地便捷地解决较简单的问题，在批量发布信息时采用。

（五）无声语言沟通

在酒店服务交往中，不仅依靠有声语言沟通、书面语言沟通来传递所要表达的思想与感情，而且还要结合无声语言沟通（表情、手势）。通过这三种语言来为客人服务，才能做到最好，促使客人满意酒店的服务。

表情语言，是一种来自面部的表情交流方式。它是一种无声语言，但它比有声语言沟通更富有色彩感与表达力，在传达信息上起着重要作用。例如，在为客人服务中我们要注意我们的表情，要面带微笑，说话时配以适当的手势。在侃侃而谈地叙述时，加上富有感染力和说服力的手势，可以起到渲染气氛的作用，同时，也能吸引听话人的注意力，还可以把话说得更有声有色，增强有声语言的表达力。有时，在某种情况下，手势也能体现人们的内心思想活动和对待他人的态度，热情和勉强的态度在手势上可以明显地反映出来。在服务行业中，有时无声语言沟通也能起到"无声胜有声"的效果。

但是，当我们在为客人服务时，我们要以有感染力和说服力的手势和表情（微笑），再与有声语言相结合的沟通方式来服务我们的客人，这样能使我们更好地服务每一位客人，从而提高我们的服务质量与名誉度。每一位服务人员都应该掌握好礼貌规范的服务用语。礼貌规范的服务用语在酒店是很重要的，它是酒店服务质量的核心，也是酒店赢得客源的重要因素。

三、前厅与客人沟通的技巧

师傅讲授：

要与客人建立良好的宾客关系，就要对客人有个正确的认识，正确理解员工与客人的关系，掌握客人的心理和与客人沟通的技巧。

在现代社会，高技术的采用的确给人们的生活带来了许多方便。人们与那些刚性的、冷冰冰的、硬邦邦的机器打交道的机会越来越多，而与柔性的、活生生的、有血有肉、有感情的人打交道的机会越来越少了，人们在现实生活中便缺少了亲切感、自豪感和新鲜感，而多了精神紧张感。客人住在酒店的这段时间实际上是一种"日常生活之外的生活"，他们往往希望得到更多的新鲜感、亲切感和自豪感。

（一）重视对客人的"心理服务"

酒店为客人提供"双重服务"，即"功能服务"和"心理服务"。功能服务满足消费者的实际需要，而"心理服务"是指酒店除了满足消费者的实际需要以外，还要能使消费者得到一种"经历"。从某种意义上讲，客人就是花钱"买经历"的消费者。客人在酒店的经历，其中一个重要的组成部分，就是他们在这里所经历的人际交往，特别是他们与酒店服务人员之间的交往。这种交往，常常对客人能否产生轻松愉快的心情，能否留下美好的回忆，起着决定性的作用。所以，作为前厅服务员，只要能让客人经历轻松愉

快的人际交往，就是为客人提供了优质的"心理服务"，就是生产了优质的"经历产品"。

总而言之，酒店员工如果只会对客人微笑，而不能为客人解决实际问题，当然不行；但如果只能为客人解决实际问题，而不懂得要有人情味，也不可能赢得客人的满意。

（二）对客人不仅要斯文和彬彬有礼，而且要做到"谦恭""殷勤"

斯文和彬彬有礼，只能防止和避免客人"不满意"，而只有"谦恭"和"殷勤"才能真正赢得客人的"满意"。所谓"殷勤"就是对待客人要热情周到，笑脸相迎，问寒问暖；而要做到"谦恭"，也就意味着不能去和客人"比高低、争输赢"，而是要有意识地把"出风头的机会"全都让给客人。如果说酒店是一个"舞台"，服务员就应让客人"唱主角"，自己"唱配角"。

（三）对待客人，要"善解人意"

要给客人以亲切感，除了要做"感情上的富有者"以外，还必须"善解人意"，即能够通过察言观色，正确判断客人的处境和心情，并能根据客人的处境和心情，对客人做出适当的语言和行为反应。

（四）"反"话"正"说，不得对客人说"No"

将反话正说，就是要讲究语言艺术，特别是掌握说"不"的艺术，要尽可能用肯定的语气去表达否定的意思。比如，可以用"您可以到那边去吸烟"代替"您不能在这里吸烟"；用"请稍等，您的房间马上就收拾好"代替"对不起，您的房间还没有收拾好"。在必须说"No"时，也要多向客人解释，避免用生硬冰冷的"No"字一口回绝客人。

（五）否定自己，而不要否定客人

在与客人的沟通中出现障碍时，要首先善于否定自己，而不要去否定客人。比如，应该说："如果我有什么地方没有说清楚，我可以再说一遍。"而不应该说："如果您有什么地方没有听清楚，我可以再说一遍。"

（六）投其所好，避其所忌

客人有什么愿意表现出来的长处，要帮他表现出来；反之，如果客人有什么不愿意让别人知道的短处，则要帮他遮盖或隐藏起来。比如，当客人在酒店"出洋相"时，要尽量帮客人遮盖或淡化之，绝不能嘲笑客人。

徒弟记忆：

1. 掌握客人的心理。
2. 掌握基本的与人沟通技巧。

3.学会处理沟通中矛盾。

应用拓展：

1.酒店宾客沟通中应该注意眼神问题。

2.你认为怎样沟通最为有效？

3.怎么对酒店工作人员进行沟通技巧培训？

项目三　处理宾客投诉的原则和流程

【企业标准】

投诉（Complain）从字面上可以理解为抱怨、批评，对酒店服务工作而言，就是客人对酒店提供的服务设施、设备、项目及结果表示不满而提出的批评意见。由于酒店是一个复杂的整体运作系统，客人对服务的需求又是多种多样的，因此，无论酒店经营得多么出色，设备、设施多么先进、完善，都不可能百分之百地让客人满意，客人的投诉是不可能完全避免的。本节的学习，学生需要了解酒店常见的投诉问题，并能够根据实际情况进行有针对性的解决。

【师傅要求】

1.投诉产生的原因。

2.对顾客投诉的认知。

3.投诉的类型。

4.处理投诉的原则。

5.处理投诉的流程。

6.减少投诉的对策。

7.客史档案的建立。

【师徒互动】

酒店投诉管理的目的和宗旨在于减少客人的投诉，消除引起客人投诉的根源，把客人投诉造成的危害降到最低程度，最终使客人对投诉的处理感到满意。

随着社会的发展，酒店业的竞争越来越激烈，客人的要求也越来越高，酒店的工作目标是让每位客人满意，当酒店不能满足客人的某种需求时，客人的投诉也就自然而然地随之产生。事实上，无论是多么豪华、多么高档次的酒店，无论酒店管理者在服务质量方面下了多大的功夫，总会有某些客人在某个时间对某件事或人表示不满，因此，投诉是不可避免的。

一、投诉产生的原因和投诉途径

（一）对设施设备的投诉

这类投诉原因主要包括空调不灵、照明灯不亮、电梯夹伤客人、卫生间水龙头损坏等。如果设施设备常出故障，服务态度再好也无法弥补。尽管酒店建立了对各类设备的保养、检查、维修制度，但这只能相对减少酒店设施设备的隐患，不可能杜绝设备故障的发生。处理此类投诉时，应立即通知工程部，派人员实地察看，视具体情况采取相应措施。同时，还应在问题解决后再次与客人联系，以示对客人的尊重。

（二）对服务态度的投诉

这类投诉原因主要包括冷漠的接待方式、粗暴的语言、戏弄的行为、过分的热情及不负责任的答复等。减少此类投诉的有效方法是增加服务人员的服务意识，加强有关员工处理对客关系的培训。

（三）对服务和管理质量的投诉

该类投诉原因主要包括排重房间、叫醒过时、行李无人搬运、住客在房间受到骚扰、财物在店内丢失、服务不一视同仁等。减少这类投诉的方法是强化服务人员的服务技能和提高酒店的管理水平。

（四）对酒店相关政策规定的投诉

这类投诉原因涉及酒店的政策规定。客人由于自身理解心存不同的看法，有时难免会对酒店内相应的规定及制度产生不满，引起投诉。例如，客人对房价、入店手续、会客等相应规定表示不认同。遇到这类情况，要为客人做好解释工作，指明规定是为了保障客人的利益，多角度、多方面地帮助客人，消除客人的疑虑。

（五）对异常事件的投诉

还有一些异常的问题可能引起客人的投诉，如气候变化、交通不便、火灾、盗窃等，或在酒店意料之外且不以酒店意志为转移的事情。例如，酒店人员有时会发现客人突然生气、发火甚至书面投诉，其起因是客人在步入酒店前碰到些烦心事，如路途中间飞机晚点或发生行李损失等，使得客人迁怒于酒店，故意挑剔酒店服务。处理此类投诉时，应想方设法在力所能及的范围内加以解决，若实在无能为力，应尽早向客人解释，取得客人的谅解。

（六）投诉途径

1. 直接向酒店投诉

这类客人认为，是酒店令自己不满，是酒店未能满足自己的要求和愿望，因此，直接向酒店投诉，希望能尽量挽回自己的损失。

2. 向旅行代理商投诉

选择这类投诉渠道的，往往是那些由旅行代理商（如旅行社）介绍而来的客人，投诉内容往往与酒店服务态度、服务设施的齐全、配套情况及消费环境有关。在这些客人看来，与其向酒店投诉，不如向旅行代理商投诉，因为前者既费时又往往是徒劳的。

3. 向消费者协会一类的社会团体投诉

这类客人希望利用社会舆论向酒店施加压力，迫使酒店以积极的态度去解决问题。所以，对于这类客人，前厅接待人员更应与他们处理好关系，给他们提供优惠政策及优先条件，在接待中也要特别留意。

二、对顾客投诉的认知

投诉，是客人对酒店提供的服务设施、设备、项目及行动的过程和结果表示不满时而提出的批评、抱怨或控告。当客人投诉时，有可能找大堂副理去投诉，也有可能找任何一名管理人员乃至服务员投诉。其实，顾客投诉是一把双刃剑，对酒店来说是利弊共存的。

（一）投诉的积极方面

1. 可以帮助酒店管理者发现酒店服务与管理中存在的问题与不足

酒店管理者长期在一个环境中工作，对酒店客观存在的问题可能会视而不见，常常不能发现酒店客观存在的问题。而客人则不同，他们付了钱，期望得到与他们所付的钱相称的服务，他们是酒店产品的直接消费者，对酒店服务中存在的问题有切身的体会和感受。因此，他们最容易发现问题，找到不足。

2. 为酒店方面提供了改善宾客关系的机会

通过对客人投诉的处理，可以使酒店有机会将"不满意"的客人转变为"满意"的客人，利于酒店的市场营销。如果客人投诉处理不好，酒店失去的不仅是该位客人，还有可能是他们身后的亲友、同事等潜在顾客。美国有关调查表明，吸引新顾客所花成本是保持老顾客所花成本的五倍。通过客人的投诉，酒店了解到客人的"不满意"，从而为酒店提供了一次极好的机会，使其能够将"不满意"的客人转变为"满意"的客人，消除客人对酒店的不良印象，减少负面宣传。

3. 有利于酒店改善服务质量、提高管理水平

酒店可以通过客人的投诉不断地发现问题，解决问题，进而改善服务质量，提高管理水平。

（二）投诉的消极方面

客人投诉酒店，说明酒店在诸多方面有让客人不满意的地方，酒店在管理上、服务上还存在着各种问题。客人的投诉可能会使被投诉的对象（有关部门或人员）感到不愉快，甚至受罚；同时，接待投诉客人也是一件令人不愉快的事，对很多员工来讲是一种挑战，这是管理人员需要正视的。

总之，由于酒店在管理方面不可避免存在不足之处，以及客人千差万别的个性特点，酒店很可能受到客人的投诉。因而，对酒店而言，每位员工都应掌握客人投诉处理的方法。

三、投诉的类型

（一）理智型投诉

理智型投诉是客人在比较理智、冷静的情况下提出的投诉，一般都为较合理的要求。客人一般都比较通情达理，只要酒店立即采取改进措施，就会得到他们的谅解。但是若处理不当，客人很可能会要求赔偿，或者采用法律手段。

（二）发泄型投诉

发泄型投诉是客人在情绪激动或情绪不佳，寻求发泄时提出的投诉，大多伴有激烈的言辞并希望引起旁人的注意。若处理不当，会使旁人对酒店形象产生怀疑，影响面较大。

（三）失望型投诉

客人事先预约的服务项目，由于酒店员工的粗心大意而耽误了，这种情况会引起客人的失望与恼火。处理这类投诉的有效方法是尽快使客人消气，并立即采取必要的补救措施。

（四）批评型投诉

客人心怀不满，但情绪相对平静，只是把不满告诉投诉对象，不一定要对方做出什么承诺。

（五）补偿型投诉

提出补偿型投诉的客人觉得自己的利益受到了损害，言辞较为激烈，其注意力并不集中在酒店是否能够给予合理的解释，而是希望得到实质性的补偿。

四、处理投诉的原则

投诉是一件不愉快的事，接待客人投诉具有挑战性，酒店方面在处理客人投诉的过程中，要注意和把握以下几个原则，认真处理好投诉。

（一）对于投诉，酒店应持欢迎和重视的态度

（1）不要害怕、逃避客人的投诉。

（2）欢迎客人投诉，客人投诉有利于发现问题、解决问题。

（3）对于客人对酒店的关心要表示感谢。

（二）要理解、宽容、真诚地关心客人

客人在遇到不满的事情时，其人性的某些弱点会相对暴露。为此，服务人员必须懂得宽容和设身处地为客人着想。掌握客人的心理特点，并给予适当的理解、宽容，这样酒店才能打动客人的心而赢得客人的谅解。受理及处理客人的投诉，酒店应持欢迎和重视的态度，将其作为改进对客服务的一次有利机会。因此，在处理客人投诉时，应遵循下列原则：

（三）真心诚意地帮助客人

前厅部员工要理解投诉客人当时的心情，同情其处境，并满怀诚意地帮助客人解决问题，满足其需求。

（四）绝不与客人争辩

当客人怒气冲冲、情绪激动地前来投诉时，前厅部员工更应注意礼貌，耐心听取客人意见，然后对其表示歉意，绝不可与客人发生争执，而应设法将"对"让给客人。

（五）维护酒店应有的利益

前厅部员工受理投诉时，要认真听取客人意见并表示同情，同时注意不要损害酒店的利益，不可随意推卸责任，或者当着客人的面贬低酒店其他部门或服务人员。要以事实为依据，具体问题具体分析，不使客人蒙受不应有的经济损失，不使酒店无故承担赔偿责任。应当清楚，除非客人物品因酒店原因遗失或损坏应给予相应的赔偿外，退款或减少收费等措施不是处理投诉的最佳方法。对于绝大多数投诉，酒店应通过面对面的额外服务来解决。

五、处理投诉的流程

（一）聆听情况

仔细、认真、耐心地聆听客人的投诉内容，以使客人觉得自己提出的问题受到了重视。客人在倾诉内心意见和不满时，可能会大发雷霆，服务人员一定要做到诚恳耐心倾

听，千万别没听完就作解释，这样容易引起客人的反感。

有的投诉是合理的或是误会，不管怎样，一定要沉得住气，保持冷静，切不可与客人争吵，语调要平缓，声音要尽量放低，速度要放慢，使客人趋于平静。

（二）表示同情和理解

要理解客人当时的心情和情绪，争取在感情和心理上与客人保持一致，要不时表示出同情和理解，如"我们非常遗憾""非常抱歉地听到此事""我们理解您现在的心情"等。千万不可采取"大事化小，小事化了"或只道歉的处理态度。

（三）记录要点

边聆听边记录要点不仅可以使客人讲话的速度放慢，以缓和其情绪，而且有利于抓住主要矛盾，解决主要问题，抓住本质问题，决定解决办法。此外，记录的要点资料还可作为解决问题的依据。

（四）提出解决措施

若有可能，可让客人选择解决问题的方案和补救措施，以示尊重。同时，也应充分估计出解决问题所需的时间，并将其告诉客人。切勿一味地向客人致歉，而对客人投诉的具体内容置之不理，或流露出因权力所限而无能为力的态度和急躁情绪。当然，在处理投诉时要给自己留有余地，不能使自己处于被动，不能把话说"死"，如不应说"十分钟解决"，而应说"我们尽快帮您办"。

（五）立即行动

着手调查事实真相，并将解决问题的进展情况告诉客人。许多酒店习惯于遇到客人投诉就送鲜花、果篮、致歉信或者在权限之内打折等，以为客人得到小恩小惠就会转怒为喜。事实上，这是种短视的做法。如果当面向客人道歉，进行深入的沟通并立即调查事实会收到意外的效果。

（六）检查、落实

保持与客人的联系，并检查、落实客人的投诉是否已得到圆满解决。

（七）归类存档

将投诉的处理过程整理成资料，并加以归类存档，以备使用。

（八）再次沟通

与客人进行再次沟通，询问客人对投诉的处理结果是否满意，同时感谢客人。有时候，客人反映的问题虽然解决了，但并没有解决好，或是这个问题解决了，却又引发了另一个问题。例如，客人发现空调修好后，床单却被弄脏了。因此要与客人再次沟通，询问客人对投诉的处理是否满意，与此同时，应再次表示感谢，感谢客人把问题反映给酒店，使酒店能够发现问题，并有机会改正错误。

六、减少投诉的对策

（一）进行零缺点服务质量管理

要求每个人在第一次就把事情做对，激励并帮助员工把每项工作都做得合乎标准。

（二）加强与客人的沟通

主动与客人沟通，了解客人需求的变化趋势及对服务的要求情况，及时改进工作，减少投诉事件的发生。

（三）注重改善服务质量

通过日常工作的监督、控制，注重服务人员思想观念的更新、业务技能的提高，增强其礼貌修养、工作的责任心，改选服务态度，最终通过改善服务质量来提高客人的满意率。

（四）做好酒店的安全控制

现代旅游是一种高级的消遣和娱乐，需要舒适的服务和安全的保障。酒店是客人旅游期间主要的活动场所，毫无疑问，酒店安全在旅游安全中占有重要地位，直接影响旅游的质量，从而影响旅游业的发展。只有保证酒店的安全运营，酒店的长期经营效益和平稳运营才能得到保障，客人才能在酒店具有安全感，从而为提高酒店服务质量，提升顾客满意度打下基础。

（五）做好酒店内各部门消防、治安的监督控制工作

制定严格的规章制度，维护好酒店的治安环境，保障在店客人的人身、生命、财产安全。

（六）加强设施设备管理

及时了解酒店的设施设备情况，及时更换、维修、保养酒店现有的设施设备，保证这些设备性能完好，并以优良的状态为客人服务。

（七）建立客人投诉档案

通过大堂副理日志、顾客投诉意见单等形式记录投诉的情况，并定期整理，形成酒店全面质量管理的依据，以便做好总结、反思问题，改进日后的工作。

七、客史档案的分类

（一）常规档案

常规档案包括客人的姓名、性别、年龄、出生年月、婚姻状况以及通信地址、电话号码、公司名称以及头衔等，收集和保存这些资料有助于了解目标市场的基本情况。

（二）预订档案

预订档案包括客人的订房方式、介绍人，订房的季节、月份、日期以及订房的类别等，掌握这些资料有助于酒店选择销售渠道，做好促销工作。

（三）消费档案

消费档案包括房价类别、客人租用的房间、支付的房价、餐费以及在商品、娱乐等其他项目上的消费，客人的信用卡账号，喜欢何种房间类型和哪些设备等，从而了解客人的消费水平、支付能力以及消费倾向、信用情况等。

（四）习俗、爱好档案

这是客史档案中最重要的内容，包括客人旅行的目的、爱好、生活习惯，宗教信仰和禁忌，以及住店期间要求的额外服务。了解这些资料有助于为客人提供有针对性的"个性化"服务。

（五）反馈意见档案

反馈意见档案包括客人在住店期间的意见、建议、表扬和赞誉，投诉及处理结果。

八、客史档案的管理

酒店的客史档案管理工作一般隶属于前厅部，而客史信息的收集工作要依赖于全酒店的各个服务部门。所以，做好这项工作必须依靠前厅部员工的努力，同时还有赖于酒店其他部门的大力支持和密切配合。客史档案的管理工作主要有以下几方面的内容：

（一）分类管理

除了对客人本身的资料分门别类地予以整理外，还要对客人做出类群的划分，根据客人的来源地、信誉度、消费能力、满意度等进行分类，这是客史档案管理的基础。

（二）有效运行

建立客史档案的目的，就是为了使其在整个酒店有效运行中发挥作用，不断提高经营管理水平和服务质量。

客史档案的归档工作程序是：先由各收集区域将信息传递给各部门文员，汇总、整理，传递给客史档案管理中心，由中心统一建立酒店内部电脑信息查询台供各部门随时查阅。对于初次入住的客人，当即建立客人的档案，并及时传递各部门；对入住的常客，则需调用以往的记录，提供有针对性的服务。

（三）定期整理

为了充分发挥客史档案的作用，酒店应每年系统地对客史档案进行1~2次的检查和整理。制定完善的反馈及更新机制，注重信息的及时性与准确性，重视日常检查，及时添加客人的信息或者去除无用的信息。对久未住店的客人档案予以清理前，最好给客人寄一份"召回书"，以唤起客人对曾住过的酒店的美好回忆，做最后一次促销努力。

（四）细节管理

在客史档案的管理业务中，应当注意一些细节管理问题。如保证客史档案的连续性；可通过不同的色彩来鉴别客人的身份；删除过期的档案要彻底，以保护客人的私人秘密等。时时处处与客人打好交道，建立良好的宾客关系。

总之，客史信息的收集、过滤、整合、储存和使用是酒店优质服务的重要武器，信息就是力量，客史信息残缺不全，不能充分有效利用，这都意味着对客服务的落后。

案例分析：

案例一：

调房不慎引发的投诉

8月28日17时17分，总台员工准备将事先排给某集团的1328和1330两个房间提前开房，却发现1328房间由于大理石松动而临时关闭，客人马上就要到店了，需要立即为客人调房。总台员工打开房态图，看到同一楼层排给某药厂的1322房间客人大约还有一个小时到店，大理石的维修大约半小时就可以完成，于是将1328房间与1322房间做了互换，但没有通知客房中心将某集团为客人所配的鲜花和水果进行调换。大约18:06，药厂的客人到店开房，总台员工将维修好的1328的房卡交给了客人。直到19:00后，总台员工在检查当日开房记录时，才发现没有将原某集团配给客人的鲜花和水果调至1322房间，致使客人没有享受到接待方为其准备的水果和鲜花。

事情发生之后总台员工在未向带班管理人员请示汇报的情况下，直接打电话给药厂的接待方，询问是否可以将房内的水果和鲜花拿出来，接待方未同意。在事情未果的情况下，总台员工才向带班领班汇报此事，但当班领班也未能拿出更有效的解决方法。药厂的接待方觉得前台员工在打电话时语言不够规范，于是便直接致电给前厅经理告知事

情经过。前厅经理得知此事后，立即到前台处理此事，安排前台重新为某集团的 1322 房间配送鲜花和水果，从而避免了接待双方的投诉。

师傅提示：

此案例中员工存在的工作失误：

（1）总台员工由于工作疏忽没有核实房间的物品配备，直接为客人调房；

（2）在药厂客人到店的情况下未经请示，直接打电话给接待方要求撤出房内物品；

（3）当班管理人员在得知情况后未及时处理，延误了最佳补救时机。案例中由于总台员工的处理不当，导致两方接待方的不满。在工作中员工如遇有疑难或发现工作失误，自己不能有效处理时，应及时汇报采取有效措施，避免因处理不当而再次引发宾客投诉，从而影响客人对宾馆的信任。

案例二：

读懂客人的保安

一天，某酒店的一位负责指挥车辆停放的保安员小李正在引导一辆车子，刚安排停当，突然一辆轿车很娴熟地停在了回车道边上，而酒店规定这里是不准停车的。当小李走到车子旁时，驾驶员已熄火准备离座而去。这时，小李就说："先生，您的倒车技术真棒，既快又准，我在这里站了 3 年，可从来也没有看到像您这样技术好的，假如拜您为师，学上一手，我也会多一样吃饭的本事。"驾驶员脸上露出了得意的表情。这时，小李又接着说："对不起，先生，请您帮个忙好吗？把车停到那边去行吗？这里车来车往，万一碰上一个技术差一点的驾驶员……"没等小李说完，驾驶员已发动车子，比刚才还要快地把车倒到了小李指定的位置。又有一次，小李正在指挥一辆车子停放，看到另一辆车子倒了三次停在了一辆长住客的专用车位上。当小李赶到时，驾驶员正关车门。小李迎上一步说："先生，您好！看来您是当领导的，做事那么认真并为他人着想，我发现您第一次已经倒好了，只是车子稍有点儿斜，您就倒了第二次，但考虑到右边的一辆车不方便，您就又倒了第三次。假如在您手下干的话，一定会很快乐。对不起，先生，请您帮个忙，再动一次好吗？这个车位是我们酒店一位长包房客人订的车位，因为忙我忘记放告示牌了，不好意思。"驾驶员愉快地"听从"了小李的调遣。

师傅提示：

酒店服务员要想赢得客人的尊重，实现自己的服务价值，除了要有良好的服务态度外，还必须具有高超的服务艺术。而这里的关键是，要懂得客人的心理，善于察言观色，给足客人面子，解决问题，使酒店立于不败之地。

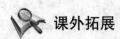 **课外拓展**

电话投诉的处理要点

（1）接听电话要注意语音语调的礼貌、亲切。

（2）问清客人的姓名，房号。

（3）弄清问题，认真记录。

（4）无论客人的意见是否客观，都应向客人致歉。

（5）应尽快答复和解决，不能答复和解决的要及时向上级报告。

徒弟记忆：

建立良好的宾客关系是酒店经营成功的保障和前提，现代酒店必须重视建立宾客关系。前厅部是酒店的神经中枢，应重视加强与客人的沟通与协调，才能使信息沟通更加顺畅。另外，正确处理客人投诉也是建立良好宾客关系的重要环节，总台服务和管理人员要学会处理客人投诉的方法和技巧。为了不断提高服务质量，满足客人的个性化需求，酒店还应建立客史档案，将每位住店客人的需求特点记录下来，以便下次客人光顾时，为客人提供个性化服务，这也是改善宾客关系的重要组成部分，是现代酒店经营管理的发展趋势。

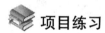 **项目练习**

案例一：

客人不想入住云台了

4月6日下午3点左右，某公司团队客人陆续到店，接待方单主任在前台陪同客人办理登记手续。客人希望将房卡全部领取后由会务组分发给客人，由于此要求不符合宾馆相关规定，前台当班员工将宾馆管理规定告知单主任，并向其解释房卡已经准备好，不会耽误太多时间。单主任在非常不情愿的情况下陪同客人在前台办理登记手续。因单主任想尽快办理完入住手续，客人聚集在前台，加上单主任不断催促，致使当班员工产生不耐烦情绪，当其接到上海客人的驾驶证后，并未给客人办理登记手续就扭头走进总台内部操作间。当下午班员工与当班员工交接班询问接待的这批客人有无办理完毕时，当班员工在操作间里回答："不知道，什么都不知道。"语气较为生硬，在场客人均听到她的回答，客人对营销经理表达了不满说："你们前台服务人员态度需要提高，"并表示要到其他酒店入住。最后，在单主任的尽力劝解下，客人最终同意继续入住。

师傅提示：

前厅经理得知这一情况后，立即向单主任道歉并对此事进行调查，并在部门例会上将此事件作为典型案例加以分析讲评，要求各班组员工不管什么情况下，都要努力控制住自己的情绪，牢记"客人永远是对的，要把对让给客人。"此案例也提示我们，服务中在服从酒店规定的前提下，尽可能灵活操作，满足宾客的要求。对于大批客人或者团队客人进店，先满足客人的要求，让客人进房间，然后由领队统一收取身份证件，由前台委派专人为其补办登记，既满足宾客要求，又不违反规定。此外，班组管理人员要加强现场管理，认真吸取教训，有效控制员工对客服务的情绪。

案例二：

某日，国内某知名大学校长一行四人入住某市一家三星级酒店。在办理入住登记手续时，前台接待员要求先交押金。由于客人尚不能确定住几天，因此接待单位先为其预交了一天的押金。因接待单位与该酒店有较好的业务关系，且负责接待的人员与该酒店前台经理比较熟，前台经理同意这几位客人以后几天可以免交押金。

第二天夜里12：00，当客人办完事回到酒店时，不愉快的事情发生了。一位楼层服务员站在客人的房门口，拦住客人，不允许其进入客房，理由是：没交押金！

"可你们经理已经同意了啊！"客人解释道。

"我不管，反正总台没交押金就不能进房间。"

……

无论客人如何解释都无济于事。情急之下，客人说道："你看已经半夜了，我们出去也没地方去。要不这样吧，你先让我们进去，把我们关起来，如果接待单位不帮我们交押金，你就直接去公安局报案，把我们交给警察……"

后经查询，前台经理承认是由于内部信息沟通不好造成的，并一再向客人道歉。

讨论问题：

1.出现这样的情况，问题出在哪里？

2.前厅部应怎样才能搞好与客户、员工的关系？

项目实训：

实训名称：处理客人投诉——隔壁房间太吵

实训目的：掌握处理客人投诉的方法

实训内容：处理客人投诉

实训准备：电话、记录本、笔、档案夹等物品

实训考核：

序号	操作内容	操作要点	操作评分标准	配分	扣分	得分
1	接受投诉	认真聆听 记录要点 回答投诉	没有使用敬语扣5分 没有记录扣5分 回答问题语言不够简练、婉转扣10分	30分		
2	处理投诉	向客致歉 注意跟办	没有向客人致歉扣5分 处理不恰当扣5分	40分		
3	处理结果	告知客人 感谢客人	没有及时告知客人的扣10分 没有感谢客人的扣10分	30分		
4	合计			100分		

模 块 九

前厅部人力资源管理

人才是经营之本，没有高素质的员工队伍，管理者的一切管理行为就无法得到贯彻落实，所以员工管理对前厅部管理者来说至关重要。前厅员工管理的主要工作就是前厅部员工的招聘、录用、培训和激励，最大限度地发挥现有人员的潜力和能力，避免浪费和滥用人力资源。

项目一 酒店员工招聘

【企业标准】

前厅员工的招聘工作做得好与坏直接关系到能否建立一支高素质的员工队伍。前厅的员工招聘工作需由人力资源部和前厅部共同负责。人力资源部承担筛选应聘人员等基础工作，前厅部则负责面试，并决定是否录用，一般由前厅部经理负责本部门的员工招聘工作，以提高这项工作效率，保证所招聘人员的质量。本节的学习，学生需要对招聘的基本知识进行了解。

【师傅要求】

1. 员工招聘的途径。
2. 员工招聘的程序。
3. 员工招聘应注意的问题。
4. 员工的考核。
5. 员工的激励。

【师徒互动】

广告招聘、互联网招聘、校园等是酒店较为常见的方式。每一种方式都有各自的优、缺点。

一、员工招聘的途径

师傅讲授：

（一）招聘的含义

招聘是指在企业总体发展战略规划的指导下，制订相应的职位空缺计划，并决定如何寻找合适的人员来填补这些职位空缺的过程。它的实质就是让潜在的合格人员对本企业的相关职位产生兴趣并且前来应聘这些职位。

招聘活动的目的是把相关的人员吸引到本企业来参加应聘，而如何从应聘者中挑选合适的人员，是选拔录用要完成的任务。所以招聘活动并不要求对应聘人员进行严格的挑选。

招聘活动所要吸引的人员应当是企业需要的人员，即要把那些能够从事空缺职位的人员吸引过来，这可以看作是对招聘质量方面的要求。招聘活动吸引人员的数量应当是适当的，这是对招聘工作数量方面的要求。

（二）内部招聘

内部招聘是指在前厅部出现职务空缺后，从酒店内部选拔合适的人来填补这个位置的一种方法。

1. 内部招聘形式

（1）内部晋升。

内部晋升给员工提供了机会，使员工感到在酒店工作有发展机会，对于鼓舞士气、稳定员工队伍有不可忽视的作用。同时，由于被提升的人员对部门环境比较熟悉，工作容易上手，是一种省时、省力、省费用的方法。但选择范围小是它的缺陷。

（2）工作调换和轮换。

工作调换是指被调换者职务级别不发生变化，只是工作岗位发生变化。一般用于中层管理人员。工作轮换用于一般员工。这种方法可为员工提供从事多种相关工作的机会，为员工日后的提升做准备。但这种方法容易出现员工之间的竞争产生内耗，因此在采用时要特别注意。

（3）人员重聘。

有些酒店会有一些不在现岗的员工，如下岗人员、长期休假人员（现已康复但由于无位置还在休假）、已在其他地方工作但关系还在本单位的人员（如停薪留职）等。而有的人素质较高，是内部空缺需要的人员。酒店使用这些人员，可以让其尽快上岗，同时减少了培训等方面的费用。

2. 内部招聘的好处

（1）用内部候选人填补职位空缺，可以鼓舞员工士气，改善员工工作绩效，而且内部候选人对前厅组织目标认同感较强，不宜辞职。

（2）内部提升还可激发员工的献身精神，促使他们从酒店的根本利益出发，用长期的眼光进行管理决策和对客服务。

（3）内部提升可能带来一系列晋升，能够强化"内部职业阶梯"。

（4）从选拔的有效性和可信度看，管理者和员工之间的信息是对称的，不存在"逆向选择"（员工为了入选而夸大长处，弱化缺点）问题，甚至"道德风险"问题。因为内部员工的历史资料有案可查，管理者对其工作态度、素质能力以及发展潜能等方面有比较准确的认识和把握。

（5）内部提升的员工对酒店和前厅的工作要求、企业文化都比较熟悉，并掌握一定的相关技能，因而定位过程更短，培训更少，招聘成本更低。

（6）从组织的运行效率看，现有的员工更容易接受指挥和领导，易于沟通和协调，易于消除边际摩擦，易于贯彻执行方针决策，易于发挥组织效能。

3. 内部招聘的不足

（1）最大的弊端在于"近亲繁殖"，不易吸收人才，自我封闭，可能导致酒店人才缺乏。

（2）内部提升可能影响被晋升遗漏的员工的士气。

（3）内部调动工作没有做好，可能影响员工的工作积极性。

（4）内部员工竞争的结果必然是有胜有败，可能会影响组织的内部团结。

（5）内部选拔可能因领导好恶而导致优秀人才外流或被埋没；也可能出现"裙带关系"，滋生组织中的"小帮派""小团体"，削弱组织效能。

在采用内部招聘形式时，要遵循公开公平、唯才是用、用人所长等原则，尽可能征得员工的同意，要有利于前厅管理与服务工作，有利于充分调动广大员工的工作积极性，增强酒店的凝聚力。

二、员工招聘的程序

师傅讲授：

（一）确定招聘岗位

各部门各岗位由于人员流动、工作需要或因对员工工作部门和岗位的调整而人员编制不足。各部门、各岗位管理人员应根据本部门实际运转需要，确定空缺职位和所需招聘人员数量。

（二）制作招聘广告

招聘广告是员工招聘的重要工具之一，设计的好坏，直接关系到应聘者的素质和招聘效果。

招聘广告内容应包括酒店的简要介绍、应聘者的岗位职责和资格要求，以及应聘者的工资福利待遇等内容。酒店人力资源部或前厅部管理者根据工作岗位需要，制订相应的岗位职责，确定该岗位员工应具备的资格要求。人力资源部依据所聘岗位的职责和资格要求制作招聘广告。

（三）发布招聘广告

酒店通过报纸、广播、电视、网络等各种招聘途径对外发布招聘信息，吸引应聘者。招聘广告应主题明确，内容真实明了，用词应简洁通俗，易于应聘者理解。

因为广告费用的多少取决于广告所占的时间或版面，所以广告用语应尽量简洁明了，避免冗长含糊，力求以最少的文字明确地传达最多的信息，充分发挥广告宣传的效果。

在招聘过程中，发布信息是重要而关键的一个环节。只有在适当的时机，运用适当的渠道刊登广告，才能吸引酒店所需要的人才前来应聘。

（四）选择合格人选

人力资源部及前厅部有关人员共同对应聘资料进行整理和筛选，初步确定基本符合应聘资格的招聘对象。选择的标准通常是应聘者的个人简历（包括经历、学历、技能等，以相应证书或证明为凭）是否符合酒店的要求，相关证明文件是否真实。

应聘者应提供个人简历、相关学历证书和经历证明的复印件，以及其他各种职称、技能证书的复印件。

（五）安排面试

酒店人力资源部安排选拔出的符合酒店招聘要求的应聘人员参加面试，以考察应聘者的性格、应变能力及个人综合素质。

（六）汇总面试结果，安排体检

完成对应聘者的综合测试之后，由参与测试的人员共同评定每个应聘者的综合得分，按一定比例选择成绩优秀者参加体检。因为酒店业属于服务性行业，所有从业人员必须身体健康，无任何传染性及其他不适合服务性工作的疾病，持"健康证"才能上岗工作。

（七）撰写招聘工作小结

招聘的主要负责人要撰写招聘小结，真实地反映招聘工作的全过程，明确指出成功和不足之处，主要包括招聘计划、进程、结果、经费、评定等内容。

上由酒店人力资源部组织实施，前厅部通常还要安排新员工参观前厅部内各主要工作岗位，介绍新老员工相识，帮助新员工尽快适应工作环境。

由于各酒店的管理体制和模式上的不同，前厅部员工录用手续也不尽相同，但目的都是帮助员工尽快熟悉新的工作环境，适应新的工作岗位，建立同事间良好的合作关系。

三、员工招聘应注意的问题

师傅讲授：

（1）轻率下结论。

（2）强调负面信息，过度关注求职者某一方面的缺点，以偏概全。

（3）面试官不熟悉应聘岗位的职责、业务、技术等情况。

（4）用人部门需求紧迫，导致急于雇佣。

（5）求职者次序错误，一般而言，最先被面试的人比较吃亏，因为，面试开始的时候，面试官都会按照一个比较理想的标准来衡量应聘者，所以在招聘中经常发生这样的情况：最早被面试的感觉不错的某人，得分却比较低。

（6）过分注重应聘者的外表（长相、性别、仪表）。

（7）不注重给求职者好的感觉。例如，面试官的素质偏低、面试场所不整洁等。

（8）面试准备不足。面试官匆匆上场、面试提纲和面试评估表准备不好等，都对面试质量有重要影响。

课堂互动：

同学们联系实际经验，谈谈你对招聘过程中的问题和解决方案进行讨论。

徒弟记忆：

（1）了解招聘的基本途径和方法。

（2）掌握招聘的基本原则。

（3）会分析招聘中出现的问题。

拓展提高：

1.如果你作为人事部门的工作人员，你更喜欢什么样的人才？

2.招聘过程中会问哪些问题？

3.通过你的了解，分析当下酒店招聘的途径还有哪些？

项目二　酒店员工培训

【企业标准】

一家酒店经营成功的关键在于人才，在于有无一批忠诚、稳定的高素质服务人员和管理人员。所以，拥有合格的员工仅仅是保证酒店良好运转的第一步；酒店还应该通过系统、持续的培训，培养高素质、高水平、高技能的服务和管理人员。本节的学习，学生需要掌握员工培训的基本方法及员工培训的意义。

【师傅要求】

1. 培训的目的和意义。
2. 培训的原则。
3. 培训的内容。
4. 培训的类型。
5. 培训的方法。
6. 培训的程序。

【师徒互动】

酒店员工培训既可以培养酒店自己的管理人员，又可以激励员工积极工作，不断进取，促进酒店的良性发展。"培训是酒店成功的必由之路""培训是酒店发展后劲之所在""没有培训就没有服务质量"，已成为很多业内人士的共识。

一、培训的目的和意义

师傅讲授：

培训是酒店人力资源管理与开发的重要内容，也是一种最有价值的双赢投资。培训是酒店和个人双重受益的行为，不仅可以提高员工的积极性和创造性，增加酒店产出的效益和价值，而且能够提高员工的素质和能力，增强员工对酒店的归属感和责任感。有效的培训可以减少事故的发生、降低成本、提高工作效率和经济效益，从而增强酒店的市场竞争力。在前厅服务工作中，如何使前厅服务人员能够按照规定的服务程序操作，达到规定的服务标准，必须经过严格、有序、有效的培训，才能达到这一目的。培训的意义突出表现在以下几方面：

（一）培训有助于改善酒店的经营管理成果

酒店经营管理目标的实现是以员工个人绩效的实现为前提和基础的，有效的培训工作能够帮助员工提高知识和技能水平，增进他们对企业战略、经营目标、规章制度以及工作标准等的理解，从而有助于改善他们的工作业绩，进而提高酒店的经营效益。

（二）培训有助于增进酒店的竞争优势

构筑自己的竞争优势是所有酒店在激烈的竞争中谋求生存和发展的关键所在。当今时代，随着知识经济的迅猛发展和科学技术的突飞猛进，酒店的经营环境日益复杂多变。通过培训，可以使员工及时掌握新的知识、新的技术，增强酒店的竞争优势。

（三）培训有助于增强员工的满足感

对员工进行培训可以使他们感受到酒店对自己的重视和关心，这是增强其满足感的一个重要方面。此外，对员工进行培训，可以提高他们的知识技能水平，而随着知识技能水平的提升，员工的工作业绩能够得到提升，这有助于他们获得成就感，这也是增强其满足感的一个重要方面。

（四）培训有助于培育酒店的企业文化

研究表明，良好的企业文化会对员工产生强大的凝聚、规范、导向和激励作用，这对酒店来说有着非常重要的意义。因此，很多酒店越来越重视企业文化的建设。作为酒店成员共有的一种价值观念和道德准则，必须得到全体员工的认可，这就需要不断地向员工进行宣传教育，而培训就是其中非常有效的一种手段。

二、培训的原则

师傅讲授：

（一）长期性

员工培训不是一次性的，而是持续性、终身性的。学习不仅是员工的一种生存手段，也是一种内在精神的需求，培训将成为员工生活的一部分，并在学习中不断寻求适宜于自己进步的有效途径和方法。由于消费群体的需求日益提高，使得市场不断发展，这就决定了培训的长期性。另一方面，酒店员工队伍的不断完善更替、变化，也决定了培训的长期性。

（二）系统性

前厅部对员工的培训应形成制度，针对每个员工的不同情况制订系统的培训方案和

计划，以达到培养业务骨干的目的。

系统化的培训要求培训内容、培训计划具有连续性和计划性，而不能漫无边际、毫无目的地安排培训内容或简单地"头痛医头，脚痛医脚"，更不能"三天打鱼，两天晒网"。只有有计划的连续性培训才能真正收效，达到培训目的。

前厅部各岗位主管可根据各岗位工作的特点及不同员工的基础和素质条件，有针对性地制订不同的培训计划，确立短期、中期和长期培训目标，确定不同阶段的培训主题，通过系统的培训循序渐进地提高员工的业务素质，将员工培养成为能够独当一面的优秀人才。

（三）层次性

针对培训对象的岗位、工种、职能特点来确定培训内容，以便获得期望的培训效果。例如对初级前厅服务员的培训内容确定为"能做"和"会做"。

（四）实效性

如果说系统性培训强调的是过程，那么，实效性培训强调的则是培训效果，通过组织、培训、考核，使员工达标，将服务工作做得更好。

（五）科学性

培训的科学性不仅体现在培训组织、培训方法和培训手段的科学性方面，还体现在培训内容的科学性等方面，如采用最新培训手段，使培训过程充满活跃、融洽、欢快的气氛。

（六）针对性

现代酒店的培训正在因时、因地、因人而不断发生变化，酒店和员工都对培训提出了更高的要求，这使得培训必须由"制式"向"应式"转变，即各种培训都要为特定的酒店、特定的部门或特定个人精心设计，课程安排和教师聘请要针对特定需求。

（七）因人施教

前厅部岗位繁多，员工水平参差不齐，而且员工在人格、智力、兴趣、经验和技能方面，均存在个别差异。所以对担任工作所需具备的各种条件，各员工所具备的与未具备的亦有不同，对这种已经具备与未具备的条件的差异，在实施培训时应该予以重视。显然，前厅部进行培训时应因人而异，不能采用普通教育"齐步走"的方式培训员工。也就是说要根据不同对象，选择不同的培训内容和培训方式，有的甚至要针对个人制订培训发展计划。

三、培训的内容

师傅讲授：

（1）规章制度。

（2）服务意识与职业道德。

（3）仪表仪容和礼节礼貌。

（4）服务操作程序及规范。

（5）服务技能和技巧培训。

（6）客房销售艺术培训。

（7）沟通协调能力、应变能力等。

（8）安全消防知识。

（9）外语。

（10）管理人员的管理技能。

四、培训的类型

师傅讲授：

根据培训对象、目的、内容和形式，前厅部员工的培训工作主要有以下几种类型。

（一）入职教育

入职教育的对象是刚招聘的新员工，这项工作通常由酒店的人力资源培训部负责。入店教育的主要内容包括：

（1）举行欢迎仪式；

（2）学习酒店的员工手册；

（3）熟悉酒店的环境、了解酒店的情况；

（4）办理有关手续；

（5）解释疑难。

新员工的入店教育是一项非常重要的工作。各酒店的人力资源部都应有一套完整的方案。入店教育结束后，新员工即可到前厅部接受上岗前的培训。

（二）岗前培训

新员工在上岗前必须接受专门的业务培训，培训结束后，还须接受严格的考核。考核合格才能正式上岗。新员工的岗位培训是酒店培养和造就合格员工的最佳时机，是一种针对具体部门的服务程序、服务规范而进行的培训，培训以实用为主要宗旨。岗前培训以具体服务方法、具体操作技能的培训为主，往往由易及难、循序渐进。时间一般以10~15天为宜。

（三）在职培训

在职培训是在酒店经营中不间断进行的，是员工培训的重点。在职培训是对员工的业务知识、工作能力、工作态度进一步提高的培训。如对服务程序、服务水平、礼貌用语等的培训，使服务质量和服务水平得到进一步的提高，从而为客人提供更为优质的服务。在职培训通常采用下列几种方式进行：

（四）发展培训

发展培训的主要目的就是培养管理人员和业务骨干。对在酒店从事管理工作的人员或有管理潜能的员工，通过培训使其能够担任更高层次的职务或承担更重大的责任，发挥更大的作用。这种培训的内容和方式等需要根据培训对象的基础及发展的目标与具体情况来确定和安排，通常要有一套系统的方案，包括培训内容、要求、时间安排、指导教师、培训方式、考试方法等。培训工作的重点是工作技能、工作技巧，如怎样组织他人工作，如何为班组成员创造一个良好的工作环境等。同时，应注意对受训者角色转变的培训，使受训者适应由被管理者到管理者的转变、由被动执行操作指令转为主动发布指令这种变化的要求。

五、培训的方法

师傅讲授：

实践证明，适当的培训方法不仅能够激发受训者的兴趣，而且能够使培训工作起到事半功倍的效果。因此，培训方法的选择是培训工作的一个重要问题。常见的培训方法有下列几种。

（一）讲解法

以知识性为主题的培训常采用这种培训方法，通过老师的讲解向学生传授知识和经验。这种方法往往也是最枯燥的方法。采用这种方法，一方面对老师的要求很高，另一方面对场地和教学设备也有很多要求。没有这方面的条件做保障，讲解很难收到很好的效果。

（二）讨论法

讨论法是对某一专题由受训者进行讨论，由培训教师进行引导和归纳的培训方法。这种方法强调受训者的参与，对激发受训者的兴趣有较大帮助。采用这种方法要求培训教师对讨论的议题进行充分的准备，同时还要求培训教师有较强的组织能力，这样才能收到较好的效果。

（三）案例研讨法

对工作中发生的案例或工作中可能发生的情况进行集体研讨和分析，从而提高受训者解决问题的能力。如果能采用受训者亲身经历过的事情作为案例进行研讨，则效果会更佳。

（四）操作示范法

这种方法主要适用于技能培训，即通过老师演示、学员模仿来培训学员的操作技能。一般先由培训教师进行示范操作，再由受训者进行训练。培训教师对其操作情况进行总结和点评。经过反复训练，使受训者达到操作要求。

（五）模拟培训角色扮演法

这是一种能够将学习和兴趣、特长结合起来的培训方法，常常由学员分别扮演各种特定的角色，如服务员和客人等，这些学员在表演过程中可感受气氛、获得知识、悟出道理，而其他观看的学员也能受到启发和教育。这种方法是通过模拟不同的职位和服务情景，提高受训者解决问题能力的方法。如通过模拟客人投诉的场景，来训练受训者解决问题的能力；模拟客人入住，训练员工的操作技能等。

培训除了以上几种方法外，还有一些非常方便、很有实效的方法可以采用，如影视录像、照片图表、参观考察、交流研讨、单项竞赛等。总之，在实际工作中，可根据需要而灵活多样。

六、培训的程序

前厅部员工培训包括准备培训、实施培训、技能实习，跟踪检查这几个步骤。

（一）准备培训

师傅讲授：

对成功的培训来说，准备工作是十分重要的。没有充分的准备，培训会缺乏逻辑顺序，工作的重要细节也会被忽略。培训之前，前厅部经理必须进行工作分析并发现培训需求。

1. 工作分析

工作分析（Job Analysis）。工作分析是确定员工必须掌握什么知识，他们要完成什么任务，以及执行任务时必须达到的标准。工作分析可分为三步：确定工作所需的知识、制定任务单、为前厅部各岗位的每项任务进行工作分解。知识、任务单和工作分解构成了评价工作的有效体系。

（1）工作知识（Job Knowledge）。工作知识明确了员工在进行工作时需要了解哪些内容。工作知识可以分为三类：酒店全体员工的知识，前厅部员工的知识以及各岗位（如总台接待员）的知识。

（2）任务清单（Task List）。一份"任务清单"反映出一个岗位的全部工作职责。

只要有可能，任务清单都应按每日工作的逻辑顺序列出任务。

（3）工作分解（Job Breakdown）。工作分解是用一张表列出需要的设备、用品和步骤。为了适应各项工作的需要，工作分解的形式可以有所变化。

2. 发现培训需求

（1）新员工的培训需求任务清单是做员工培训计划的良好工具。因此开始培训之前，先研究任务清单。然后，再根据单独工作之前应该掌握的各项任务，来分步实施培训计划。

（2）分析现有员工的培训需求，一份培训需求评估表能找出一位员工的弱点，同样也能找出全体员工的弱点。要对一位员工进行需求评估，记录在相关的表格里。员工得分较差的地方就是计划培训的目标所在。

（3）酒店制定培训计划，每三个月左右一次，在下一季度开始前的一个月完成各个计划。可按照以下步骤准备培训：①认真复习培训中要用到的所有知识资料和工作分解内容；②为接受培训的每一个人复印一份知识资料和工作分解内容；③制定培训日程；④选好培训时间和地点；⑤把培训的日期和时间通知员工；⑥实施授课。

【师徒互动】

（二）实施培训

实施培训实际上就是按照"工作分解表"的内容进行培训，"工作分解表"是培训指南，培训要遵循工作分解中各步骤的顺序。在每一步骤，演示并告诉员工要做什么、怎样做，以及细节的重要性。让新员工学习任务清单，从而对他们将要学着去做的所有任务有一个总体印象。实施培训的方法有以下几种。

1. 讲授法

这是培训中最简单也最常用的方法。值得注意的是，运用讲授法对酒店员工进行培训时，绝不能只进行单方面的灌输，培训员应在整个讲述过程中激发参加培训的人员回答问题，抒发见解，进行双向沟通。

2. 案例分析法

案例分析法要求参加培训的员工深入思考和描述工作实例，分析其背景、原因、发生过程，找出理论依据或解决办法。案例分析法的运用容易引起参加培训人员的兴趣，激发研讨热情，促进相互之间的交流，并且可以结合前厅部日常服务的实际情况，进行生动的教学。

3. 角色扮演法

角色扮演法是让员工模拟实际情景、扮演各种角色来进行培训的一种方法。角色扮演法趣味性强，可以让受训者有机会通过实践学到知识，加深受训者的理解，使之印象深刻。

4. 培训者演示、受训者模仿法

培训者演示、受训者模仿法是指培训者向参加培训的员工讲授正确的操作方法，带领其观看实际工作的操作执行过程后，让其模仿、实践。在员工行为模仿实践时，培训者会纠正其操作中的错误行为，直到他们掌握操作要领。

5. 视频培训法

视频培训法即使用录像带或影碟进行培训的方法，这种培训方式的优点在于观看者可以跳过或者重复观看某些片段；也可将员工自身的操作行为录下来，让员工自己再看一遍，并对自己的表现提出意见。

6. 问题讨论法

问题讨论法是将某一问题，设定一定的限制条件，引导员工展开讨论并进行指导，最终得出正确结论的培训方法。这种培训方法可使受训员工相互启发并各抒己见。员工能够相互交流经验体会，从而达到提高认识的目的。

（三）培训效果评估

师傅讲授：

1. 运用科学方法评估培训效果

培训效果是指在培训过程中，参加培训的员工所获得的知识、技能、才干等应用于工作的程度，以及由此带来的酒店或部门的绩效水平的提高。

2. 酒店对培训效果进行评估

主要是研究员工的工作行为是否在培训后发生了变化。这种变化是否是由培训引起的，是消极的变化还是积极的变化。

师傅总结：

综上所述，对酒店前厅部员工进行培训，酒店培训部以及前厅部应该通过培训需求分析，明确培训目的，了解目标学员（目标市场）的培训需求和接受能力，针对培训员和受训人员的要求，设计培训内容，确定授课方法，计划培训时间，准备所需培训设备、培训材料，做好培训预算，列明培训评估的方法，并由此制订年度培训计划、月度培训计划以及每周的培训计划，之后要通过对培训效果的考核和评估，判断培训是否给酒店前厅的服务和管理带来了积极的效果。这样才能有的放矢地开展培训并取得预期的培训效果。

课堂互动：

在本节的基础上，教师模拟对学生进行培训，提高学生的知识记忆。

徒弟记忆：

（1）明确员工培训的意义。

（2）对员工培训的基本原则和基本方法有一定的认识。

（3）能够自己制定一套员工培养方案。

【拓展应用】

1. 员工培训是每个岗位必须进行的第一课，你认为怎么提高培训效率？

2. 分析员工培训过程中初选的问题和对策。

3. 你怎么看待员工培训这个问题？

项目三　酒店员工的薪酬管理

【企业标准】

在现代企业人力资源管理中，薪酬管理是非常重要的内容，建立合理、有竞争力的薪酬体系，充分发挥薪酬体系的"双刃剑"作用，是一项非常重要的工作。本节的学习，学生需要掌握如何使员工薪酬分配更合理。

【师傅要求】

1. 员工薪酬管理的原则。

2. 设计薪酬体系的基本程序。

3. 薪酬体系设计过程中应该注意的问题。

【师徒互动】

一、员工薪酬管理的原则

薪酬管理（Compensation Management）是根据企业总体发展战略的要求，通过管理制度的设计与完善和薪酬激励计划的编制与实施，最大限度地发挥各种薪酬形式，如工资、奖金、福利等激励作用，为企业创造更大的价值。从本质意义上说，薪酬是对人力资源的成本与吸引和保持员工的需要之间进行权衡的结果。有效的薪酬管理应遵循的原则如下所示：

（一）公平性原则

公平性既包括横向公平又包括纵向公平。横向公平主要是与其他员工进行比较，即员工得到的报酬应与其他相同性质员工获得的报酬相同。纵向公平主要是与员工自身相比，即自己现在获得的工资水平应该高于或者等于以往的工资水平。薪酬的公平性在一定程度上有利于员工积极开展工作，防止不公平现象造成员工积极性降低。此外，公平性原则还包括外部公平和内部公平。

（二）透明性原则

薪酬方案应当是公开和透明的，让员工清楚地了解其薪酬收入与贡献、能力和绩效表现间的联系，从而通过薪酬系统充分激发员工的工作热情，让员工积极投入到自己的工作当中，做好岗位规定的工作。如果薪酬方案不够透明，会让员工迷茫于自己的工作表现与获得的经济利益回报的相互关系，得不到薪酬上的反馈会使员工缺乏目标激励。

（三）激励性原则

有效的薪酬管理应能够激励员工努力工作，多做贡献。应当注意的是，如果企业的薪酬水平设置得过低，不但不能起到原有的激励作用，相反，还会因为过低的薪酬水平损害员工的工作积极性，甚至出现员工怠工、缺勤或离职的现象，严重影响企业的经营绩效。因此，薪酬发挥激励作用的前提是薪酬水平具有竞争力，要等于或者高于其他企业的薪酬水平。

（四）竞争性原则

竞争性原则即公司的薪酬水平与其他公司相比具有一定的竞争优势。这有利于企业吸引、保留和激励高素质的人才，增加企业的整体竞争力。当然，处于行业领导地位的公司整体薪酬水平应该明显高于同行业的跟随者。

（五）经济性原则

员工薪酬构成企业生产成本和管理成本的重要部分。在薪酬设计时应该充分考虑经济性原则，避免过高的人工成本，防止薪酬标准制定过高而给企业造成高成本负担，影响企业服务和产品的市场竞争力。

（六）合法性原则

旅游企业制定和执行的薪酬和福利体系，必须符合政府的有关法律和法规。例如，企业在制定最低薪资标准的时候不能低于政府制定的最低工资标准。

企业只有做好员工薪酬管理，才能做好企业管理，在做好员工薪酬管理前，要去了解企业管理模式。在现代企业人力资源管理中，薪酬管理是非常重要的内容，建立合理、有竞争力的薪酬体系，充分发挥薪酬体系的"双刃剑"作用，是一项非常重要的工作。现代企业管理要求建立适应现代企业制度和市场竞争要求的薪酬分配体系，新型的薪酬管理体系是"以人为本"企业管理制度的重要组成部分。设计企业薪酬体系的基本程序以及企业薪酬体系设计中应该注意的问题如下。

二、设计薪酬体系的基本程序

薪酬体系的建立是一项复杂而庞大的工程，不能只靠文字的堆砌和闭门造车的思考来完成薪酬体系的设计。我认为设计企业的薪酬体系应该遵循以下几个基本程序。

师傅讲授：

（一）合理而详尽的岗位分析

岗位分析是企业薪酬管理的基础。岗位分析也可称为工作分析或岗位描述，即根据企业发展战略的要求，通过采用问卷法、观察法、访谈法、日志法等手段，对企业所设的各类岗位的工作内容、工作方法、工作环境以及工作执行者应该具备的知识、能力、技能、经验等进行详细的描述，最后形成岗位说明书和工作规范。岗位分析是一项基础工作，分析活动需要企业人力资源部、员工及其主管上级通过共同努力和合作来完成。员工的工资都是与自己的工作岗位所要求的工作内容、工作责任、任职要求等紧密相连的。因此，科学而合理地分配薪酬必须同员工所从事工作岗位的内容、责任、权利、任职要求所确立的该岗位在企业中的价值相适应。这个价值是通过科学的方法和工具分析得来的，它能够从基本上保证薪酬的公平性和科学性，也是破除平均主义的必要手段。

（二）公平合理的岗位评价

岗位评价是在对企业中存在的所有岗位的相对价值进行科学分析的基础上，通过分类法、排序法、要素比较法和要素点值法等方法对岗位进行排序的过程。

岗位评价是新型薪酬管理体系的关键环节，要充分发挥薪酬机制的激励和约束作用，最大限度地调动员工的工作主动性、积极性和创造性，在设计企业的薪酬体系时就必须进行岗位评价。

（三）薪酬市场调查

薪酬的外部公平性是对企业薪酬水平与同行业、本地区劳动力市场价格相比较是否平衡的要求。企业的薪酬体系要达到这个目的，就必须在薪酬体系设计之初进行详细的薪酬市场调查，摸清行情，相机而动。只有这样，才能保证薪酬体系的激励性和吸引力，才能真正发挥"双刃剑"的作用。

（四）薪酬方案的草拟

在完成了上述 3 个阶段的工作，掌握了详尽的资料之后，才能进行薪酬方案的草拟工作。薪酬体系方案的草拟就是要对各项资料及情况进行深入分析的基础上，运用人力资源管理的知识开始薪酬体系的书面设计工作。

（五）方案的测评

薪酬方案草拟结束后，不能立刻实施，必须对草案进行认真的测评。测评的主要目的是通过模拟运行的方式来检验草案的可行性、可操作性，预测薪酬草案的双刃剑作用是否能够很好地发挥。

（六）方案的宣传和执行

经过认真测评以后，应对测评中发现的问题和不足进行调整，然后就可以对薪酬方案进行必要的宣传或培训。薪酬方案不仅要得到企业上中层的支持，更应该得到广大员工的认同。经过充分的宣传、沟通和培训，薪酬方案即可进入执行阶段。

（七）反馈及修正

薪酬方案执行过程中的反馈和修正是必要的，这样才能保证薪酬制度长期、有效实施。

另外，对薪酬体系和薪酬水平进行定期的调整也是十分必要的。

三、薪酬体系设计过程中应该注意的问题

师傅讲授：

（一）公平性是薪酬制度的基本要求

合理的薪酬制度首先必须是公平的，只有公平的薪酬才是有激励作用的薪酬。但公平不是平均，真正公平的薪酬应该体现在个人公平、内部公平和外部公平3个方面。

个人公平就是员工对自己的贡献和得到的薪酬感到满意。从某种程度上讲，薪酬即是企业对员工工作和贡献的一种承认，员工对薪酬的满意度也是员工对企业忠诚度的一种决定因素。

内部公平就是员工的薪酬在企业内部贡献度及工作绩效与薪酬之间关系的公平性。内部公平主要表现在两个方面，一是同等贡献度及同等工作绩效的员工无论他们的身份如何（即无论是正式工还是聘用工），他们的薪酬应该对等，不能有歧视性的差别。二是不同贡献度岗位的薪酬差异应与其贡献度的差异相对应，不能刻意地制造岗位等级差异。

外部公平是指企业的薪酬水平相对于本地区、同行业内在劳动力市场的公平性。科学管理之父泰勒对此有深刻的认识，他认为，企业必须在能够招到适合岗位要求的员工的薪酬水平上增加一份激励薪酬，以保证是该员工所能找到的最高工资的工作。这样，一旦员工失去这份工作，将很难在社会上找到相似收入的工作。因此，一旦员工失去工作，就承担了很大的机会成本。只有这样，员工才会珍惜这份工作，努力完成工作要

求。外部公平要求公司的整体工资水平保持在一个合理的程度上，同时对于市场紧缺人才实行特殊的激励政策，并关注岗位技能在人才市场上的通用性。

（二）应充分认识到薪酬在人力资源管理中的重要性

薪酬在人力资源管理中有着非常重要的作用，作为企业经营者和人力资源管理人员，必须对薪酬的重要性及其双刃剑作用有清醒的认识。与"得到的取决于付出的"一样，"付出的依赖于得到的"也是人力资源管理中的一条重要定理。现在，薪酬不再被看作是一种不可避免的成本支出，而是应该被看作一种完成组织目标的强有力的工具，看成企业用人、留人的有效的晴雨表。

要充分认识到薪酬在企业人力资源管理中的重要性，就必须对薪酬进行正确的定位。薪酬能为企业做什么，不能做什么？任何一家企业的薪酬设计以及管理过程都是建立在对此问题回答的基础上，而许多企业在薪酬管理方面出现失误往往都是由于未能认真思考及对待这一问题。从薪酬管理的实践来看，唯薪酬论和薪酬无用论都是片面的，都是不正确的。

因此，一方面要承认，较高的薪酬对于某些特定人群尤其低收入者和文化素质不高的人还是有较明显的激励作用。但在另一方面又必须清醒地认识到，对于企业中的高素质人才而言，"金钱不是万能的"，加薪产生的积极作用也同样遵循边际收益递增然后递减的规律。而减薪之前更要考虑稳定性的因素。

（三）薪酬制度的设计必须处理好短期激励和长期激励的关系

薪酬的激励作用是大家都承认的，但如何处理好薪酬体系的短期激励和长期激励的关系是一个更重要的问题。要处理好薪酬的短期激励和长期激励的关系，应该处理好以下几个问题。

（1）必须全面地认识薪酬的范畴，薪酬不仅仅是工资，它应该是包括各类工资（基本工资、岗位工资、绩效工资等）、奖金、职务消费、各类补贴、各类福利的一个整体系统。

（2）在设计薪酬方案的时候，首要考虑的因素应该是公平性。公平性是好的薪酬方案激励性和竞争性的基础。

（3）在处理薪酬各部分的时候，要区别对待。对各类工资、奖金、职务消费就应该按岗位和贡献的不同拉开差距，而对于各类福利就应该平等，不能在企业内部人为地制造森严的等级。

（四）薪酬的设计要处理好老员工与新员工的关系

企业的发展是一个长期积累的过程，在这个过程中，老员工是做出了很大贡献的。同时，不断地引进企业所需的各类人才也是人力资源管理的重要工作。因此，在设计企业薪酬体系时，既要体现对老员工历史贡献的认同，又要注意避免过分的新老员工薪酬差异造成新员工的心理不平衡和人才的流失。

（五）薪酬的设计要注意克服激励手段单一，激励效果较差的问题

设计企业的薪酬体系尤其要注意发挥薪酬的激励作用，然而"金钱不是万能的"，如何克服薪酬在激励方面表现出来的手段单一和效果较差的问题是薪酬设计中的一个重要问题。

员工的收入差距一方面应取决于员工所从事的工作本身在企业中的重要程度以及外部市场的状况，另一方面还取决于员工在当前工作岗位上的实际工作业绩。然而，许多企业既没有认真细致的职位分析和职位评价，也没有明白客观、公平的绩效评价，所以拉开薪酬差距的想法也就成了一种空想，薪酬的激励作用仍然没有发挥出来。

（六）企业的薪酬制度调整要在维护稳定的前提下进行

薪酬分配的过程及其结果所传递的信息有可能会导致员工有更高的工作热情、更强烈的学习与创新愿望，也有可能导致员工工作懒散、缺乏学习与进取的动力。因此，在对企业的薪酬制度进行调整时必须以维护稳定为前提，要注意维护大多数员工的利益和积极性。损害大多数员工的利益，挫伤大多数员工的积极性的薪酬改革是不可取的。

 课外拓展

目前劳动法对于薪酬的约束，主要体现在以下几个方面。

（1）底薪必须不低于当地最低工资线。应对方法很简单，就把底薪和当地最低工资水平等同起来，然后水涨船高。

（2）每周工作时间必须在40小时，超过部分要给予加班费。对于工作时间超过规定的企业，应对方法就是在底薪之上增加岗位津贴，作为超时工作的津贴。

（3）必须按国家规定缴纳社保。应对方法唯有照章办事，给予任何形式的现金补贴都无效。给了，有关部门查起来，还是违法，需要补缴。

（4）除了固定的作息时间以外，出现加班，包括延时加班和节假日加班，加班费的发放均有规定的比例，必须遵守。

徒弟记忆：

企业薪酬体系是一项复杂而庞大的工程，只有对薪酬体系进行多方面、全方位的设计，才能保证薪酬的公平性和科学性，充分发挥薪酬机制的激励和约束作用，使薪酬成为一种完成组织目标的强有力的工具。

应用拓展：

1.员工薪酬管理对员工积极性的影响是什么？

2. 在实际管理中如何使员工薪酬管理更加科学化？

3. 作为酒店员工，除了薪酬待遇外，你还想要什么福利？

项目四　酒店员工的考核

【企业标准】

员工考核是酒店管理中很重要的环节。员工的工作绩效是推动酒店发展的重要动力。为了保证员工能够高效率地工作，酒店管理者不仅应挑选具有良好素质的员工，还应制定出完善的考评制度来充分调动员工的工作积极性，促使员工不断努力工作。本节将对此进行重点介绍，学生也应该在这方面进行重点记忆。

【师傅要求】

1. 绩效考核的定义。

2. 绩效考核的内容。

3. 绩效考核的原则。

4. 绩效考核的方法。

【师徒互动】

师傅讲授：

一、绩效考核的概念

绩效考核就是管理者用系统的方法、原理来评定、测量员工的工作行为和工作效果，以确定其工作成绩的管理方法，是对员工的工作完成情况进行定性和定量完成工作的过程。

二、绩效考核的内容

（1）绩效界定，就是要确保管理者和员工达成共识，即对组织而言哪些对面是最重要的，其基础就在于工作分析，同时根据双方沟通的结果达成协议，该协议要对员工的工作职责、工作绩效的衡量、双方的协同、障碍的排除等问题做出明确的要求和规定。

（2）绩效衡量，就是要根据协议所确定的标准进行绩效的评价。

（3）绩效反馈，是指向员工提供绩效评价的结果，由管理者和员工就绩效情况进行探讨，以便员工能够根据组织的目标来改进自己的绩效，同时管理者与员工共同商量并协助其制订个人工作改进计划，并确保个人培训和发展计划的实现，以促进个人的发展。

师傅总结:

由此可见,绩效考核是依据管理者与员工之间达成的协议来实施的一个动态沟通过程。绩效考核的着重点不是为了解释过去如何,而是要将考核结果作为组织和个人未来规划的基础和依据,更多地集中于未来绩效的提高而不是过去绩效的评价。因此,脱离了这个中心的单纯的绩效衡量难以发挥绩效考核的应有功能,只会是"走形式""做样子"。

徒弟记忆:

三、绩效考核的原则

1. 客观性原则

绩效考核必须严格遵守客观公正这一基本原则。客观即实事求是,公正即不偏不倚,按照考核标准,一视同仁地进行考核。

2. 考核方法多样化原则

在条件许可的情况下,应尽可能选用两至三种不同考核方法相结合的方式来进行评估。

3. 明确性、公开性原则

酒店的绩效考核标准、考核程序和考核责任都应当有明确的规定,而且在考核过程中应当遵守这些规定。

4. 一致性原则

酒店的考核中,由不同的评估人,按照同样的考核标准和考核程序来对同一员工的绩效进行评估,其评估的结果大致上应该相近。

5. 可行性原则

可行性原则意味着两方面的要求必须予以满足:一是评估的成本必须控制在可接受的范围内;二是考核标准、考核程序以及考评人必须能得到大多数被考评人的认可。

6. 阶段柱和连续性相结合的原则

考核的阶段性是对酒店员工平时考核的各项考核指标数据的积累。考核的连续性要求对历次积累的数据进行综合分析,以求得出全面和准确的结论。

7. 敏感性原则

敏感性原则又称区分性原则。它是指考核系统应具备有效区分工作效率高与工作效率低的员工的能力。

8. 及时反馈原则

酒店绩效考核的结果一定要及时反馈给被考核者本人,否则就起不到考核的引导、教育作用。在反馈考核结果的同时,应当向被考核者就考核结果进行说明和解释,肯定成绩和进步,说明不足之处,提供今后努力方向的参考意见等。

师傅总结：

此外，还要强调的是，酒店的绩效考核必须同酒店人力资源管理的其他环节（如培训、升迁、薪酬决策等）挂钩，做到有针对性地考核，这样才能保证考核的实用性和成本的合理性。

四、绩效考核的方法

酒店绩效考核的关键，是运用各种方法收集每个员工的工作状态、工作行为、工作结果等方面的信息，并将其转化为员工工作的评价。酒店绩效考核的方法主要有以下几种。

1. 排序法

排序法是酒店依据某一考核维度，如工作质量、工作态度或者员工的总体绩效，将被考核者从最好到最差依次进行排序。

2. 关键事件法

关键事件法是指对酒店部门的效益产生积极的或消极的、重大影响的事件被称为关键事件。这种方法是由美国学者弗拉赖根和伯恩斯共同创立的，就是通过观察，记录下有关工作成败的"关键"性事实，依此对员工进行考核评价。关键事件法要求保存最有利和最不利的工作行为的书面记录。

3. 配对比较法

配对比较法也可以叫作两两比较法或对偶比较法，是一种较为细化和有效的方法，本质上也是排序法的一种。

4. 量表评等法

量表评等法是应用最广泛的绩效考核法。量表评等通常包括几项有关的考核项目，如评估酒店中级管理人员的工作业绩时，制订的考核项目一般有：政策水平、责任心、决策能力、组织能力、协调能力、应变能力和社交能力等方面，对每项设立评分标准，最后把各项得分与权数相加，即得出每项的绩效评分。

5. 行为锚定等级评价法

行为锚定等级评价法将关键事件法和量化等级评价法结合起来，其目的在于通过一种等级评价表，将关于特别优良或特别差劣绩效的叙述加以等级性量化，实现以上两种方法优点的结合。

6. 行为观察量表法

行为观察量表法也称为评价法、行为观察量表评价法，是在关键事件法的基础上发展起来的。

7. 360 度考核法

所谓"360 度考核"，就是对员工进行全方位的考核，即综合员工自己、上司、下属和同事的评价结果而得出的最终评价。360 度考核有利于使各类评价者优势互补，得出较为公正的结果。

课堂互动：

通过网上或者其他途径的查询，分析讨论员工考评的方式和策略。

徒弟记忆：

（1）了解员工考评的意义。

（2）掌握员工考评的基本原则和方法。

（3）能够根据员工状态制定合理的考评方案。

【拓展应用】

1. 作为员工，你更希望采取什么样的考评方案？

2. 作为员工，谈谈你对考评的理解（从员工的角度分析）。

3. 分析酒店考评对酒店的意义。

项目五　酒店员工的激励

【企业标准】

激励是通过某种有效的方法充分调动员工工作的积极性和创造性，激发员工潜能的过程。激励是现代管理学的核心，它在人力资源管理中具有特殊意义。本节的学习，学生需要对激励策略进行重点记忆。

【师傅要求】

1. 激励的概念。

2. 激励的原则。

3. 激励方法。

4. 激励中应注意的问题。

【师徒互动】

酒店前厅的管理者必须懂得激发员工的积极性和创造性，努力创建一个适合员工和企业共同成长发展的环境和氛围。管理者希望员工付出最大的努力，应该适当调整自己的激励政策以满足员工的需求和愿望。因此，我们应该知道什么是激励，如何正确开展激励。掌握激励的基本概念；掌握激励的基本理论；掌握并学会运用激励的模式与方法。

一、激励的概念

师傅讲授：

激励（Motivation）既是一个心理学概念，又是一个管理学概念。英语中的激励由动机（Motive）演化而来，基本含义即为激发动机。激励的目的在于充分利用所拥有的资源，使组织高效能地运转，以提高组织绩效，实现组织既定目标。对于酒店企业来说，就是要提高它的经济效益与社会效益。

激励，从其英语的字源学角度分析，来自动机一词。所谓激励，从语义学来定义，便是激发人的行为动机，通俗地说，就是激发士气、鼓励干劲，也就是人们常说的调动积极性。

徒弟记忆：

激励对管理，特别是人力资源管理的重要性不言而喻。人力资源管理的基本目的有四点，即吸收、保留、激励、开发企业的人力资源，显然激励是核心，如果能激发员工的干劲，就必能吸引来并保留住他们，而开发本身即是重要的激励手段。

激励的重要性不仅在于能使员工安心和积极地工作，还在于能使员工认同和接受本企业的目标与价值观，对企业产生强烈的归属感。

师傅讲授：

二、激励的特性

1. 目的性

任何激励行为都有其明确的目的性，这个目的是组织期望成员的一个行为结果，也可能是一个行为过程，但必须是一个现实的、明确的目的。通过激励，在实现组织目标的同时，也应最大限度地满足组织成员的个人需要与个人目标。

2. 相容性

激励以组织成员的需要或动机为出发点，通过对人的需要或动机施加影响，从而强化、引导或改变人们的行为，同时满足组织成员的合理需要，并且这些需要，有的是与组织的需要相兼容的。

3. 持续性

激励是一个由多种复杂的内在、外在因素交织起来产生持续作用和影响的复杂过程，而不是一个互动式的即时过程。

4. 多样性

根据马斯洛的需求层次理论，人们在组织及社会实践活动中形成了多种多样的需要，除基本的物质生活需要外，还有安全、社会交往、尊重、自我实现、认知与审美等多方面的需要，因此，对人的激励的作用点及其采用的激励手段与方式应是多种多样的。

5. 可变性

由于人的需要及行为受多种因素的影响，同一激励措施所产生的行为，表现在同一组织成员身上并不是不变的。同样，不同的人员的需要及行为也存在差异，同一激励导致的行为，在不同的人身上也有着不同的反应。因此，激励应因人、因地、因事的不同而调整。

6. 社会制约性

需要是人的主观感受与客观环境共同作用的结果，是受特定的社会历史条件制约的。因此，激励也就具有了社会制约性，不能超越所处的历史阶段。

【师徒互动】

三、激励的类型

不同的激励类型对行为过程会产生程度不同的影响，所以激励类型的选择是做好激励工作的一项先决条件。从激励内容的角度，可分为物质激励和精神激励；从激励作用的角度，可分为正向激励和负向激励；从激励产生原因的角度，可其分为外附激励和内滋激励。

（一）物质激励与精神激励

虽然物质激励和精神激励两者的目标是一致的，但是它们的作用对象却是不同的。前者作用于人的生理方面，是对人的物质需要的满足，后者作用于人的心理方面，是对人的精神需要的满足。随着人们物质生活水平的不断提高，人们对精神与情感的需求越来越迫切，比如期望得到爱、得到尊重、得到认可、得到理解等。

（二）正向激励与负向激励

正向激励是一种通过强化积极意义的动机而进行的激励，即当一个人的行为符合组织的需要时，通过奖赏的方式来鼓励这种行为，以达到持续和发扬这种行为的目的。负向激励是通过采取措施抑制或改变某种动机，即当一个人的行为不符合组织的需要时，通过制裁的方式来抑制这种行为，以达到减少或消除这种行为的目的。正向激励与负向激励作为激励的两种不同类型，目的都是要对人的行为进行强化，不同之处在于两者的取向相反。正向激励起正强化的作用，是对行为的肯定；负向激励起负强化的作用，是对行为的否定。

四、激励的原则

师傅讲授：

由于人的心理、需求和行为的复杂性以及外部环境的多样性，决定了在不同的情形

下，对不同的人进行激励的复杂性和困难性。在企业管理工作中，一般遵循和参考下面的激励原则。

（一）坚持目标合理的原则

激励往往和目标联系在一起，因此，应设立合理的目标，目标既不能设置过高，也不能设置过低。过高会使员工的期望值降低，影响积极性，过低则会使目标的激励效果下降。企业设置目标的目的，不仅是为了满足组织成员的个人需要，最终是为了有利于完成组织目标。只有将组织目标与个人目标结合好，使组织目标包含较多的个人目标，使个人目标的实现离不开为实现组织目标所作的努力，这样才会受到良好的激励效果。

（二）坚持物质激励与精神激励相结合的原则

人们进行社会活动，都是直接或间接地和物质利益联系在一起的。物质利益除了经济方面的重要作用外，还是人的安全、自尊的不可缺少的依据，因此在员工的物质利益未得到充分满足时，对员工的激励应注重物质利益原则。物质激励是基础，精神激励是根本，将精神激励和物质激励组合使用，可以大大激发员工的成就感、自豪感，使激励效果倍增。

（三）坚持公开、公平、公正的原则

激励应坚持公开、公平、公正的原则，切忌平均。公开是公平、公正的基础，公开的核心是信息的公开，包括制度、程序及结果的公开。公平性是员工管理中一个很重要的原则，员工感到的任何不公的待遇都会影响他（她）的工作效率和工作情绪，直接影响激励效果。

（四）差异化和多样化的原则

不同人的需求是不一样的，同一个人在不同时期的需求也是不一样的。所以相同的激励措施，对不同的人起到的效果是不同的。企业在制定和实施激励措施时，首先要调查清楚每个员工的真正需求，将这些需求合理地整理归纳，然后再制定相应的激励措施。对于处于不同需求层次的人，使用不同的激励手段。

（五）坚持奖惩结合的原则

企业管理中必须坚持有功则奖，有过则罚的原则。对有贡献者奖励是必须的，而对有过失者实施适当的奖罚也是必要的。要坚持以正激励为主，负激励为辅。在进行奖惩时要注意奖惩分明，以奖为主。同时，对于无功无过者也不能采取不闻不问的态度。

（六）坚持适度激励的原则

激励要适度，奖励和惩罚不适度都会影响激励效果，同时增加激励成本。奖励过重会使员工产生骄傲和满足的情绪，失去进一步提高自己的欲望；奖励过轻则会起不到激励效果，或者让员工产生不被重视的感觉。惩罚过重则会让员工感到不公，或者失去对公司的认同，甚至会产生怠工或破坏的情绪；惩罚过轻则会让员工轻视错误的严重性，从而可能还会犯同样的错误。

五、激励的方法

师傅提示：

有效的激励必须通过适当的激励方式与手段来实现。按照激励诱因的内容和性质。可将激励的方式和手段大致分为物质激励、精神激励、情感激励和发展性激励四类。

【师徒互动】

（一）物质激励

物质激励，即工作中通过物质刺激的手段鼓励员工。它的主要表现形式有正激励和负激励。正激励有发放工资、奖金、津贴、福利等，负激励有罚款等。组织要通过物质奖励，调动职工积极性，物质激励应注意与相应制度结合起来。组织应通过建立一套制度，使组织成员都能以最高的：效率为实现组织的目标多作贡献。

（二）精神激励

按照马斯洛的需求层次理论和赫兹伯格的双因素理论，人的需求是不断发展和变化的，单纯的物质激励，不能满足所有人的要求。而精神激励是在较高层次上调动职工的工作积极性，其激励深度大，维持时间也较长，精神激励的方法主要有以下几种：

1. 目标激励

组织目标是组织凝聚力的核心，它体现了职工工作的意义，能够在理想和信念的层次上激励全体职工。个人事业的发展、待遇的改善与组织事业的发展、效益的提高息息相关。这样，成员会对组织产生强烈的感情和责任心，平时不用监督就能自觉地把工作做好，就能自觉地关心组织的利益和发展前途。

2. 工作激励

人们在工作中可以获得幸福感和成就感。日本著名组织专家稻山嘉宽在回答"工作的报酬是什么"时指出："工作报酬就是工作本身"这表明工作本身具有激励力量。只有在工作中充分表现自己的才能，才会感到最大的满足。

3. 参与激励

现代人力资源管理的实践和研究表明，现代的员工都有参与管理的要求和愿望，创造和提供一切机会让员工参与管理，是调动他们积极性的有效方法。通过参与，职工形成对组织的归属感、认同感，并可以进一步满足自尊和自我实现的需要。

4. 荣誉激励

每个人都有强烈的荣誉感，对做出突出贡献的员工予以表彰和嘉奖，代表着公司对这些员工工作的认可，会增强他们对工作的热情。荣誉是贡献的象征，反映了企业对团队和个人贡献的充分肯定和高度评价，是满足员工自尊需要的重要激励手段。

（三）情感激励

情感激励就是企业加强与员工的感情交流沟通，尊重成员，使成员始终保持良好的情绪以及工作热情，在良好的心理状态下，工作思路开阔、思维敏捷，才能充分发挥员工的积极性、主动性和创造性。创造良好的工作环境，加强管理者与员工之间、员工与员工之间的沟通与协调，是情感激励的有效方式。

（四）发展性激励

发展性激励就是组织为员工创造学习与成长的机会，包括设置挑战性的工作任务，提供更多的学习与培训的机会，合适的轮岗安排，职业生涯设计等。

六、激励中应注意的问题

师傅讲授：

前厅部管理人员要想真正发挥激励的作用，除采用多种形式的激励方法外，还应注意以下问题。

（1）激励员工从结果均等转移到机会均等，并努力创造公平竞争环境。

（2）激励要把握最佳时机。需在目标任务下达前激励的，要提前激励；员工遇到困难，有强烈要求愿望时，给予关怀，及时激励。

（3）激励要有足够力度。对有突出贡献的予以重奖；对造成巨大损失的予以重罚；通过各种有效的激励技巧，达到以小博大的激励效果。

（4）激励要公平准确、奖罚分明。健全、完善绩效考核制度，做到考核尺度相宜、公平合理；克服有亲有疏的人情风；在提薪、晋级、评奖、评优等涉及员工切身利益的焦点问题上务求做到公平。

（5）物质奖励与精神奖励相结合，奖励与惩罚相结合。注重感化教育，西方管理中"胡萝卜加大棒"的做法值得借鉴。

（6）构造员工分配格局的合理落差。适当拉开分配距离，鼓励一部分员工先富起来，使员工在反差对比中建立持久的追求动力。

（7）在激励方式上，现代酒店强调的是个人激励、团队激励和组织激励的有机结合。在激励的时间效应上，把对知识型员工的短期激励和长期激励结合起来，强调激励手段对员工的长期效应。在激励报酬设计上，当今酒店已经突破了传统的事后奖酬模式，转变为从价值创造、价值评价、价值分配的事前、事中、事后三个环节出发设计奖酬机制。

案例分析：

只重数量的激励方案

酒店前厅部经理设计了一套前厅部的管理方案，概括起来说，就是如何将业绩同奖金联系起来，激发前厅员工的内在动力，挖掘员工的内在潜力，以致最后能为顾客提供最贴心、最快捷的服务，提高酒店的知名度与美誉度。

根据新激励方案，在每8小时一次的轮班中，登记客人人数最多和办理客人结账手续最多的两个员工在月底将得到额外奖金。这个体系运作得十分顺利，员工的工作速度比以前快多了，虽然她的员工之间似乎不像过去那样友善并相互帮助了。

由于新体系的激励，客人办理入住结账手续似乎迅速了许多，但他们现在开始抱怨前台人员缺乏友善的态度和礼貌。一名客人评价说，自己就像正在被赶着过河的鸭子一样，这不是期待的服务。随后麻烦又来了，财务处审计员查账时发现在记账问题上，前台存在比以前更多的失误。为了在结账程序上加快速度，很多费用没有登记在账单上，这样做的结果是不仅产生了很多错误，而且给酒店收入带来了不少损失。同时在登记入住的时候很多重要的信息没有被输入计算机系统中……

问题：

1. 酒店要建立良好的激励机制应该包含哪些内容？

2. 本案例中奖励方案存在哪些问题？

师傅提示：

酒店良好的激励机制主要包括以下四方面的内容。

一是要建立一支情绪积极高涨的工作团队。缺乏积极性的员工会无故缺勤、跳槽，更糟糕的是服务质量低下，这些方面都会使酒店蒙受巨大的经济损失。当员工为他的工作所鼓舞时，会尽全力确保顾客的需求得到满足，员工甚至会主动地提前考虑顾客会有何要求，做好回应客人要求的准备。有工作积极性的员工会在点滴小事中表现出对顾客的关心。

二是奖励应符合要求。如果想通过奖励来调动员工积极性，那么就必须使奖励方式与员工当时的需求层次相吻合。如果是用钱去奖励那些追求自我价值的员工，则奖金不会使他们实现最佳自我价值的愿望得到增强。同样如果用更多的责任和自主权，而不是用钱去奖励那些生活困难的员工，他们也不会更多地为酒店努力工作。

三是奖励要相对公平。作为管理者，从公平的理论中就可知道，合理的报酬可以促使工作满意度的增加、绩效的提高；不公平的报酬会使效率降低、人员流失率升高。所

以酒店管理应尽量给员工所能承担的最丰厚的报酬。

四是奖励分配要恰当，优厚的待遇及优越的工作条件固然重要，但它们本身并不能激励员工同等发挥最佳的水平。要达到更高的业绩水平，很多员工需要的是能够分配到有趣的任务。尽可能多地给员工额外的责任和控制的权力，尽量给员工分配喜欢的任务，那样他们就会从内心受到激励，从而发挥最佳的水平。

本案例中，前厅部经理的奖励方案失误在三方面：一是奖励不合理，过于理论化。方案中没有分析员工的需求心理，把奖励制度与工作实效完美结合；二是只重视提高工作速度，忽略了服务质量。方案实施后，没有人去想客人所需要的服务；三是人际关系处理得不够妥当。方案中只给工作量最大的两个员工奖励，使得员工之间缺乏友善的帮助和良好的沟通，这样的做法，不仅没有提升，反而降低了服务质量。

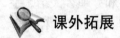 课外拓展

前厅员工的过失与纪律处分

针对前厅部员工工作中的过失，给予一定的纪律处分，以对员工进行"副激励"，消除或减少工作中的各种过失。通常，根据过失的严重程度和所造成的危害，可细分为"轻微过失"和"严重过失"，并分别给予"口头警告""书面警告"和"辞退或开除"等不同纪律处分。

1. 轻微过失，口头警告

凡犯有下列过失者，可给予口头警告。若员工出现第二次轻微过失，则由前厅部主管或领班向过失员工签发"过失单"，并记录在案。

（1）上班迟到或早退。

（2）上下班不打卡。

（3）未按规定佩戴服务工号牌。

（4）当班时，不保持仪表的整洁与制服的整齐。

（5）工作时间听收音机、看报纸、吸烟、吃东西。

（6）工作期间扎堆闲聊、打闹、高声喧哗，发出不必要的声响。

（7）不使用酒店规定的员工通道。

（8）搭乘客用电梯（非工作需要）。

（9）下班后，无故逗留在酒店内。

（10）不遵守更衣室或值班宿舍的规定。

（11）当班时，办理私人事务，打私人电话。

（12）散漫、粗心大意，对客人无礼。

（13）随地吐痰或乱丢杂物。

（14）违反店规携带私人物品上岗。

（15）偷带酒店物品出店。

（16）拒绝酒店授权的有关人员检查手袋等。

（17）因疏忽或过失损坏酒店财物程度较轻。

（18）挑拨打架事件，情节较轻。

（19）提供假情报、假资料或隐瞒事实，情节较轻。

（20）擅自粘贴、涂改、乱画酒店各类通告与指示。

（21）未经许可，擅自将酒店物品搬往别处。

（22）酒后当班，带有醉态。

（23）擅取酒店物品自用。

（24）散布虚假式诽谤言论，影响酒店、客人或其他员工声誉。

2. 严重过失，书面警告

凡犯有下列过失之一者，可由前厅部经理向过失员工签发"警告通知书"。如再次出现严重过失，则向其发出"最后警告"。对于犯有严重过失的员工（三次以上的轻微过失，将视作严重过失），可视情节轻重程序分别给予降职、降薪、记过、留店察看、临时停职、劝退或辞退件处理。前厅部员工的严重过失由前厅部经理签批后，报酒店人力资源部备案。

（1）旷工。

（2）擅自脱岗。

（3）当班时打瞌睡。

（4）因疏忽损坏酒店或客人财物，罚款 1~10 倍。

（5）对客人粗暴或不礼貌，与客人争辩。

（6）向客人索要小费或其他报酬。

（7）偷吃酒店或客人的食物。

（8）在酒店内利用工作之便售卖私人物品。

（9）委托他人或代他人打钟卡。

（10）私自配制酒店钥匙。

（11）拾遗不报。

（12）在酒店内赌博或变相赌博。

（13）未经许可，进入客房。

3. 极端过失，即时辞退或开除

若犯有下列过失，酒店应立即辞退或开除。若员工被"最后警告"后，再次出现严重过失，也被视为极端过失。对酒店员工的辞退、除名由酒店人力资源部签批后，报总经理批准。开除则由总经理批准后报职代会通过。

（1）贪污、盗窃、索贿、受贿、行贿。

（2）侮辱、谩骂、恐吓、威胁他人，与客人吵架。

（3）私换外汇。

（4）组织、参加或煽动罢工，聚众闹事。

（5）吸食及注射毒品、麻醉剂或兴奋剂，招接嫖客，介绍暗娼。

（6）蓄意损坏酒店和客人财物。

（7）玩忽职守。违反操作规程，造成严重损失。

（8）连续旷工三天或一个月内累计旷工两次。

（9）经常违反酒店规定，屡教不改。

（10）触犯国家法律，造成刑事犯罪。

徒弟记忆：

前厅部的员工管理，就是运用科学的方法，合理选用、培训员工，不断提高员工素质，有效利用和发挥员工的聪明才智，科学组织前厅商品的生产，不断提高前厅部劳动效率的过程。作为酒店门面的前厅，要注重激励的方式和技巧，充分发挥员工的劳动积极性，这是影响到整个酒店预期目标的实现与否的关键因素。

应用拓展：

1. 员工激励只有好处没有弊端吗？举例分析。

2. 谈谈你对员工激励的看法，结合案例分析。

3. 作为酒店员工，基层员工和中层员工的激励有什么不同？请简单探讨。

项目练习

一、思考题

N 酒店是一家以接待商务客人为主、少量接待旅游团队的四星级酒店。最近前厅部经理从总经理那里得到客人的投诉，不少客人对入住登记或结账时的服务不满意，王雨负责这方面工作。前厅部经理认真考虑这个问题，意识到王雨尽管英语很好，但与人交往的方式不妥，而且对员工的督导也不够。前厅部经理想改变这一状况，但又不知从何入手。"我能改变一个人的个性吗？"他问自己，如果王雨能学会不冷冰冰地同客人交谈并鼓励他手下的员工更礼貌、更耐心地与客人打交道，那该多好。

1. 目前前厅员工存在的问题是什么？

2. 前厅部经理应该做些什么？

3. 在制订帮助王雨和前台员工的培训计划时，前厅部经理应采取哪些培训内容和培训方法？

二、综合分析题

丽嘉酒店集团的格言：我们是为女士们、先生们服务的女士们、先生们。这一宗旨深深地渗透到公司的每一管理层。马里奥特的管理风格是以"员工第一，顾客第二"的信条为前提，员工受到尊重，他们会对工作更有信心、感兴趣，并对自己的工作满意。

这些做法是在向员工传递一个重要的信息：他们很重要，酒店很重视他们。这也成为酒店是否真正尊重人的最为重要的标志，多和员工沟通，会见他们、倾听他们的意见、关注他们的想法。

讨论问题：

1. 丽嘉酒店集团的格言体现了什么管理理念？

2. 为什么人是酒店经营管理中最重要的因素？

3. 酒店应如何做好员工管理工作？

项目实训：

实训名称：面试流程实训

实训目的：通过模拟员工招聘过程中的面试流程实训，掌握员工招聘面试的具体工作程序，掌握面试的步骤和技巧

实训内容：5~7 名同学为一组，进行角色扮演，设计模拟情景面试，按照操作方法和步骤进行。学生间进行点评，教师给予指导纠正。

实训准备：面试表、招聘广告、个人简历、笔等。

实训考核：

序号	考核内容	评分标准	配分	扣分	得分
1	资料准备	全面、具体、有针对性	10分		
2	仪容仪表仪态	着装规范、仪态大方、自然得体	20分		
3	问题设计（面试官）	题目设计合理，能全面体现出面试者的综合素质和能力水平	20分		
4	问题回答（面试者）	回答问题准确，能综合反映出自身的专业能力	40分		
5	语言表达	口齿清晰，条理清楚	10分		
6		合计	100分		

附 录

前厅英语

第一部分 常用句子

1. 我们当尽力而为，但我很难给您保证什么。

（We'll try our best，but I can't guarantee anything.）

2. 非常抱歉我们不能对此事负责，您应该把贵重物品寄存在接待处。

（I must say that we can't be held responsible. You should have deposited valuables with the reception.）

3. 相信服务员并不是有意无礼，他只是可能没有听懂您的意思。

（I'm sure the waiter didn't mean to be rude. Perhaps he didn't understand you correctly.）

4. 很抱歉，先生。我想这里面可能有点误会。

（I'm sorry，sir. There must be some misunderstanding.）

5. 很抱歉，但情况已是如此，请坐一会儿，我尽快为您作安排。

（I'm terribly sorry. But that is the situation. Please take a seat. I'll soon have something arranged for you.）

6. 感谢您为我们提供这些情况，我立即去了解。

（Thank you for telling us about it. I'll look into the matter at once.）

7. 先生很抱歉，我将尽快地解决这个问题。

（Sorry，sir. I'll solve the problem for you as soon as possible.）

8. 恐怕您误会了我的意思，我能解释一下吗？

（I'm afraid you have misunderstood what I said. Perhaps I can explain it.）

9. 对于我的粗心大意我非常抱歉。

（I'm awfully sorry for my carelessness.）

10. 先生请别激动，让我来想办法。

（Please calm yourself，sir. I'll try to help you.）

11. 很抱歉，我们此刻不能答应您。我们明天给您回复。

（We are sorry，we can't promise you now. Tomorrow we shall let you know.）

12. 我会向负责人汇报，让他来处理此事。

（I'll speak to the person in charge and ask him to take care of the problem.）

13. 请稍等，先生，我叫我们经理。

（Just a moment, sir. I'll have to get the manager.）

14. 对不起，这件事我也无能为力。

（I am sorry. It is beyond my power to do this.）

15. 很抱歉，我们不能办您所要求的事。

（We feel sorry we can't do what you ask for.）

16. 我们无法同意您的要求，实在对不起。

（Indeed, we regret very much for not being able to comply with your request.）

17. 我希望能够替您办那件事，但我办不到。

（I wish I could render you that service, but I couldn't.）

18. 我不得不拒绝您，因为这样是违反我们酒店规定的。

（I must refuse to meet your request, as it is against our hotel's regulation.）

19. 我不得不拒绝您，因为这样做会有损于我们酒店的声誉。

（I must refuse to do as you wish, otherwise it will do harm to our hotel's reputation.）

20. 我们无法满足您的要求，我国的外汇管理条例不允许这样做。

（It can't be done, as the foreign exchange control regulations of this country will not allow you to do so.）

21. 你应该尊重我们海关的规定。

（You should respect our customs regulations.）

22. 您所做的已经违反了安全条例。

（What you have done is contrary to the safety regulations.）

23. 我要指出，我国法律不允许你这样做。

（I should say that the law of our country does not allow you to do so.）

24. 请国外访者协助我们维持法治与秩序。

（Visitors from abroad are hoped to help us to maintain law and order.）

25. 我们遗憾地指出，您的行为将有损于我们两国人民的友好关系。

（We regret to point out that your behavior will cause harm to the friendly relations between our two peoples.）

26. 我们将对您所做出的事提出抗议。

（We shall make a protest against what you have done.）

第二部分　常用词汇

旅行社代号 master folio	超额预订 over-booking
候补名单 waiting list	房价 room rate
开房率 occupancy	预计 expect
对外价 rack rate	净价 net rate
特价 special rate	到达 arrival
交通工具 carrier	离开 departure
付款方式 method of payment	情况 status
公司 firm/company	待遇 treatment
房间种类 room type	代理 agent
保证 guarantee	记录 record
服务费 surcharge	预付 prepaid
政府税 government tax	团队 group
押金 advance deposit	订房 booking
更改 amendment	小包价 package
空房 vacancy	接机 pick up
可售房间 available	取消 cancellation
客人资料 guest history	合作 cooperate
酒店代表 hotel representative	穿梭巴士 shuttle bus
运输 transportation	备注 remark
延误 delay	黑名单 black list
登记表 registration form	非吸烟楼层 non-smoking floor
相邻房 adjoining room	连通房 connecting room
加床 extra bed	折叠床 rollaway bed
入住凭据 voucher	续住 stay over
折扣 discount	国籍 nationality
永久地址 permanent address	信用卡 credit card
签名 signature	有效的 valid
内部使用 house use	半天租房 day use
合同价 contract rate	延迟退房 late check out
推销高价房 up-selling	房态 room status
佣金 commission	房间分配 room assignment

分房名单 rooming list

保险箱 safety deposit box

夜核 night audit

逃账者 skipper

淡 / 平 / 旺季 low/should/Peak season

明信片 post card

观光 sight-seeing

市内游 city tour

停留事由 object of stay

纪念品 souvenir

邮编 zip code

最低消费 minimum charge

价目表 rate sheets/tariff

欠账多的客人 high risk

尽早 ASAP（as soon as possible）

预付 CIA（cash in advance）

离店时现付 COD（cash payment on departure）

客人未到 DNA（do not arrive）

外国散客 FIT（foreign individual traveler）

次序颠倒 OOO（out of order）

只住一夜 ONO（one night only）

标准办理手续 SOP（standard operation produce）

介绍信 letter of introduction; letter of recommendation

预防（霍乱、伤寒、副伤寒）inoculation against（cholera，typhoid，paratyphoid）

已预付 PIC（pay in cash）

外交护照 diplomatic passport

公务护照 service passport

身份证 identification card

签证 visa

入境签证 entry visa

出境签证 exit visa

过境签证 transit visa

居留签证 residence visa

健康证书 health certificate

种痘证书 vaccination certificate

黄皮书 yellow book

检疫 quarantine

检疫站 quarantine station（office）

公务旅行 business travel

私人旅行 private travel

公安局签证科 visa section of public security bureau

外事警 foreign affairs police

值班 on duty

下班 off duty

打字机 typewriter

打字纸 typing paper

复写纸 carbon paper

热敏纸 thermo-paper

文具用品 stationery

信笺 letter paper

信封 envelope

记事本 note book

便条薄 memo pad

交班薄 log book

曲别针 paper clip

安全别针 safety-pin

复印机 duplicating machine

影印机 photocopying

打印 / 打印机 printing/printer

电信 telecommunication

硬盘 hard disk

软盘 soft disk

名片 business card

订书机 stapler

透明胶 scotch tape

会议室 conference room

秘书服务 secretarial service

翻译 translation

小册子 brochure/booklet

设备出租 equipment rental

幻灯片 slide

投影仪 overhead projector

装订 binding

报纸夹 newspaper rod

互联网 Internet

网站 website

订房预测（分析）room reservation forecast

订房报告表 room reservation report

营业日报表 daily sales report

住房率 rate of room occupancy

行李房 bell service

行李寄存处 luggage store room

行李装卸处 trunk dock

行李车 baggage cart

行李标签 label

酒店标签 hotel sticker

旅行袋 traveling bag

小行李 small baggage/luggage

手提包 hand bag/grip sack

公事包 brief case

包裹 package

小箱子 small trunk

手提箱 suitcase

梳妆小提箱 cosmetic case/toilet case

衣服袋 suit bag

纸盒 carton

硬纸盒（箱）cardboard box

背囊（旅行背袋）shoulder bag

自用物品 personal articles

违禁物品 contraband

随身行李 accompanied luggage/personal luggage

非随行物品 unaccompanied luggage

托运行李 registered luggage/transported luggage

切勿投掷 no bumping；no shoot

切勿坠落 no drop

切勿压挤 no crush

勿用手钩 use no hooks

易碎物品 fragile articles

小心 caution

小心轻放 handle with care

小心玻璃 glass（with care）

液体物品 liquid .

易燃物品 inflammable articles

易腐物品 corrosives

爆炸物品 explosives

毒品 poison

勿受潮 keep dry

勿倒置 keep upright

切勿倾倒 don't turn upside down

敲碎 break to pieces

压碎 crush

击碎 smash

破损物 breakage

已捆扎 already strapped

已打包 already baled

绳已断 rope already broken

（束）带已断 strap already broken

快车 express train

普通列车 regular train

特快列车 special express

直达列车 through express

慢车 slow train

货车厢 freight car/goods wagon

包房 compartment

卧铺（上、中、下）berth（upper\middle\lower）

硬座（卧）hard seat（berth）

软座（卧）soft seat（berth）

餐车 dining car

客车 passenger train

卧车 sleeper/sleeping car

行李车 luggage van

晚点二小时 delay by two hours

搬运费 porterage

出发城市 departure city

到达城市 arrival city

班期 days

隔周飞行 BW（biweekly）

起飞 Dep.（departure）

航班号 FLT/N（flight number）

中途经停站数 number of stopover

等级 class of service

免费行李 free baggage allowance

航空公司 airline

中途不着陆飞行 non-stop flight

夜航 night service

定座再确认 reconfirmation of reservation

单程票 single ticket

来回票 return ticket

国内票价 domestic fare

国际票价 international fare

客票有效期 ticket validity

儿童票价 children fare

单独占一个座位 occupying a separate seat

取消费 cancellation fee

中国民用航空局 CAAC

超重行李 excess baggage

机场费 airport fee

误机费 no-show charge

不予退款 no refund will be granted

总机 operator/switch board/PBX

内线 house phone

国际直拨 IDD（international direct dialing）

国内直拨 DDD（domestic direct dialing）

分机号 extension number

叫醒服务 wake up call/morning call

勿挂线 hold the line

区号 area code

国家代码 country code

对方付款电话 collect call

转电话 put through

市话 local call /city call

挂线 hang up

长途电话 long distance call

参考文献

［1］张海钟，安容瑾.城市社会心理学视野下社区心理学与社区心理服务［J］.辽宁师范大学学报（社会科学版），2018，41（04）：117-123.

［2］杜天鸽.基于认知心理学视角下信息服务质量差距模型的构建［J］.世界最新医学信息文摘，2017，17（A4）：290.

［3］章怡.旅游心理学视角下酒店前厅服务质量提升研究［J］.绿色科技，2017（23）：181-183+185.

［4］腾丹."酒店服务心理学"课程考试模式改革探索与实践［J］.旅游纵览（下半月），2015（09）：218+220.

［5］何振，张甜颖.酒店对客服务意识的本质及培养探讨［J］.旅游纵览（下半月），2015（03）：92.

［6］黄思嘉.服务蓝图视角下的商务酒店流线体系设计研究［D］.华南理工大学，2017.

［7］钟瑶.浅谈酒店人应具备的服务心态［J］.现代交际，2017（07）：179.

［8］王懿.高职酒店管理专业现代学徒制实践探索：问题及对策［J］.中国商论，2018（28）：191-192.

［9］黎群，王莉.北京金融街威斯汀大酒店的跨文化管理［J］.企业文明，2018（10）：75-77.

［10］邢生俊.浅析完善酒店行业税收风险控制体系的途径［J］.中国管理信息化，2018，21（20）：120-121.

［11］演克武，吴文洁.经济型酒店微博营销中存在的问题及其对策研究［J］.中国管理信息化，2018，21（20）：141-142.

［12］张洁.酒店管理实践性教学中的问题及反思研究［J］.河北农机，2018（10）：50.

［13］杨晶.融入工匠精神的高职酒店管理专业课程体系构建研究［J］.纳税，2018，12（28）：218-219.

［14］刘韵凤，潘素华.浅谈茶文化与高职酒店管理专业学生职业素质的培养［J］.现代营销（创富信息版），2018（10）：189-190.

［15］陈程.现代学徒制下高职酒店管理专业人才培养模式探索［J］.产业与科技

论坛，2018，17（19）：246-247.

［16］莱佛士酒店及度假酒店宣布在深圳推出全新地标［J］.中国会展（中国会议），2018（18）：20.

［17］章乔晖.鼎龙湾艾美酒店：亲水亲海湾，180° 拥抱十里海岸［J］.房地产导刊，2018（10）：70-73.

［18］白星星.福朋友聚访万豪国际集团精选服务品牌亚太区品牌及市场总监龙淑萍［J］.中国会展（中国会议），2018（18）：38-39.

［19］何小青.二元制下校企协同德育工作机制探索——以福建省高职酒店专业试点班为例［J］.闽西职业技术学院学报，2018，20（03）：13-15.

［20］戴花.BIM 技术在某酒店综合体项目设计管理中的应用［J］.建筑施工，2018，40（09）：1645-1647.

［21］杨丽佳.中职高星级酒店运营与管理专业学生服务意识的培养途径［J］.旅游纵览（下半月），2018（09）：227-228.

［22］余彬文.基于微信公众平台的国内酒店精准营销实施策略［J］.旅游纵览（下半月），2018（09）：76-78.

［23］林珮珣，吴泳霖.探析经济型连锁酒店的个性化服务——以新品汉庭为例［J］.现代营销（下旬刊），2018（09）：116-117.

［24］郭红芳.信息化环境下高职酒店管理专业实践教学管理模式与运行机制研究［J］.科教文汇（中旬刊），2018（09）：91-92.

［25］王俊秀.社会心理学如何响应社会心理服务体系建设［J］.心理技术与应用，2018，6（10）：579+589.

［26］井荣娟.心理学在图书馆读者服务工作中的实践探索［J］.河南图书馆学刊，2018，38（09）：130-131.

［27］高美.将心理学引入离退休员工管理服务工作之探索［J］.法制博览，2018（19）：237+236.

［28］曹慧萍.探讨茶文化主题酒店的管理与服务水平的提升［J］.福建茶叶，2018（11）：236-237.

［29］李静静.体验经济背景下酒店营销策略创新［J］.河北农机，2018（11）：28.

［30］武如飞.基于国际通用职业资格标准的高技能酒店管理人才培养研究［J］.商业经济，2018（11）：108-109+142.

［31］史进.《酒店管理信息系统》课程现状和教学改革探讨［J］.文学教育（下），2018（11）：170-171.

［32］杨志武.高职教育人才外显能力创新培养体系研究——以酒店管理专业为例［J/OL］.中国商论，2018（30）：187-188

［33］范晓玲.论《酒店财务管理》课程教学中的案例教学设计［J］.经贸实践，

2018（20）：294-295.

　　［34］张斐斐.高职酒店英语课程项目化教学改革存在的问题及对策［J］.兰州教育学院学报，2018，34（10）：145-146+149.

　　［35］周景昱.互联网下智慧旅游酒店的发展路径初探［J］.中国商论，2018（29）：67-68.

　　［36］吕晓萌.论旅游酒店宾客关系的管理优化［J］.现代营销（下旬刊），2018（10）：176.

　　［37］郭小兰.新趋势下酒店管理的融合创新［J］.现代营销（下旬刊），2018（10）：177.

　　［38］王敏.高职酒店管理专业教学改革探索与实践［J］.广东蚕业，2018，52（10）：58-59.

　　［39］彭钿.关于在《前厅服务与管理》课程教学中应用酒店Opera系统的几点思考［J］.当代教育实践与教学研究，2018（02）：68-69.

　　［40］杨进，徐君宜.酒店前厅"顾客满意度测评"的实证分析［J］.四川劳动保障，2017（S2）：101-106.

　　［41］张洁，石莹.基于现代学徒制酒店管理专业"前厅服务与管理"教学设计［J］.中国市场，2017（26）：222-223+236.

　　［42］方路遥.民营酒店的BSC绩效评价体系研究［D］.安徽财经大学，2017.

　　［43］蒋灵果.三亚经济型酒店前厅服务质量研究［J］.商场现代化，2017（09）：164-165.

　　［44］周利.中职《前厅服务》课程网站建设的实践与研究［J］.现代经济信息，2017（04）：415.

　　［45］杨宇.如何挖掘酒店前厅部的服务潜力［J］.赤子（上中旬），2017（02）：185.

　　［46］崔丽敏.双语教学在旅游管理专业的运用探索——以《酒店前厅运行与管理》为例［J］.人力资源管理，2016（11）：166-167.

　　［47］王志毅.基于Opera PMS系统平台的前厅实训课程应用理实一体化项目式教学法分析［J］.科技创业月刊，2016，29（19）：89-90.

　　［48］郑晓旭，汝勇健.收益管理与酒店前厅部管理［J］.现代商业，2016（22）：120-121.

　　［49］周菲菲.管理信息系统在酒店专业教学中的应用探析［J］.黄河水利职业技术学院学报，2016，28（01）：84-87.

　　［50］旷良兵.云南度假型酒店服务质量研究［D］.云南财经大学，2015.

　　［51］焦香玉.分析提高酒店前厅部建设的策略［J］.旅游纵览（下半月），2014（10）：98-99.

项目策划：段向民
责任编辑：王　颖　武　洋
责任印制：谢　雨
封面设计：何　杰

图书在版编目（CIP）数据

　　酒店前厅管理实务教程 / 胡欣哲主编. -- 北京：
中国旅游出版社，2019.7
　　（全国高等职业教育"十三五"现代学徒制规划教材
丛书）
　　ISBN 978-7-5032-6252-4

　　Ⅰ．①酒… Ⅱ．①胡… Ⅲ．①饭店－商业管理－高等
职业教育－教材 Ⅳ．① F719.2

　　中国版本图书馆 CIP 数据核字（2019）第 084759 号

书　　名：酒店前厅管理实务教程

作　　者：胡欣哲　主编

出版发行：中国旅游出版社
　　　　　（北京建国门内大街甲 9 号　邮编：100005）
　　　　　http://www.cttp.net.cn　E-mail:cttp@mct.gov.cn
　　　　　营销中心电话：010-85166536
排　　版：北京旅教文化传播有限公司
经　　销：全国各地新华书店
印　　刷：北京明恒达印务有限公司
版　　次：2019 年 7 月第 1 版　2019 年 7 月第 1 次印刷
开　　本：787 毫米 × 1092 毫米　1/16
印　　张：17
字　　数：433 千
定　　价：45.80 元
ISBN　　978-7-5032-6252-4